LES GRANDES ILES
DE L'AFRIQUE ORIENTALE

A LA MÊME LIBRAIRIE :

VOLUMES GRAND IN-8°

Prix broché : 4 francs.

Aventures d'un vieux marin (les); par A. S. de Doncourt.

Aymar, suivi de : les Suites d'une vengeance; par Marie Emery.

Canada au commencement du XVIII° siècle (le), ou Aventures d'un Français parmi les sauvages, recueillies et mises en ordre par Mme la comtesse Drohojowska. 4 gravures.

De la Loire aux Pyrénées; par la comtesse de la Grandville.

Fastes de la marine française (les) (*marine marchande, découvertes, explorations scientifiques*); par A. S. de Doncourt.

Fastes de la marine française (les) (*marine militaire*); par le même.

Fastes militaires de la France (les); par le même.

Grandes Entreprises au XIX° siècle (les); par le même.

Lions de mer (les), d'après Fenimore Cooper; par A. S. de Doncourt.

Martyrs (les); par Chateaubriand; édition revue par M. de Cadoudal.

Récits du foyer; par Mme Bourdon.

Récits d'un bon oncle sur l'Europe, l'Asie, l'Afrique, l'Amérique et l'Océanie; imités de l'anglais, par Mme de Montanclos. 25 gravures.

Robinson français (le); par Mme la comtesse Drohojowska. 4 gravures.

Syrie (la) en 1860 et 1861 : massacres du Liban et de Damas, et expédition française; par M. Jobin.

Une Visite à chacun; par A. E. de l'Etoile.

Voyage au pays des caniches, ou Histoire des chiens célèbres; par M. C. Juranville. Orné de 28 gravures.

Voyage dans les Indes occidentales : traduit de l'anglais d'Angus Reach; par Mme Léontine Rousseau.

A. S. DE DONCOURT

LES GRANDES ILES

DE

L'AFRIQUE ORIENTALE

MADAGASCAR — LA RÉUNION — MAURICE

LIBRAIRIE DE J. LEFORT

IMPRIMEUR ÉDITEUR

LILLE | PARIS

RUE CHARLES DE MUYSSART, 21 | RUE DES SAINTS-PÈRES, 30

Propriété et droit de traduction réservés.

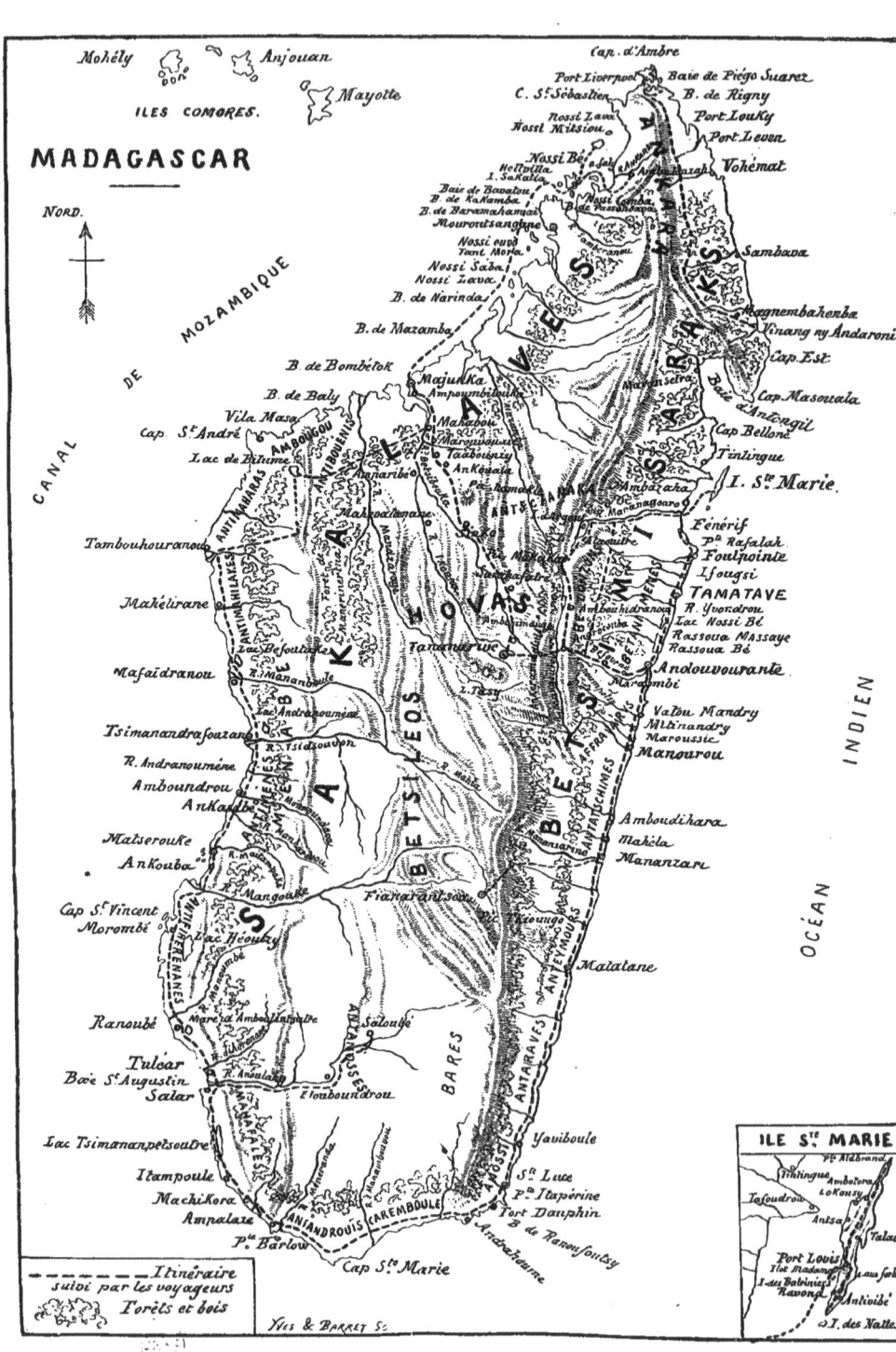

INTRODUCTION

Il suffit de jeter un coup d'œil sur une mappemonde, pour se rendre compte des déchirements causés par quelqu'une des grandes convulsions qui ont bouleversé le globe terrestre sur les côtes orientales du continent africain.

Ce littoral sauvage et abrupte présente presque partout des récifs dangereux, entremêlés d'un grand nombre d'îlots. Les rivières, quoique très larges à leur embouchure, ne viennent pas de loin; elles ont généralement leurs sources au pied de la longue et haute chaîne de montagnes qui court à peu près parallèlement à l'Océan Indien, et qui, sur la côte de Mozambique, a emprunté, aux pics énormes qui la hérissent, le nom portugais de *Picos-fragosos*.

Il n'y a donc pas lieu de s'étonner que les prolongements de ces montagnes et de ces récifs aient au loin formé, par leurs saillies au-dessus de la surface des eaux, les nombreuses îles qui s'y rencontrent.

Trois de ces îles, les principales, non seulement par leur étendue et leur importance, mais surtout par la place qu'elles occupent dans notre histoire coloniale, nous occuperont d'une manière particulière et détaillée.

Toutefois, il nous semble intéressant et utile de jeter en passant un coup d'œil sur celles qui, moins importantes sans doute, ont mérité cependant de fixer l'attention des marins et des géographes.

C'est ainsi qu'en quittant le continent africain par sa pointe orientale, on rencontre d'abord l'île de *Socotra* ou *Socotora*, terre aride, pierreuse, presque entièrement dépourvue d'eau et de végétation ; le vent porte le sable du rivage jusque sur le sommet de la chaîne centrale des montagnes.

Cependant, dans les vallées abritées, croît le meilleur aloès que l'on connaisse, ainsi qu'une grande quantité de dattes. Les chèvres et les volailles y abondent.

Outre le *mosunbrun*, ou gomme retirée de l'aloès, l'île exporte du cinabre et du sang-de-dragon ; la mer y rejette de l'ambre ; le corail et les polypiers y sont très communs.

Cette île qui, déjà dans l'antiquité, était une des principales stations commerciales de ces parages, mais que les Européens négligent depuis le XVIᵉ siècle, a pour capitale *Tamarida*. Elle est gouvernée par un *saïb*, dépendant de l'iman de Mascate. Ses habitants, en partie chrétiens jacobites, en partie musulmans, sont divisés en quatre classes : 1° les Arabes dominateurs du pays ; 2° les esclaves musulmans de ceux-ci ; 3° les *Bediognes*, anciens habitants du pays, qui, retirés dans leurs montagnes, continuent à professer le christianisme ; 4° et enfin une peuplade sauvage qui, cachée dans les bois, vit sans vêtements, sans maisons, sans culte et sans code de lois.

Au sud de Socotora, dont ils sont séparés par une distance de trois cents lieues marines, s'étendent un certain nombre de petits archipels, découverts par les Portugais, ce qui ne les avait pas empêchés d'être, jusque vers la fin du siècle dernier, aussi peu connus que mal déterminés.

Les navigateurs français qui en ont fait une nouvelle reconnaissance, en ont modifié la nomenclature. Ils ont restreint le nom d'*Amirantes* au groupe le plus occidental, composé de douze petites îles peu élevées, fournies d'eau douce, abondantes en cocotiers et peuplées d'oiseaux, mais renfermant peu d'habitants.

Le nom d'îles *Seychelles* a été donné à un groupe plus occidental, composé de trente-six îles ou îlots.

La plus grande de ces îles, *Mahé*, qui est aujourd'hui occupée par les Anglais, appartenait, au commencement de notre siècle, à la France; un excellent port en fait un lieu de relâche précieux pour les navigateurs.

Une autre petite île de cet archipel se fait distinguer par une production particulière. C'est celle des *Palmiers*, qui doit son nom à une espèce de palmier, dont le fruit, appelé *noix maldive* ou *coco de mer*, a longtemps joui d'une réputation merveilleuse. On attribuait à ces fruits les vertus médicinales les plus extraordinaires, et on les vendait un prix exorbitant. On raconte que l'empereur Rodolphe II en paya une quatre mille florins. On n'a trouvé ce palmier que dans cette île; mais, comme il croît au bord de la mer, la plupart des noix qui s'en détachent tombent dans l'eau et sont entraînées par le courant jusqu'aux îles Maldives, d'où on en apporte beaucoup aux Indes. Cette particularité n'ayant pas été bien observée, quelques savants prétendirent que ce fruit était produit par un arbre sous-marin. Une foule d'autres hypothèses furent hasardées, et il ne fallut rien moins, pour lui faire perdre sa mystérieuse renommée, que l'acclimatation de l'arbre qui le produit à l'île de France. Dès lors les Français, et plus tard les Anglais, en répandirent un si grand nombre sur les divers marchés de l'Europe et de l'Asie, que non seulement leur prix baissa sensiblement, mais que le prestige de leurs soi-disant vertus médicinales disparut (1).

Le commerce et l'industrie des Seychelles portent surtout sur l'huile d'éclairage tirée du coco, les tortues de mer et l'écaille. On exporte en outre des oranges et des citrons très estimés; de très gracieux objets de fantaisie fabriqués à Mahé avec les jeunes feuilles du cocotier de mer, des bois précieux pour l'ébénisterie et la construction des édifices et des navires, du girofle, du café, du riz, du cacao, du sucre, et enfin du coton de l'espèce dite longue soie, lequel, au xviie siècle et même jusqu'à l'abolition de l'esclavage, faisait la fortune de ces contrées.

Une multitude d'îles peu connues, parmi lesquelles on remarque les *Sept-Frères*, *Diego-Garcia*, *Adou* et *Candou*, s'étendent à l'est des Seychelles jusqu'aux Maldives et même au delà du méridien de l'île de Ceylan, dans la direction de Sumatra.

On voit également, au sud-ouest de ces îles, un assez grand

---

(1) La dénomination spécifique de cette espèce de noix de coco est *Lodoïcea Sechellarum*.

nombre d'îlots et de récifs étendus qui lient cet archipel à Madagascar et à l'Afrique.

Les îles *Galega,* qui consistent en deux rochers réunis par un récif et qui sont presque entièrement boisées, ont reçu quelques habitants.

Les petites îles de la *Providence*, de *Saint-Laurent* et de *Jean de Nova,* s'étendent entre les Seychelles et Madagascar. La première, longue de trois lieues et environnée de rochers, partage, paraît-il, avec l'île des Palmiers le privilège de produire le palmier lodoïcée ; la seconde est encore plus petite ; la troisième, qui n'offre rien d'intéressant, est connue aussi sous le nom de *Saint-Christophe.*

La partie de l'Océan Indien qui s'étend de la côte de Zanguebar à celle du Malabar et de l'Arabie aux Seychelles et aux Maldives, forme une espèce de mer séparée ou méditerranée africaine, dont l'entrée est le canal de Mozambique, entre Madagascar et l'Afrique.

Au nord de ce canal, semé de bancs et de récifs, se montre l'archipel des îles *Comores.* Ces îles sont au nombre de quatre. La première d'entre elles, appelée *Hinzouan* ou *Johanna,* possède plusieurs rades commodes et des aiguades faciles ; son aspect est des plus pittoresques : des montagnes ombragées par de grands et beaux bois et coupées de clairières verdoyantes ; de riantes et fraîches vallées s'élèvent majestueusement les unes au-dessus des autres jusqu'à une hauteur de mille à douze cents mètres et se terminent par un pic beaucoup plus élevé, que couronne une éternelle végétation.

Il est difficile de contester que cette île, dont le sol porte partout des traces d'un feu violent, soit le produit d'une irruption volcanique. Elle compte une vingtaine de mille habitants. La ville de Johanna, située sur les bords d'une baie magnifique, a été détruite par les Malgaches en 1790, et depuis cette époque le souverain, qui porte le titre de sultan, réside à *Makhadou*, située au nord de l'île, sur la baie du même nom, où ont continué d'aborder les bâtiments européens.

Angazija, ou la *grande Comore*, située à vingt-cinq lieues au nord d'*Hinzouan*, est formée par un assemblage imposant de montagnes, dont les différents groupes ont leur base très près des bords de la mer, et se réunissent tous en un sommet commun qui peut avoir de deux mille quatre cents à deux mille six cents mètres d'élévation. Comme son circuit n'offre aucun abri aux navires, elle n'est pas fréquentée par les Européens, et ne contient que quelques rares villages d'indigènes.

Mouhilly, ou *Mohilla*, à sept lieues à l'ouest-sud-ouest d'Hinzouan, est entourée d'une chaîne de récifs. Elle a deux bourgades peuplées d'Arabes.

Enfin l'île *Mayotte*, la plus petite des quatre, à sept lieues au sud-sud-ouest d'Hinzouan, est montagneuse. Son sommet le plus élevé, nommé le pic *Valentin*, se voit fort loin en mer et est bien connu des navigateurs. Sa population, composée en majeure partie d'Arabes, ne dépasse pas quinze mille âmes.

Placées sous un beau ciel, continue Malte-Brun, que, dans cette étude, nous avons pris pour guide, les îles Comores jouissent d'un climat très salubre. Les campagnes étalent partout l'éclat de la plus belle végétation. A Hinzouan, notamment, chaque gorge de montagne est un jardin arrosé d'un ruisseau limpide. Le sommet des mornes est couvert de bois, le pied est ombragé par des bosquets de cocotiers, des touffes de bananiers, des groupes de manguiers, d'orangers et de citroniers, qu'entrecoupent des champs de patates et d'ignames. Le pignon d'Inde, le goyavier, le tamarinier, et d'autres arbres moins connus, ornent les flancs des collines ; l'indigo sauvage et la canne à sucre y abondent.

Les principaux animaux domestiques sont la chèvre et le zèbre. On rencontre dans les champs des pintades et beaucoup de cailles, ainsi que plusieurs espèces de tourterelles, parmi lesquelles il y en a surtout une qui frappe par sa beauté : elle a le plumage gris cendré, nuancé de bleu, de vert et de blanc ; son cou et ses jambes sont d'une extrême longueur, son bec est jaune et fort pointu. Le maki brun paraît être le seul habitant des forêts.

Des troupes nombreuses d'une espèce d'éperviers voltigent au-dessus de la mer. Ces oiseaux ont cela de particulier, qu'ils ne vivent que sur la côte, bien que leurs pieds ne soient pas même à demi palmés.

Les Comores ne sont infestées d'aucun des insectes incommodes qui désolent les contrées de l'Inde, la côte d'Afrique et Madagascar. Mais comme il faut, paraît-il, que chaque pays ait son fléau, ses champs fourmillent de petites souris.

La population se compose d'Arabes, qui s'y sont établis vers le XIIe siècle, en même temps que sur les côtes d'Afrique et à Madagascar, et de nègres qui paraissent indigènes. Ces deux races se sont mélangées, et la masse de la population offre les pommettes saillantes et les grosses lèvres qui distinguent les noirs de Mozambique ; mais le sultan et les nobles ont conservé la belle et spirituelle physionomie de leurs ancêtres arabes : de grands yeux, un nez aquilin, une bouche bien dessinée, sont des traits communs à presque tous, et on voit parmi eux des têtes d'un grand caractère.

Les Comorois, dont l'idiome vulgaire est un mélange de l'arabe et de la langue de Zanguebar, sont en général doux, honnêtes, hospitaliers, très affables, et déjà parvenus à un degré de civilisation que l'on ne trouve pas dans les habitants de la partie du continent et de la grande île dont ils sont voisins.

Ils ont beaucoup de politesse dans les manières, un excellent bon sens, l'esprit cultivé et une certaine tournure poétique qui donne à leur conversation une grâce orientale. Mais, quoique plusieurs d'entre eux sachent lire et écrire, ils ne tiennent pas note des événements publics et particuliers, et ce sont les plus anciens qui, dans les disputes, décident de la vérité des faits et de leur date.

Les Européens naufragés y ont toujours trouvé les traitements les plus généreux. Quelques Arabes exercent l'agriculture et possèdent de grandes propriétés dans l'intérieur de l'île. D'autres pratiquent certains arts industriels : la tisseranderie, l'orfèvrerie, etc. L'adresse avec laquelle ils travaillent est d'autant plus étonnante, que les outils dont ils se servent sont essentiellement primitifs et grossiers.

Accoutumés dès l'enfance à jouer avec les vagues et à lutter contre les flots, les Comorois sont d'excellents marins et de très hardis navigateurs. Malgré l'insuffisance de leurs embarcations, ils ne craignent pas de s'aventurer jusqu'à Bombay et à Surate. Mais autant ils sont énergiques et tenaces sur mer, autant ils sont pusillanimes et lâches sur terre. Je ne crois pas qu'il y ait au monde de plus mauvais soldats. Aussi sont-ils sans cesse sous le coup des incursions des Madécasses, qui enlèvent les troupeaux et réduisent hommes, femmes et enfants en esclavage.

Leurs habitations sont petites et misérables; l'appartement des femmes est, comme dans tout l'Orient, séparé du corps de logis accessible aux étrangers. Leur seul luxe est un usage immodéré du musc, dont leur personne et tout ce qui leur appartient est littéralement infecté, et celui du *henné,* dont ils teignent leurs ongles de cette couleur orangée, si chère aux Orientaux.

Le vêtement des hommes n'offre rien de remarquable; celui des femmes des classes élevées se rapproche beaucoup de celui des Indiennes de la côte de Malabar. Elles portent un grand nombre de colliers et de bracelets de corail, de longs pendants d'oreilles, et passent dans le cartilage du nez un anneau d'or; leur chevelure est toute constellée de bijoux. Elles sont fort brunes de teint, mais généralement jolies.

Au mahométisme, qui est la croyance nominale du peuple, se joint le culte des fétiches. De ce mélange résulte une foule de pratiques superstitieuses, lesquelles constituent à vrai dire la religion du peuple.

La constitution et les lois des Comores sont peu connues; tout ce que l'on en sait d'une façon certaine, c'est que les nobles ont part au gouvernement, qu'ils font le commerce et sont les pourvoyeurs des vaisseaux européens; que le vol est puni par la perte d'un poignet, et la récidive par celle de l'autre. Quant aux rapports sociaux et au gouvernement intérieur des familles, ils sont réglés par le Coran plus ou moins bien interprété.

Des Comores nous passons, par un court trajet, à une des plus grandes îles du monde et à une contrée plus intéressante encore, par la variété d'objets curieux qu'elle présente, que par son étendue et l'importance qu'elle pourrait acquérir entre les mains d'une population active : c'est *Madagascar*, dont nous n'avons à citer ici que le nom, puisque sa description géographique, son histoire et ses habitants doivent former la partie la plus considérable de notre travail.

Dépassons donc cette *grande terre*, et, nous dirigeant vers l'est, allons trouver, à cent quarante-cinq lieues plus loin, les îles Mascareignes, dont les deux principales, l'*île de la Réunion* (autrefois île *Bourbon*), qui est la *Mascareignes* proprement dite, et l'*île de France*, aujourd'hui *île Maurice*, donneront lieu comme Madagascar à des récits particuliers et détaillés.

Viennent ensuite l'île de *Diego-Ruyz* ou de *Rodriguez*, qui fournit chaque année à l'île Maurice des milliers de tortues et nourrit maintenant cent cinquante à deux cents habitants, tandis qu'auparavant un nombre incalculable de crabes en formait la seule population.

L'île de *Chagos* ou de *Diego-Garcia* qui, avec d'autres îlots, forme un petit archipel que quelques colons, venus de l'île Maurice, ont assez récemment entrepris de mettre en culture.

Au sud-est de cette île, on arrive à celles de *Saint-Paul* et d'*Amsterdam*. Cette dernière, qui est la plus septentrionale et qui est désignée sur certaines cartes sous le nom de Saint-Pierre qui lui avait été d'abord donné, est formée d'une montagne conique dont le sommet paraît être la cheminée d'un cratère éteint. Une couche de tourbe d'un mètre d'épaisseur couvre la pierre ponce ou la lave ancienne. D'épais bosquets rendent l'accès de l'intérieur très difficile ; mais, faute de pouvoir pousser des racines assez profondes, les arbres restent petits.

L'île Saint-Paul, la plus méridionale, se présente sous la forme d'une montagne circulaire, creusée au milieu en forme de cratère ; la mer, après l'écroulement d'une de ses parois, a pénétré dans ce bassin. L'étang ou la lagune qui en remplit le fond est peuplé d'une immense quantité de poissons, parmi lesquels on remarque surtout d'excellentes perches. Des eaux thermales et des eaux ferrugineuses coulent parmi les laves parsemées de quelques vertes et fraîches pelouses.

Dix degrés plus au sud, la terre de *Kerguélen*, nommée île de la *Désolation* par le capitaine Cook, présente de stériles rochers environnés de glaçons et habités par des phoques. Elle a environ quarante lieues de longueur sur vingt de largeur.

L'absence presque totale de végétation sur cette île considérable, ne saurait provenir uniquement de la rigueur du climat ; elle est due aussi à l'éloignement de toute terre assez grande pour voir se développer en son sein la force végétative. Plusieurs excellents ports en feraient, en dépit de cette stérilité, une station utile à des baleiniers entreprenants. Des phoques qui y viennent déposer leurs petits, des canards, des pétrels, des albatros et des mouettes sont les seuls animaux qu'on y trouve.

Plus à l'ouest, les quatre petites îles *Croizet* ou *Marion* et celles du *Prince-Édouard*, n'offrent également que l'affreuse nudité d'un rocher dépourvu de végétation.

Quelques cartes portent encore, plus rapprochés du pôle et par conséquent plus désolés, plus stériles, plus inhabitables, plusieurs îles et îlots que nous ne mentionnons pas, leur importance ne pouvant être qu'absolument nulle, et leur existence même n'étant pas bien prouvée.

Après avoir ainsi dépeint la ceinture de terres détachées que la nature a placées le long du littoral oriental de ce continent mystérieux dont l'exploration et l'étude sont une des grandes préoccupations des géographes de notre temps, nous allons entrer dans le cœur même de notre sujet : la description des trois plus remarquables parmi ces îles : Madagascar, la Réunion et Maurice.

LES GRANDES ILES
DE L'AFRIQUE ORIENTALE

MADAGASCAR

PREMIÈRE PARTIE

MADAGASCAR ET LES MALGACHES

Description géographique. — Population. — Mœurs. — Usages. — Coutumes. — Industrie. — Commerce. — Productions diverses.

I

Sauf quelques parties isolées de la côte, l'île de Madagascar a été jusqu'ici peu connue. Plusieurs voyageurs, il est vrai, étaient parvenus à pénétrer dans l'intérieur, mais ils ne s'y étaient jamais trouvés dans des conditions suffisamment favorables, non seulement pour étudier les hommes qui l'habitent et leurs mœurs, mais même pour se former une idée bien exacte du pays.

La découverte de cette île n'est cependant pas de date récente.

Elle était connue des anciens ; Marco-Polo en fait mention dans ses voyages ; les Portugais, qui la visitèrent en 1506, lui donnèrent le nom de *Saint-Laurent*, et enfin les Français, qui y fondèrent, en 1642, un établissement stable, l'appelèrent *île Dauphine*.

De tous les drapeaux européens, le nôtre eut ainsi l'honneur et le privilège d'y être le premier arboré.

Située à l'entrée de l'Océan Indien et au sud-est de l'Afrique, dont elle n'est séparée que par le canal de Mozambique, cette île, qui, après Bornéo, est la plus grande que l'on connaisse, s'étend du 11° 57' au 25° 34' de latitude méridionale, et du 40° 20' au 48° 10' de longitude orientale, offre une superficie plus considérable que celle de la France.

On y remarque quatre caps principaux : le cap d'*Ambre*, à son extrémité septentrionale ; le cap *Sainte-Marie*, à l'extrémité opposée ; le cap *Saint-Félix*, à l'ouest, et le cap *Est*, au point le plus oriental.

Quoique presque entièrement comprise dans la zone torride, elle offre, grâce à l'élévation du sol, la plus agréable variété de saisons, et jouit en partie de tous les avantages des climats tempérés.

Une chaîne de montagnes, haute de trois mille à trois mille huit cents mètres, la parcourt du nord au sud, et forme, selon toutes probabilités, une sorte de plateau central qui la sépare en deux parties maritimes à peu près égales, et donne naissance à une multitude de rivières poissonneuses sujettes à des débordements périodiques.

Ces montagnes portent, au nord, le nom d'*Ambohistenienne* ou d'*Anquiripy* ; au centre, celui de *Béfour*, et au sud, celui d'*Ambotismènes* ou de *Botismènes*.

Côte de Madagascar.

Les cours d'eau les plus considérables sont le *Sango*, le *Darmouth* ou *Onglahi*, le *Mansiatre* et le *Boteler*, sur le versant occidental ; le *Mananzari* et le *Manangara*, sur l'oriental. L'*Andévourante* est navigable pour les pirogues sur un parcours de trente-cinq lieues. Le *Mangourou*, l'un des plus beaux, sort du lac d'*Antsianaxe*, qui peut avoir vingt-cinq lieues de circonférence.

La plupart de ces rivières tombent en belles cascades.

Quatre autres lacs, le *Rassoi-Bé*, le *Rassoi-Massaï*, l'*Irangue* et le *Nossi-Bé*, prolongent la côte de l'est en communiquant entre eux ; le dernier surtout ferait un excellent port si on pouvait percer la langue de terre qui le sépare de la mer. Mais il serait à craindre que la mer ne formât bientôt une nouvelle barre.

Toutefois, et comme ce sont ces lacs stagnants qui rendent si insalubre le climat de Madagascar, il importerait soit de mettre ces lacs en communication avec la mer, soit de les dessécher. Ce sera évidemment le premier bienfait que la civilisation apportera à cette magnifique terre, aussitôt que l'élément européen sera parvenu à y prendre pied.

Plusieurs baies et rades, disséminées sur cette côte si accidentée, ont souvent, ainsi que nous le dirons dans la suite avec plus de détails, attiré l'attention du gouvernement français. Henri IV, le premier, projeta d'occuper la partie du sud-est, où fut construit par ses ordres, dans l'*anse Dauphine*, le *Fort Dauphin*, aujourd'hui ruiné.

Au XVIIIe siècle, Cossigny et, après lui, Beniowski tentèrent des établissements au nord-est de l'île, dans la magnifique baie d'*Antongil*. Celle de *Sainte-Luce*, au nord de l'anse Dauphine, fut explorée en 1787 par M. Lislet Geoffroy.

Les places de Foulpointe et de Tamatave, situées presque au milieu de la côte, n'ont jamais cessé d'être fréquentées par les Français, qui en tiraient des objets de première nécessité pour leurs colonies de l'île de France et de Bourbon.

Les vaisseaux anglais relâchent de préférence dans la baie de

Saint-Augustin, sur la côte occidentale. Le port *Louquez*, entre la baie d'Antongil et le cap Ambre, est excellent et peut recevoir des flottes entières. On vante la salubrité du climat des environs, et il paraît que les ouragans, si désastreux dans ces parages, y sont inconnus.

Quoi qu'il en soit de ce qui a été dit et de ce qui est souvent répété de son insalubrité et du mauvais vouloir de ses habitants à l'endroit de l'Europe et de sa civilisation, Madagascar, par sa position à l'entrée de l'Océan Indien et vis-à-vis de la côte sud-est d'Afrique, par la fertilité, l'élévation progressive et l'exposition variée du terrain, les différentes modifications de l'air qui, dans sa grande étendue du nord au sud, permettent la culture de tous les végétaux propres aux zones chaudes et tempérées, est un des points les plus importants du globe sous le rapport colonial et commercial.

Sa possession est devenue encore plus précieuse pour nous depuis la perte de l'île de France, qui, d'ailleurs, n'aurait jamais suffi à nous procurer l'établissement maritime, indispensable à toute puissance qui veut occuper dans l'Inde une position avantageuse et solide.

Or, ce que l'île de France ne peut offrir : des mouillages commodes, des bois de construction de premier choix et inépuisables ; une quantité inouïe de toutes espèces de vivres, on le trouve en abondance à Madagascar.

« L'île, dit Mme Ida Pfeiffer, qui l'a visitée en 1854 dans d'excellentes conditions pour observer et apprécier, autant qu'ait pu le faire avant elle et depuis aucun autre voyageur, l'île renferme d'immenses forêts et de vastes plaines.... La végétation y est merveilleusement riche et le climat très chaud. Ce dernier est malheureusement très malsain pour les Européens sur les côtes ; mais il l'est beaucoup moins dans l'intérieur du pays.

» Les principaux produits sont des baumes et des résines, du sucre, du tabac, de la soie, du riz, de l'indigo et des épices.

» Les forêts fournissent de magnifiques bois de construction.

» Les arbres fruitiers produisent presque tous les fruits de la zone torride. Parmi les nombreuses espèces de palmiers, le beau palmier d'eau est très abondant. »

Cet arbre, qu'on appelle *ranevala*, ressemble au palmier par son tronc, et au bananier par ses feuilles disposées en éventail, lesquelles fournissent aux Madécasses des nappes, des serviettes, des plats, des assiettes et des cuillers. En les perçant à leur naissance, ils en tirent une eau à boire; ils font aussi de l'huile avec la pellicule qui enveloppe la semence, et de la bouillie avec la farine de ces dernières. Le bois est employé à la construction des maisons.

On trouve dans les champs et les forêts beaucoup d'arbres et d'arbrisseaux dont les produits sont utiles aux arts ou à la vie.

Tels sont le *hazame*, arbre de la forme d'un peuplier, dont le fruit donne la résine *tacamahaca*; le *tanoma*, autre arbre à résine; le *sagoutier*, qui produit cette substance alimentaire et pectorale connue sous le nom de *sagou*, et dont les feuilles servent à faire des étoffes recherchées; le *badamier* pyramidal, l'aromatique *bachi-bachi*; le *malao-manghin*, qui produit une bonne noix muscade; le *rharha-horaé*; deux espèces de *cafiers* : le *raven-sara (Agatho-Phyllum)* ou cannelle-giroflée, arbre précieux dont les noix et les feuilles ont un parfum exquis et dont on tire une essence et une huile plus estimées que celles du clou de girofle; le *voaé* ou *voanène*, arbrisseau sarmenteux qui donne de la gomme élastique; plusieurs variétés de *cotonnier*, notamment celle de la plus grande espèce; l'*indigotier-malgache*, dans les endroits sablonneux; des *mimosas*, entre autres le *mimosa-lebbeck*, appelé bois noir, qui donne une espèce de gomme copal dont la majeure partie se perd sous les arbres. Parmi les plantes, on distingue le gingembre, le poivre, le curcuma ou safran des Indes, du tabac très estimé, du riz et des ignames de plusieurs sortes; enfin le *sanga-fanga*, qui a beaucoup d'analogie avec le papyrus des anciens.

On trouve en outre à Madagascar plusieurs autres bois précieux, tels que le sandal et l'ébène noir, blanc, vert et blanc moucheté. La vigne y prospère, et la canne à sucre y croît naturellement. On a dressé un catalogue de plus de cent espèces de végétaux indigènes de Madagascar qui mériteraient d'être transplantées dans les autres colonies françaises.

Depuis la remarquable exploration de M. Grandidier, dont nous aurons à parler avec plus de détails dans la suite, c'est-à-dire depuis 1867, la flore de Madagascar se dessine avec assez de netteté pour qu'il soit possible d'en bien définir les caractères principaux. « Son ensemble se compose de plantes de quelques familles et d'une longue suite de genres qui n'existent que sur cette terre ; ensuite d'une foule d'espèces tout à fait particulières à l'île, mais de types représentés les uns exclusivement en Afrique, les autres — peut-être en plus grand nombre — seulement dans l'Inde et les îles adjacentes, enfin d'espèces dont les formes génériques sont trop disséminées pour pouvoir jeter beaucoup de lumière dans une question de géographie physique. Rien n'accuse donc mieux l'isolement de Madagascar, que cette flore à la fois si spéciale et si caractérisée.

» La grande île, si voisine du continent africain, ne rappelle cependant l'Afrique que dans certains traits, et semble offrir des analogies un peu plus prononcées avec l'Asie tropicale.... On y remarque quelques végétaux qu'on ne distingue pas de ceux de l'Inde; pour quelques-uns, l'identité reste douteuse; pour les autres, elle est évidente, et dans ce dernier cas, il est besoin d'examiner si la présence de ces végétaux dans la grande île est toujours due, soit à l'intervention de l'homme, soit à des circonstances particulières. Or, l'attention des savants n'a pas été encore, que nous sachions, dirigée de ce côté.

» Dès l'époque où les Européens pénétrèrent à la Grande-Terre, les Malgaches se livraient déjà, de temps immémorial, à la culture du riz, de la canne à sucre, de plusieurs espèces d'ignames ; d'où les tenaient-ils ? Personne ne paraît s'être inquiété de la provenance dans l'île de ces plantes, et cependant une recherche approfondie à cet égard ne saurait manquer d'être fort intéressante.... N'est-il pas permis, par exemple, de croire que le riz y a été introduit par les Arabes ; pour la canne à sucre et surtout pour les ignames, on doit probablement en chercher ailleurs l'origine. Flacourt a énuméré les diverses espèces d'ignames cultivées, dont quelques-unes échappent encore à la détermination scientifique.

» Ces végétaux, à racines énormes, sont de la famille des *aroïdées* (1) ; ils se rapportent au genre *colocasia*, plantes de haute taille, ayant de larges feuilles, de jolies fleurs, un port superbe. Elles produisent grand effet lorsqu'on les voit en masses dans un site pittoresque. Cultivées dès la plus haute antiquité dans l'Inde et dans les îles de la mer du Sud, c'est peut-être de ce côté qu'il faut porter l'attention pour savoir de quelles mains les Malgaches les ont reçues.

» Il conviendrait de s'occuper dans le même dessein de la grande cardamome de l'Inde, la *longouze* de Madagascar, devenue si abondante en certains endroits, que de ses fruits, dit Flacourt, on chargerait un navire. C'est une belle plante, portant des fleurs fort élégantes, et des fruits d'un rouge écarlate qui ont une chair blanche, aigrelette, de goût agréable.

» Le coton est cité dès le XVIIe siècle comme d'un usage très général à Madagascar, où les botanistes n'ont cependant reconnu jusqu'ici aucune espèce particulière : là encore se trouve une origine à rechercher. »

C'est ainsi qu'à tous les points de vue, la richesse et la singularité de la flore de Madagascar sont à noter et ouvrent en même temps un champ inconnu à l'avenir de toute colonisation sérieuse qui s'implantera dans ce pays, et aux investigations de la science.

(1) Une espèce de cette famille, qui croît communément dans nos bois, est l'*arum vulgare*, généralement connue sous le nom de *gouet* et de *pied de veau*.

Dans cette puissance de végétation, il y a en effet non seulement l'impossibilité de la misère pour l'homme, mais la certitude d'une existence facile : « chacun ne peut-il pas cueillir des fruits, arracher des racines autant qu'il lui en faut pour sa subsistance ; se procurer sans peine les feuilles et les écorces qui donnent les matières textiles propres à la fabrication des vêtements, avoir en abondance du bois pour construire des habitations? Or, que faut-il de plus aux débuts d'un établissement, surtout quand on sait que le sol est assez fertile pour rendre bientôt au centuple les semences qui lui seront confiées? »

Reste, il est vrai, cet épouvantable fléau dont le sinistre aspect semble envelopper les côtes de la Grande-Terre d'un vaste linceul funèbre, et dont le seul nom, la *fièvre de Madagascar*, porte l'épouvante dans les âmes les plus vaillantes.

Le règne animal, comme dans toutes les îles, offre moins de variétés. L'éléphant et le lion y sont inconnus, mais l'*antamba* paraît être une race semblable au léopard. Le *farassa* ressemble au chacal. Les bœufs, très nombreux, sont des *zébus* ou bœufs à bosse de graisse. Il y en a qui pèsent de sept à huit cents livres ; quelques-uns manquent complètement de cornes; d'autres n'ont que des cornes seulement adhérentes à la peau, mobiles et pendantes.

Les autres animaux remarquables sont des ânes sauvages aux oreilles énormes, des sangliers munis, dit-on, de cornes, des chèvres d'une fécondité extraordinaire, des moutons à grosse queue; le *sandrec*, espèce de hérisson bon à manger ; la grosse chauve-souris, appelée *roussette*, dont la chair est très délicate; le *makis* et *l'aï* ou *paresseux*, animal qu'on a prétendu à tort être particulier à l'île qui nous occupe.

Flacourt ajoute à cette liste le *bréh* ou chèvre unicorne ; Mme Pfeiffer parle encore de buffles, de chiens, de chats sauvages ; puis, passant à un ordre inférieur d'animaux, elle dit : « Les serpents y sont inoffensifs; les autres reptiles très rares, et comme animaux venimeux il n'y a que le scolopendre et une toute petite araignée noire qui vit sous terre et dont la piqûre passe pour mortelle, mais on la rencontre rarement. »

Les forêts recèlent des bandes de poules, de pintades, de faisans, de ramiers, d'oies, de canards, de perroquets, parmi lesquels on remarque une espèce fort rare, le *perroquet noir* (1).

Des nuées de sauterelles obscurcissent quelquefois l'air, et, comme dans presque toute l'Afrique méridionale, ces insectes constituent pour les indigènes un régal exquis.

Puisque nous nous occupons des insectes, disons que nulle part ils ne sont aussi variés, aussi beaux, en un mot aussi intéressants que dans la grande île africaine. Nous ne parlerons ici que de ceux d'entre eux qui peuvent offrir une importance industrielle, soit aux futurs colons européens à Madagascar, soit à ceux qui en voudront exploiter par le commerce les richesses naturelles.

Déjà Flacourt avait signalé la grande quantité de bombyx produisant la soie qui peuplent les forêts. On savait que c'est sans se donner presque aucune peine que les Malgaches recueillent la soie dont leurs femmes mettent si admirablement en œuvre la précieuse matière, et dont une partie fournit pour la table réservée aux gourmets malgaches un de leurs régals de prédilection; car ici, comme en Chine et en beaucoup d'autres pays, les chrysalides constituent un mets très recherché; mais, faute d'observation scientifique suffisante, on ignorait quelles espèces d'insectes fournissaient ces cocons. On a acquis la certitude que ce sont des bombyx de taille moyenne et de couleur brune ou fauve qui vivent sur des cytises, connus sous le nom vulgaire d'*ambrevates*.

Plusieurs fois on avait apporté en Europe des nids ou plutôt des poches soyeuses remplies de cocons, et il avait été facile d'y reconnaître l'ouvrage de chenilles travaillant à la manière de notre bombyx processionnaire. On en a distingué deux espèces : le *bombyx radames* connu aux environs de Tamatave et de Foulpointe, et le *bombyx-Diego*

---

(1) Flacourt compte parmi les oiseaux de Madagascar plus de soixante espèces ou variétés peu connues.

qui n'a été jusqu'ici signalé qu'à la baie de Diego-Suarez. Ces chenilles vivent sur des arbres de la famille des acacias que l'on appelle *Intsie*. Lorsque le moment de la métamorphose approche, elles se réunissent et filent en commun la poche qui doit les protéger toutes ; chacune ensuite s'enferme dans un cocon particulier.

« Rien de plus étrange, disent les voyageurs, que de voir suspendus aux branches d'arbres ces nids énormes, qui ont quelquefois plus d'un mètre de longueur.

» Les Malgaches ignorent l'art de dévider les cocons ; ils les cardent et les filent à la quenouille, ce qui ôte à la soie le brillant qu'elle a chez nous, mais ce qui produit un fil très solide. »

Nous avons parlé en son lieu d'une araignée de terre, petite et venimeuse ; nous devons dire ici que, pour un insecte de ce genre qui est dangereux, il en existe à Madagascar quantité d'autres qui non seulement sont inoffensifs, mais qu'il pourra peut-être devenir possible d'utiliser comme insectes producteurs de la soie, et qui, dans tous les cas, par les vives couleurs dont quelques espèces sont revêtues, méritent d'être classées parmi les insectes qui semblent avoir été créés pour augmenter l'éclat et l'harmonie de la nature.

« Ces araignées établissent d'immenses toiles et confectionnent, pour loger leurs œufs, des coques d'un volume considérable. On a conçu l'idée de donner un emploi à cette soie fine et brillante comme de l'or ; mais la difficulté d'obtenir la matière en quantité notable a jusqu'ici fait écarter la pensée d'une application industrielle sérieuse de cette soie. » Peut-être trouvera-t-on le moyen de multiplier cet insecte par une éducation domestique ; on doterait ainsi la Grande-Terre d'un produit particulier très remarquable.

Une autre espèce d'araignée est encore citée par rapport à ses mœurs singulières ; je veux parler des grosses épeires qui dressent au-dessus des rivières des toiles accrochées aux arbres des deux rives et permettent à plusieurs espèces de petites araignées de vivre sous leur protection.

Il n'est sûrement aucun de nos lecteurs qui n'ait remarqué à l'automne, dans les jardins, les toiles régulières de notre épeire commune ; d'après cet exemple, il peut imaginer l'effet pittoresque produit par des toiles plus de vingt fois plus grandes, jetées comme des ponts par-dessus les torrents.

Les eaux de Madagascar fourmillent de poissons généralement fort bons, mais dont quelques-uns cependant sont venimeux, ce qui inspire aux étrangers une grande circonspection avant d'admettre à leur table les espèces peu connues.

Un autre danger menace les marins et interdit l'usage des bains aux embouchures des rivières et dans les baies de la côte : nous voulons parler des énormes crocodiles qui infestent les premières, et des requins qui abondent dans les secondes.

En revanche, sur toutes les côtes, les crustacés et les coquillages invitent les gourmets à de friands régals. Mandelsloh rapporte à ce sujet, qu'assis à l'ombre d'un citronnier au bord de la mer pendant le reflux, il fit un excellent déjeuner en assaisonnant avec le jus des citrons qui pendaient sur sa tête les huîtres qu'il ramassait à ses pieds.

Les baleines, qui en tous temps, mais surtout pendant les quatre mois que dure la saison pluvieuse, fréquentent très assidûment ces parages, appartiennent à l'espèce particulière à l'Océan Indien, espèce que l'on trouve jusque sur les côtes du Brésil. On pourrait y en établir d'importantes pêcheries. La pêche du requin y serait également d'un bon produit.

Parmi les productions minérales si abondantes qu'alors même que l'île nous sera entièrement ouverte, il faudra bien du temps avant de les connaître toutes, on signale déjà des quantités considérables de cristal de roche, dont on rencontre des blocs de la plus grande beauté mesurant jusqu'à quatre et même sept mètres de circonférence ; les sables de l'île, qui ne sont que des débris de ce quartz, donneraient du verre très blanc ; on y trouve des grenats, de très belles agates noires et plusieurs autres pierres précieuses de moyenne qualité.

Les montagnes renferment de l'étain, du plomb, et principalement du fer, dont les naturels exploitaient autrefois les mines. On assure qu'il y a aussi du cuivre, de l'or pâle et d'autres métaux. La partie occidentale possède des bancs considérables de sel gemme. Les sources thermales y sont nombreuses et possèdent une grande puissance curative.

II

Après le coup d'œil général que nous venons de jeter sur cette grande et intéressante terre africaine qui semble n'avoir été placée sur l'Océan Indien que pour fournir aux navigateurs une dernière station avant d'arriver au féerique pays des mille et une nuits, à ces grandes Indes qui, de tout temps, ont été le point de mire du reste du monde, comme richesses et productions, il ne nous reste, pour en avoir une idée bien complète, qu'à suivre Malte-Brun dans le voyage qu'il fait faire à ses lecteurs à travers les diverses provinces ou régions entre lesquelles cette terre est partagée. Nous descendrons d'abord le long de la côte orientale, nous passerons ensuite aux districts du centre, et nous terminerons par la côte occidentale.

Le pays des *Ankaras* ou *Antavares* (1), c'est-à-dire *peuples du tonnerre*, parce que les orages viennent d'ordinaire de leur côté, s'étend depuis le cap d'Ambre jusqu'à quelques lieues de Foulpointe et comprend les grandes baies de *Vohemar* et d'*Antongil*, ainsi que l'île *Sainte-Marie*, appelée dans le pays *Nossi-Ibrahim* et située près de la côte orientale.

(1) Nous ferons observer ici que chaque géographe, et même chaque voyageur écrivant d'une façon différente les noms étrangers, nous avons cru devoir adopter l'orthographe qui nous a semblé la plus généralement suivie, celle de Malte-Brun.

Il est bien cultivé et si fertile surtout en riz qu'on en pourrait exporter chaque année trois millions de livres.

Les Antavares fabriquent des pagnes très beaux et très estimés dans le commerce. Les fréquentes excursions qu'ils font aux îles Comores pour y enlever des esclaves, les ont rendus aussi habiles navigateurs que hardis guerriers; ils connaissent le maniement des armes à feu et en possèdent un assez grand nombre pour que les Européens eux-mêmes puissent les considérer comme des ennemis avec lesquels il y a à compter.

Quelques auteurs les font descendre des Juifs; ce qu'il y a de certain, c'est qu'ils conservent dans leurs traditions le souvenir de Noé, d'Abraham ou d'Ibrahim, de Moïse et de David, qu'ils pratiquent la circoncision, qu'ils célèbrent le sabbat et offrent des animaux en sacrifice. Il est de plus incontestable qu'au physique, ils offrent un type différent et supérieur à celui de la plupart des Madécasses, et qu'au moral, ils se montrent plus intelligents et sont relativement plus éclairés.

Leur pays comprend toute la partie septentrionale du versant oriental de l'île, jusqu'aux limites du pays des Bestimessaras.

On y voit la baie *Vohemar*, où les Européens font un grand commerce, et la baie *Antongil*, où, ainsi que nous l'avons déjà dit, les Français possédaient autrefois le port Choiseul.

Vis-à-vis l'île de Sainte-Marie se trouve *Tintingue*. Cette ville, d'une certaine importance à l'embouchure du *Manangouré*, a un port d'une entrée difficile et d'une sortie dangereuse, mais dans lequel on jouit d'une parfaite sécurité.

Nous dirons ailleurs dans quelles circonstances les Français s'y sont établis; nous nous bornerons à dire dès à présent qu'entourée de magnifiques forêts vierges et de terres d'une merveilleuse fécondité, cette ville est évidemment destinée à devenir le centre d'une belle et florissante colonie.

Le pays des *Betsimicaracs* ou *Bétimsaras* ou encore *Bestimessaras* *(peuples unis)*, formé par la réunion des *Zaphi-Dzabais*, des *Zaphi-*

Dieunisois, des *Antantsicanes*, des *Antérouibais* et autres, est le plus fréquenté par les Européens. Il s'y fait un grand commerce de riz

Sainte-Marie de Madagascar.

et de bestiaux, et on y trouve deux excellentes rades : celle de *Foulpointe*, village appelé par les indigènes *Voulouillou*, où les

Français ont eu longtemps un établissement, et *Tamatave* ou *Tamas* qui, réunissant peut-être encore plus d'avantages, doit nous arrêter quelques instants.

« Quelle place importante Tamatave pourra devenir un jour, s'écrie dans son enthousiasme Mme Pfeiffer, quand cette belle île sera ouverte aux Européens et au commerce de toutes les nations !

» Aujourd'hui elle ressemble à un pauvre mais très grand village. On évalue sa population, y compris les environs, à quatre ou cinq mille âmes, parmi lesquelles il y a huit cents soldats et une douzaine d'Européens et de créoles de Bourbon.

» A part les quelques maisons de ces derniers et celles de quelques Hovas et Malgaches aisés, on ne voit que de petites huttes disséminées sur différents points et ne formant que quelques rues étroites. Elles reposent sur des pieux de deux ou trois mètres de haut. Construites en bois ou en bambou, couvertes de longues herbes ou de feuilles de palmier, elles renferment une pièce unique dont le foyer occupe une bonne partie, de sorte que la famille a à peine la place de s'y coucher. Il n'y a point de fenêtres, mais seulement deux portes placées en face l'une de l'autre. De ces portes, celle qui est du côté du vent est toujours fermée.

» Les maisons des gens aisés sont construites avec les mêmes matériaux que celles des pauvres, seulement elles sont plus hautes et plus grandes. Elles ne se composent également que d'une pièce ; mais celle-ci est divisée, au moyen de cloisons peu élevées, en trois ou quatre compartiments et, indépendamment des portes, elles ont des fenêtres mais sans vitres.

» Le bazar, situé au milieu de la ville, sur une vilaine place inégale, ne se distingue pas moins par sa pauvreté que par sa malpropreté : un peu de viande de bœuf, fort répugnante à voir, quelques cannes à sucre, du riz, des rabanetas et quelques fruits sont à peu près tout ce que l'on y trouve, et l'étalage entier d'un des marchands accroupis par terre ne vaut souvent guère plus d'un quart d'écu.

» On tue les bœufs dans le bazar même; on ne les dépouille pas de leur peau, mais cette peau se vend avec la viande et passe pour très agréable au goût. La viande ne se vend point au poids, mais le prix s'en débat d'après la grosseur et la mine du morceau.

» Du reste et règle générale, quand on veut acheter ou vendre quoi que ce soit dans ce pays, comme il n'y a pas à Madagascar d'autre monnaie que l'écu d'Espagne (1), et depuis 1852 ou 1853 la pièce de cinq francs française, à défaut de monnaie divisionnaire, on a imaginé de couper les écus et les pièces de cinq francs en parties plus ou moins petites (2).

» Détail curieux et surprenant, qui prouve combien sont spécieuses les belles théories de certains détracteurs de la civilisation chrétienne qui font de ce qu'ils appellent pompeusement les *hommes de la nature* des êtres doués de toutes les vertus — simplicité, franchise, loyauté, etc., — malgré leur profonde ignorance et leur barbarie, les indigènes savent si bien contrefaire les écus qu'il faut avoir le coup d'œil très exercé et les examiner de bien près pour pouvoir distinguer les bonnes pièces des fausses. »

Avis à ceux de nos lecteurs qui pourraient avoir quelque velléité de faire le voyage de Madagascar.

Il est bon aussi pour les étrangers en rapport avec les Malgaches de savoir que les habitants de Madagascar, au moins les plus éclairés, comptent à peu près à la manière des Européens.

S'agit-il de faire le dénombrement d'une armée, les hommes qui la composent doivent, en présence des chefs, défiler par un étroit passage et déposer chacun une pierre à la même place. On compte les pierres par dizaines et ensuite, au moyen de ces dizaines, par centaines.

On se sert en quelques circonstances de poids, et des mesures de capacité sont employées pour le riz et les liquides.

(1) Lequel vaut huit francs de notre monnaie.
(2) Quelquefois une de ces pièces est divisée en cinq cents parcelles.

« Les indigènes de Tamatave, continue Mme Pfeiffer, sont la plupart Malgaches, et ils me semblaient encore plus affreux que les nègres ou les malais : leur physionomie offre l'assemblage de ce que ces deux peuples ont de plus laid ; ils ont la bouche grande, de grosses lèvres, le nez applati ; le menton proéminent et les pommettes saillantes ; leur teint a toutes les nuances d'un brun sale. Beaucoup d'entre eux ont pour toute beauté des dents régulières et d'une blancheur éclatante, quelquefois aussi d'assez jolis yeux. »

Tamatave, telle que vient de nous la montrer la courageuse exploratrice du *Tour du Monde*, est bien déchue de ce qu'elle était lorsque le roi des Hovas, ou plutôt les souverains de la plus grande partie de l'île de Madagascar y faisaient leur résidence ; elle comptait alors plus de vingt mille habitants. Les Français y avaient construit un fort qui dominait et défendait la ville ; les Anglais s'en emparèrent, et il passa ensuite aux Hovas qui le conservèrent jusqu'en 1829, époque à laquelle les Français les en expulsèrent.

Les *Bestimissaracs*, ou *Bestimessaras*, gouvernés par des Malates ou chefs d'extraction blanche qui les tyrannisent, bien que dissimulés, fourbes, lâches, ivrognes et enclins à la rapine, sont, malgré ces défauts, particulièrement susceptibles de civilisation, et leur génie naturel pour tout ce qui a trait à l'industrie et au commerce est très remarquable.

Plus loin on arrive au pays des *Bétanimènes*, ou peuples de la terre Rouge, autrefois *Sicouas*, borné à l'ouest par les *Bézonzons*, et au sud par les *Antaximes*.

Gouvernés par des chefs indigènes, les Bétanimènes jouissent d'une grande tranquillité, et leur territoire constitue la plus belle, la plus fertile et la plus peuplée parmi les provinces malgaches du bord de la mer ; eux-mêmes sont les plus doux et les plus sociables habitants de toute l'île.

On traverse ordinairement cette province quand on veut pénétrer dans l'intérieur de l'île, parce qu'elle est plus déboisée que les autres. Le voyageur y trouve partout un accueil bienveillant et empressé, et c'est à travers des sites charmants qu'il arrive au pied des montagnes majestueuses du lac *Nossivec* et de *Béfour*. Le pays doit surtout sa fécondité à la rivière d'*Andevourante* qui le traverse. Le village du même nom, qui est un des principaux centres des populations de l'île, est le chef-lieu de ce canton.

Les *Antaximes*, ou peuples du sud, sont considérés comme les plus pauvres et les plus grossiers des habitants de Madagascar. Sans industrie et sans commerce, ne prenant même pas la peine de cultiver le sol de leur pays, ils vivent de rapine et de brigandage. Ils ont le teint très noir, les cheveux crépus et se servent de boucliers, usage qui, n'existant dans aucune autre peuplade de l'île, confirme la différence d'origine indiquée par le type physique et les mœurs de cette population, dont la négligence et l'incurie à l'endroit de toute exploitation agricole sont d'autant plus regrettables, que dans la région qu'ils occupent l'air est particulièrement pur et sain et la terre fertile. Deux belles rivières, la *Mangourou* et la *Mananzari*, l'arrosent.

Les *Antambasses* s'étendent à l'extrémité sud de l'île, depuis la vallée de Sainte-Luce jusqu'à l'extrémité de la vallée d'Amboule, sur un espace d'environ vingt-cinq lieues. *Siangourih*, assemblage d'une cinquantaine de cabanes, en est la capitale. C'est sur la côte de ce canton que se trouve l'*anse Dauphine*. Les *Antambasses* sont grands, robustes, gais, doux et généreux à l'excès. Malheureusement à ces qualités se joint une paresse invétérée que rien jusqu'à présent n'a pu vaincre.

La vallée d'Amboule possède plusieurs sources d'eaux thermales ferrugineuses et d'excellents pâturages.

Les *Antambasses* au sud et les *Taissambes* à l'ouest, réunis autrefois en un seul corps de nation avec les *Antambanivouls* ou *Ambanivoules* (*habitants du pays des Bambous*), sont encore aujourd'hui gouvernés par des chefs appartenant à la famille arabe qui a longtemps gouverné la partie méridionale de Madagascar.

Passons aux peuplades de l'intérieur. Pasteurs et cultivateurs, les Malgaches de l'intérieur, s'ils paraissent de prime abord moins civilisés que ceux des bords de la mer, ont été du moins mis à l'abri, par la simplicité et l'activité de leur vie, des vices qui dégradent ceux-ci. Ils possèdent d'ailleurs une qualité qui prédispose singulièrement ces peuples à demi sauvages à accepter le bienfait de la civilisation quand il leur est proposé : ils sont hospitaliers et humains.

Ils vendent à leurs voisins du littoral, et principalement aux Bestimessaras qui, sans cela, mourraient littéralement de faim, du riz, de la volaille, du miel et du *toc*, boisson faite avec du jus fermenté de banane et de canne à sucre.

Les *Antsianares* habitent le pays qui s'étend entre les sources du *Manangouré* et les confins du territoire des Antavares. Ils ont dans les établissements européens la réputation de brigands enragés, « parce qu'à plusieurs reprises on les a vus défendre avec une rare énergie l'entrée de leur canton à des brigands blancs ; mais des voyageurs pacifiques qu'ils ont admis sans difficultés à visiter leurs villages bien policés et assez bien bâtis, leurs plantations de riz et leurs montagnes, d'où, à ce qu'il paraît, on tire de l'argent, rendent d'eux un tout autre témoignage. Ils ajoutent que l'air salubre de ce pays le rendrait éminemment propre à devenir le siège d'une colonie européenne qui y trouverait des positions d'une défense facile.

» Les marchands indiens y pénètrent par le pays des *Séclaves*, ou *Sakalaves*, situé au nord-ouest. »

Les *Bézonzons*, ou *Besombsons*, habitent un petit territoire voisin de la côte orientale de l'île, derrière Foulpointe.

Il comprend quatorze villages bâtis dans une vallée ceinte de hautes montagnes qui le sépare à l'est des Bétanimènes et à l'ouest des *Antancayes*. C'est là, et entièrement séparé de toute espèce de communications avec le dehors, que vit cette paisible peuplade dans une abondance de toutes les choses nécessaires à la vie, que peu de nations civilisées possèdent.

Mais, s'ils sont ainsi favorisés sous le rapport des mœurs et de la sécurité, les Antancayes, en revanche, sont inférieurs, au point de vue physique, à toutes les nations malgaches que nous avons visitées jusqu'ici : au lieu de ces noirs grands et robustes, aux membres souples et bien conformés, nous nous trouvons en présence d'une race sinon dégénérée, du moins altérée par un mélange de peuples.

Les Antancayes « se rapprochent beaucoup des Malais par les traits de leur figure, par la couleur basanée de leur peau, par leurs cheveux plats et rudes, par leur stature basse, par l'habillement, le langage et les mœurs. »

Comme les Malais, ils font consister la beauté à avoir les dents noires ; ils s'arrachent la barbe, s'allongent les oreilles en les perçant de grands trous, et se frottent le corps avec du suif de bœuf, ce qui les rend très sales. Ils sont fourbes et perfides comme les Malais. Leurs chefs, cruels et despotiques, ont droit de vie et de mort sur leurs sujets, usage inconnu dans le reste de l'île, où tout criminel doit être jugé dans une assemblée générale.

Ce peuple occupe une plaine longue de quatre-vingts lieues et large de quinze, bornée à l'est par les montagnes de Béfour, et à l'ouest par la rivière de Mangourou, qui baigne le pied des montagnes d'Ancove. Cette plaine immense est couverte d'une quantité innombrable de troupeaux.

On y récolte une sorte de riz rouge très nourrissant.

Les villages, assis sur les crêtes les plus élevées, sont bien fortifiés et presque imprenables.

Le pays d'Ancove ou des Hovas, continue Malte-Brun, à qui nous empruntons presque textuellement ces descriptions, occupe l'intérieur de l'île entre le 16° et le 17° parallèle. Ce pays jouit d'un ciel pur, d'un climat sain, mais froid. Il est très déboisé, et les habitants sont obligés de recourir au chaume, à la fiente des bœufs, et à une terre rouge durcie au soleil pour cuire les aliments et pour se chauffer. La population y est très nombreuse ; les plaines sont semées de villages, et les crêtes des montagnes en sont couvertes.

Tanane-Arrivou, ou *Tananarive*, ou encore *Emirné*, qui en est la capitale, compte, en y comprenant sa banlieue, environ 80,000 habitants. Située le long d'une grande chaîne de montagnes, sur les bords d'une petite rivière appelée *Kioupia*, elle présente de loin l'apparence d'un labyrinthe entouré de fossés et de palissades ; de près, on s'aperçoit avec étonnement qu'elle est composée d'un assemblage de petites bourgades entremêlées d'arbres et de vergers.

Ce fait s'explique par l'origine de Tananarive dont les diverses parties étaient originairement des villages séparés qui, en s'agrandissant, ont fini par se réunir. Ces agglomérations cependant ne sont à vrai dire que des faubourgs ; et la ville proprement dite se borne au palais des souverains et aux habitations de la noblesse.

La différence dans la construction des habitations pourrait à elle seule servir de ligne de démarcation entre la ville et les faubourgs.

Tandis, en effet, que dans ces derniers la plupart des maisons sont en terre et en argile, dans l'enceinte de la ville elles doivent être construites en bois ou au moins en bambou. Elles y sont également plus spacieuses, plus propres, mieux entretenues.

En général, il règne à Tananarive une grande propreté et une animation continuelle, que l'on n'est pas accoutumé à rencontrer dans les autres villes malgaches.

Des redoutes, construites d'après les règles de l'art et garnies de canons fondus en Angleterre, défendent cette ville dont les maisons dépassent le nombre de trente mille (1). Elles sont pour la plupart construites en jonc et couvertes en chaume ; mais celles de la noblesse sont en belles pièces de bois, spacieuses et bien aménagées. Elles sont généralement groupées autour du palais du souverain,

(1) « On prétend, dit Mme Ida Pfeiffer, que Tananarive avec ses faubourgs contient 50,000 maisons en toits, comme on dit ici, et cent mille habitants. Cette donnée est sans doute fort exagérée, mais le nombre des maisons est excessivement grand par la simple raison que les maisons elles-mêmes sont très petites, chacune ne se composant guère que d'une ou deux pièces. La famille est-elle nombreuse, on construit deux ou trois autres maisons aussi petites à côté de la maison principale ; chez les gens tant soit peu aisés, la cuisine est sous un toit à part, et les esclaves naturellement sont aussi répartis dans plusieurs maisonnettes. Je ne crois cependant pas qu'il y ait à Tananarive plus de vingt mille maisons. »

lequel est construit au milieu de la ville, sur la plus haute plateforme de la montagne, et entourée de palissades et de fossés.

La plupart des voyageurs qui ont décrit ce palais en ont exagéré la magnificence. Il est hors de doute cependant que, comparé à tout ce qui existe en fait d'édifices dans l'île, il est extrêmement remarquable, surtout si l'on tient compte des difficultés qu'il a fallu surmonter.

Voici la description qu'en donne Mme Ida Pfeiffer : « C'est, dit-elle, un grand édifice en bois composé d'un rez-de-chaussée et de deux étages avec une toiture très élevée; chaque étage est garni de larges galeries. Tout l'édifice est entouré de colonnes en bois de vingt-six mètres de haut sur lesquelles repose le toit qui s'élève encore à plus de treize mètres au-dessus, et dont le centre est appuyé sur une colonne de trente-neuf mètres. Toutes ces colonnes, sans en excepter celle du centre, sont d'une seule pièce, et quand on songe que les forêts dans lesquelles croissent des arbres assez gros pour fournir de semblables colonnes, sont éloignées de cinquante à soixante milles anglais de la ville, que les routes, loin d'être frayées, sont impraticables, et que le tout, amené sans l'assistance de bêtes de somme ou de machines, a été travaillé et mis en place avec les outils les plus simples, on doit considérer l'érection de ce palais comme une œuvre gigantesque.... Le transport de la plus haute colonne seule a occupé, assure-t-on, cinq mille hommes, et l'érection a duré douze jours.

» Tous ces travaux ont été exécutés à titre de corvées par le peuple, sans qu'aucune des personnes qui y ont pris part ait reçu ni salaire, ni nourriture.

» On prétend que, durant le cours de la construction de cet édifice, 15,000 personnes ont succombé à la peine et aux privations; mais qu'importait à l'orgueilleuse souveraine qui le faisait bâtir (1)? La moitié de la population de l'île eût bien pu périr sans qu'elle s'en préoccupât, pourvu que ses ordres suprêmes fussent accomplis.

» Devant l'édifice principal on a ménagé la place d'une vaste et

(1) La reine Ranavalo, dont nous parlons ailleurs.

belle cour, autour de laquelle s'élèvent plusieurs jolies constructions. Le principal édifice n'est pas habité ; il ne renferme que les grands appartements d'apparat. La reine occupe un des bâtiments latéraux qui se relie au palais par une galerie. Au principal édifice se rattache, du côté gauche, le *palais d'argent*, ainsi nommé parce que toutes les arêtes des voûtes, ainsi que tous les encadrements des portes et des fenêtres, sont garnis d'innombrables petites clochettes d'argent. Ce palais était, du vivant de Ranavalo, la résidence du prince Rakoko.

» A côté du palais d'argent est le tombeau du roi Radama, une toute petite maison en bois, sans fenêtres, mais à laquelle cette absence même de fenêtres, jointe au piédestal qui lui sert de base, donne bien l'aspect d'un monument funéraire. »

Un trait des mœurs royales de Madagascar réclame ici sa place.

« Un antique usage veut que, quand un roi meurt, on mette dans sa tombe tout ce qu'il possède d'or, d'argenterie et d'objets précieux. L'héritier peut, il est vrai, en cas de besoin, enlever le trésor, et, autant que j'ai pu savoir, ce besoin ne manque jamais de se produire.

» Le trésor de Radama n'est évalué qu'à cinquante mille piastres, tandis que celui de son père était d'un million. »

Disons ici, puisque l'occasion s'en présente, que le trésor de la reine Ranavalo était, vers 1854, évalué à 5 ou 600,000 écus, et ses revenus annuels, de 30 à 40,000, somme qu'elle pouvait joindre chaque année à ses trésors sans en presque rien retrancher, puisqu'elle n'avait aucune dépense à faire pour sa personne ni pour son gouvernement, le peuple remplissant toutes les fonctions gratuitement et étant tenu de pourvoir à toutes les dépenses de l'Etat. Pour ce qui est de la personne royale, elle est propriétaire du pays et possède une multitude d'esclaves qui doivent fournir à tous les besoins de sa maison. Les habits mêmes qu'elle porte sont en grande partie fabriqués avec les produits du pays et par les mains de ses esclaves.

D'origine malaise, les Hovas sont, sans contredit, « beaucoup moins laids que les autres peuples de Madagascar. Leurs traits tiennent moins du type nègre et sont mieux formés que ceux des Malais de Java et de l'Océan Indien. Ils sont plus grands de taille et mieux membrés. Leur peau offre toutes les nuances depuis le jaune olivâtre jusqu'au rouge brun foncé. »

Ils ont été longtemps, de tous les peuples de Madagascar, le plus abhorré et le plus méprisé; on les traitait à peu près comme les parias dans l'Inde, et tandis qu'ils se donnaient le nom qu'ils portent toujours, *Hovas* ou *Ambaniandrou* (1), ils n'étaient guère connus dans l'île et jusque dans nos colonies que sous celui d'*Amboua-Lambrou*, c'est-à-dire *chien et cochon*, qui leur avait été attribué par les Sakalaves leurs ennemis.

Mais le roi Radama et surtout la reine Ranavalo les ayant pris d'abord sous leur protection et ensuite s'étant appuyés sur eux comme sur les plus fidèles et les plus dévoués appuis de leur trône, ils ont acquis une importance et une influence qui, en les plaçant au premier rang, ont mis en lumière leur bravoure, leur intelligence et leur ambition.

Il est devenu incontestable qu'entre tous les Malgaches, ce sont eux qui se rapprochent le plus de nous par leurs connaissances dans les arts et par leurs aptitudes industrielles. Ils tirent du sein de la terre plusieurs espèces de fer et de plomb. Ce dernier métal leur sert pour donner du vernis à leur vaisselle dont chaque pièce a toujours la forme d'un bocal plus ou moins grand, monté sur un piédestal.

Ils travaillent les métaux presque aussi bien que les Européens, et contrefont avec une étonnante facilité la plupart des objets de fabrique étrangère qu'on leur montre (2).

Ils savent faire plusieurs étoffes aussi belles que solides; ce sont eux qui fabriquent ces toiles de *calins* si estimées qu'on les vend à Madagascar jusqu'à un esclave la pièce. C'est une étoffe à fond bleu

(1) Les Européens, et en particulier les Anglais, les désignent souvent sous le nom de *Emerina*.

(2) Nous en avons donné une preuve en parlant des fausses piastres, si répandues à Madagascar.

sur les côtés de laquelle on voit des morceaux d'étain très artistement travaillés, et dont la continuité ne fait qu'un avec la trame, qui est toujours de soie et de coton. Au milieu de ce tissu se trouvent plusieurs fleurs bossées avec de l'étain, qui font un brillant effet.

Leurs étoffes sont en général très serrées et très fortes, avantage que n'ont pas celles qu'on leur apporte de l'Europe, aussi la plupart des habitants se servent-ils fort peu de celles-ci.

Hova olivâtre

Malheureusement, à ces qualités fort belles, ils joignent des défauts, ou pour parler plus exactement des vices non moins réels, qui ont fait dire d'eux par un des hommes les plus à même de les connaître et de les apprécier (1) : « Le Hova réunit les vices de tous les divers peuples de l'île. Le mensonge, la fourberie et la dissimulation ne sont pas seulement chez lui des vices dominants, mais encore tellement estimés qu'il cherche à les inculquer le plus tôt possible à ses enfants.... Les

(1) M. Laborde.

Hovas vivent entre eux dans une méfiance perpétuelle, et ils regardent l'amitié comme une chose impossible. Pour la finesse et la ruse, ils y excellent d'une manière incroyable, et ils pourraient en remontrer à cet égard aux plus habiles diplomates de l'Europe. »

L'agriculture est fort peu avancée chez eux : remuer légèrement le sol à la bêche, y jeter quelques graines, est tout ce qu'il faut pour qu'ils soient certains de récolter de quoi vivre pendant une année ; ils

Hova nègre

n'en demandent pas davantage et n'imaginent probablement pas qu'il puisse exister une science ayant pour objet le progrès agricole. De là cette indifférence pour le travail de la terre qui fait que l'on voit avec étonnement chez ce peuple, qui est le plus industrieux de l'île, de vastes jachères qui pourraient produire d'abondantes récoltes.

Le pays produit beaucoup de bestiaux remarquables par leur taille et leur graisse ; les poules et les dindons y ont été introduits par les Européens. Les étangs sont partout couverts de canards sauvages.

Le costume des Hovas est simple. Les hommes s'enveloppent dans un drap qu'ils jettent comme un manteau sur leurs épaules ; une autre pièce roulée leur sert de ceinture. Leur chevelure est tréssée avec art ; ils ne laissent croître leur barbe que sur le menton et épilent avec soin le reste du visage.

La garde du roi porte, depuis le règne de Radama, les cheveux coupés. Cette innovation causa, paraît-il, une singulière émotion parmi les femmes qui, désespérées de voir leurs maris privés de cet ornement naturel si cher aux Malgaches des deux sexes, se révoltèrent; mais la peine capitale qui fut prononcée contre sept d'entre elles et contre quelques hommes qui avaient pris part à la révolte, rétablit la tranquillité.

A ceux de nos lecteurs qui pourraient penser qu'il y eut à ce propos beaucoup de bruit pour un très petit sujet, nous rappellerons le grand émoi qui se manifesta dans l'armée française, et surtout dans les régiments d'élite — parmi ces intrépides grenadiers, par exemple, qui, s'ils n'étaient pas tous sans reproche comme notre héroïque Bayard, étaient tous sans peur comme lui, — lorsque leur général, leur idole, Bonaparte, décréta la suppression de la queue. Il n'y eut ni révolte ouverte, ni sang versé, deux choses qui ne sont point, grâce à Dieu, dans nos mœurs militaires; mais il y eut un furieux bouleversement dans les têtes menacées de perdre leur parure accoutumée, et celles de leurs chefs se mirent à la torture pour trouver des paroles d'apaisement, de persuasion d'abord, et, quand le sacrifice fut accompli, de sympathie et de consolation.

Le fond de la nature humaine reste toujours le même, et les mêmes faiblesses, tranchons le mot, les mêmes enfantillages semblent prendre plaisir à rapprocher les hommes les plus dissemblables par leurs mœurs et leurs habitudes.

La principale parure des femmes consiste à se décorer les pieds, les mains et le cou de chaînes d'argent, de corail et de pièces de monnaie dont la valeur dépasse quelquefois plusieurs centaines de francs. Après leur mort, on les enterre revêtues de ces ornements.

Quant au costume en lui-même, il ne diffère de celui des hommes que par les dimensions et la façon de le porter. Elles savent se draper avec beaucoup d'art, et témoignent, dans leurs allures, dans leurs gestes, d'une très grande coquetterie. Leur chevelure est divisée en un nombre infini de petites tresses dont l'arrangement exige beaucoup de soin et beaucoup de temps ; leurs dents blanches et leurs yeux vifs et brillants leur donnent, quoiqu'elles soient généralement bien loin d'être belles, une expression séduisante dont elles savent admirablement tirer parti. Presque toutes aiment passionnément les intrigues ; aussi l'ancienne loi qui condamnait les femmes infidèles à être décapitées de la main même de leur mari n'est-elle plus exécutée ni exécutable.

Bien que ne pratiquant aucune espèce de culte et n'ayant pas de doctrines religieuses nettement définies, les Hovas reconnaissent l'existence d'un Etre suprême, créateur du monde, qui, après leur mort, récompense ou punit les hommes selon les actions de leur vie.

La circoncision se pratique chez eux sur les enfants, et donne lieu à des fêtes de famille à la fois très solennelles et très joyeuses.

Nous dirons ailleurs à quelle occasion et par suite de quelles circonstances ce peuple a conquis la suprématie dont il jouit.

Pour le moment nous avons à reprendre notre voyage d'excursion à travers Madagascar et à le continuer le long de la côte méridionale.

Après le pays des *Antanosses* ou d'*Anossy*, terminé par la rivière de *Mandrerei*, on trouve sur cette côte les trois pays des *Ampatris*, des *Mahafalles* et des *Caremboules*, tous les trois peu cultivés mais riches en bois et en pâturages. Les cochons et les bœufs sauvages y sont en grande abondance et de magnifique espèce. L'arbre *anadzaou* y acquiert des proportions gigantesques.

Dans l'intérieur des terres habitent les *Machicores*.

La région, désignée par les navigateurs sous le nom de *provinces de la baie de Saint-Augustin*, ne nous est pas très connue. Tout ce que l'on en sait se borne à peu près à ceci : la côte, qui est basse et sablonneuse, est appelée par les indigènes *Siveh*, et ses habitants *Buques*. Leur roi réside à *Tulcar*. Quelques Européens, jetés sur cette côte par des naufrages, y ont reçu l'accueil le plus gracieux et le plus désintéressé. » Non seulement ce qui leur appartenait a été respecté, mais les indigènes leur ont aidé à se bâtir des cabanes et ont partagé avec eux les vivres qui constituent leur nourriture habituelle : les fruits du bananier et quelques raisins, seuls produits d'un sol stérile, auxquels ils ajoutent le lait de leurs troupeaux.

Une rivière assez considérable, le *Darmouth* ou *Ongla*, descend des montagnes de cette région qui recèlent, assure-t-on, de l'or, des topazes, des rubis et d'autres pierres précieuses.

La baie de *Mouroundava*, sur le canal de Mozambique, reçoit la rivière de Ranouminte, qu'on appelle aussi Ménabé, et, dans les anciennes relations, *Mansiatre*. A cette rivière se joignent plusieurs affluents considérables, et, dans les vallées fermées par ces divers cours d'eau, se sont établies plusieurs peuplades, parmi lesquelles celle des *Eringdranous* est la plus puissante.

Toute la côte, depuis la baie de *Mouroundava* au sud jusqu'au cap d'Ambre au nord, appartient au royaume des *Sakalaves* ou *Maratis*, qui, en plusieurs endroits du moins, s'étend à l'intérieur jusqu'à la chaîne des montagnes centrales.

Ce pays, couvert de plaines et de prairies, nourrit énormément de bestiaux, et c'est là sa grande richesse ; car les terres de médiocre qualité auraient besoin, pour enrichir les habitants, d'une mise en culture bien supérieure à celle que les Malgaches sont capables de faire.

Des routes nombreuses et relativement bien entretenues sillonnent le pays qu'arrosent de belles rivières, malheureusement peu poissonneuses. En revanche, les forêts abondent en gibier. La côte est semée de bancs d'avicules perlières, communément appelées huîtres à perles.

L'autorité y était autrefois exercée par un roi qui résidait à *Bombetoc* ou *Ampampetoca*, ville d'une population considérable quoique bâtie en forme de village. Elle est très commerçante ; son port est fréquenté par les peuples de la côte de Mozambique et de celle de Zanguebar.

Mouzangaye, ville bien policée, est peuplée de 30,000 habitants, parmi lesquels 6,000 Arabes et Indiens. Le port est fréquenté par des pirates qui y apportent des toiles qu'ils échangent pour de la poudre d'or.

Cette ville possède plusieurs mosquées et plusieurs écoles ; on y trouve des ouvriers en tous genres ; c'est, en un mot, un des centres les plus civilisés de l'île.

Courbés sous le joug de fer du despotisme des souverains de Madagascar, qui subordonnent en toute occasion leurs intérêts à ceux des Hovas, leurs rivaux, les Sakalaves, sont moins belliqueux que ceux-ci, dont ils partagent en grande partie les idées religieuses et morales.

On signale, à l'extrémité septentrionale de l'île, plusieurs volcans en activité ; mais comme les contrées où on les dit placés n'ont pas encore été examinées en détail, on n'a pas de données certaines à ce sujet.

LES MADÉCASSES ET LEURS MOEURS

La population totale de Madagascar est, d'après les auteurs qui l'évaluent, au plus bas, d'un million et demi ; ceux qui les portent au plus haut élèvent ce chiffre à quatre millions.

Cette population, ainsi que nous avons déjà eu occasion de le dire, est composée de plusieurs races, parmi lesquelles les Arabes, les indigènes (1) et les Malais sont les plus distincts.

Le système de division par castes, qui règne dans toute l'Inde, se

---

(1) Ceux-ci, par leur conformation, leur couleur et beaucoup de leurs usages, ont des rapports marqués avec les Cafres.

montre déjà à Madagascar, dont la population se partage en onze catégories bien tranchées.

« La onzième caste, qui est la plus élevée, ne comprend que les princes régnants. Les autres descendants de la famille royale, ascendants et descendants, appartiennent à la dixième caste. Dans cette caste, les frères et les sœurs peuvent se marier, sans doute pour empêcher qu'il y ait trop de descendants du sang royal.

» Les autres castes, depuis la neuvième jusqu'à la quatrième inclusivement, sont composées de la grande et de la petite noblesse.

» La troisième caste renferme le peuple ; la seconde les esclaves blancs, parmi lesquels on comprend tous les hommes qui, autrefois libres, ont été vendus comme prisonniers de guerre ou en châtiment de quelque crime ; enfin, la première caste est formée des esclaves noirs, c'est-à-dire de ceux qui sont nés esclaves.

» Les Malgaches entretiennent beaucoup d'esclaves qui, il est vrai, ne sont pas d'un prix très élevé. « Un esclave, quel que soit son âge, ne coûte pas plus de douze à quinze écus. On préfère, en général, acheter des enfants de huit à dix ans plutôt que des adultes, parce qu'on a pour principe, idée en général juste, qu'on peut dresser les enfants comme on veut, tandis qu'un adulte, qui peut avoir pris de mauvaises habitudes, ne s'en corrigera pas facilement.

» On ne vend pas d'hommes d'âge mûr, excepté, parmi les hommes libres, ceux qui sont mis en vente en châtiment d'un crime, et parmi les esclaves, ceux dont les maîtres sont mécontents.

» Les femmes se vendent généralement plus cher que les hommes, surtout les ouvrières en soieries, dont les plus habiles se payent jusqu'à deux cents écus (seize cents francs).

» La condition des esclaves est ici, comme chez tous les peuples sauvages ou demi-sauvages, infiniment meilleure qu'elle ne l'est chez les Européens et chez les créoles.

» Ils ont peu à travailler ; leur nourriture est à peu près la même que celle de leurs maîtres, et ils sont rarement punis, bien que les lois du pays ne leur assurent presque aucune garantie.

» Le maître peut même infliger la peine de mort à ses esclaves ; seulement la canne dont il se sert pour les frapper ne doit pas être garnie de fer. Si elle l'était, le maître serait condamné, selon le cas, à une amende ou à une autre peine.

» Un noble peut se choisir une femme dans sa propre caste et dans les deux castes inférieures, mais jamais dans une caste supérieure à la sienne. En aucun cas, il ne peut se marier avec une esclave, et la loi ne permet pas à un noble de faire la cour à une esclave. Sous ce rapport, Madagascar pourrait servir de modèle aux pays à esclaves gouvernés par des blancs. Cette loi était autrefois observée très rigoureusement, et quand il arrivait qu'on la transgressa, le noble était vendu et la femme esclave mise à mort.... De nos jours, cette rigueur s'est fort adoucie, et avec la corruption de mœurs qui règne dans l'île, il n'en saurait être autrement : la majeure partie des hauts dignitaires et des nobles devrait être exécutée, et que deviendrait alors la cour? Cette loi néanmoins produit toujours un bon effet.

» La polygamie étant établie dans le pays, tout individu a le droit de prendre autant de femmes qu'il en peut nourrir. Il n'y a cependant qu'un nombre restreint de ces femmes qui aient droit au titre d'épouse légitime, et la première femme a toujours des prérogatives que les autres ne sauraient lui disputer. Elle demeure seule dans la maison de son mari ; elle a droit à plus d'égards, et ses enfants ont le pas sur ceux des autres femmes.

» Celles-ci demeurent isolément dans des maisonnettes particulières et sont traitées en femmes d'un rang inférieur.

» Le roi peut prendre douze épouses légitimes, mais il faut qu'il les choisisse toutes dans les premières familles du pays.

» Les reines, ainsi que leurs sœurs et leurs filles, ont le droit de renvoyer leurs maris et d'en prendre de nouveaux toutes les fois que cela leur plaît. »

La langue générale de Madagascar présente quelques mots arabes et d'autres qui se rapprochent des idiomes des Cafres ; mais ses principales racines se retrouvent dans le malais ou dans les dialectes dérivés de cette langue, et parlés à Java, à Timor, aux Philippines, aux îles Mariannes, et dans tous les archipels de l'Océanie boréale et australe.

Les objets naturels les plus marquants, les nombres, du moins en grande partie, et les jours de la semaine se nomment de même dans les deux langues. C'est la même absence de déclinaison et de flexion, la même manière de lier les mots, la même abondance de voyelles ; ces rapports sont certains et bien démontrés.

Quant aux mots cafres ou zanguebardiens, pour quelles proportions entrent-ils dans l'ensemble de la langue malgache? Sont-ils assez nombreux pour faire considérer la population primitive de l'île comme une colonie africaine subjuguée et civilisée ensuite par les Malais? Quelle influence faut-il attribuer enfin aux Arabes, et depuis quand? Voilà ce qu'il n'a pas été jusqu'à présent possible d'éclaircir.

Sauf les Sakalaves, les Hovas et les Antancayes, qui sont réunis sous le joug du gouvernement arbitraire et tyrannique du prince appelé improprement roi de Madagascar, puisque une partie limitée de l'île obéit seule à ses lois, les Malgaches vivent généralement dans une liberté turbulente. Ils ne reconnaissent d'autorité suprême que dans les *kabars*, ou assemblées publiques. C'est là que se décident les affaires de la nation et se jugent les procès. Les discours qui y sont prononcés sont souvent marqués au coin d'une véritable éloquence, et il s'y établit des réputations d'orateurs qui ne le cèdent point en popularité aux plus célèbres tribuns européens.

Il serait difficile de trouver sur toute la surface du globe une nation plus profondément superstitieuse que la nation malgache, et cela dans toutes les castes et dans toutes les parties de l'île.

Ces superstitions, toutefois, sont mêlées de quelques notions sur un Etre suprême et sur de bons et mauvais anges, évidemment importées dans le pays par les Arabes.

Les prêtres, appelés *ombias*, s'occupent de médecine, de sorcellerie, et possèdent quelques livres en langue malgache, écrits en caractères arabes.

Sans avoir ni temples, ni autels, ni culte d'aucune espèce, les Malgaches, du moins dans quelques-unes de leurs tribus, demandent à l'Etre suprême, dont ils reconnaissent le pouvoir, des richesses, des bœufs, des esclaves.

« La plupart des nobles observent le jeûne à certains moments de l'année ; ils comptent des jours heureux et des jours néfastes où ils gardent le repos le plus complet. La prise de possession d'une nouvelle maison est accompagnée d'un cérémonial consacré par la tradition et l'usage : parents et amis étant conviés pour le jour réputé favorable, chacun, selon son rang et sa fortune, apporte des vivres, du vin, du miel, des ustensiles, et tout finit par un immense festin, accompli suivant des formes réglées. »

La circoncision, que nous avons signalée chez les Hovas, est en usage dans toute l'île ; ce qui est d'autant plus singulier que les Malgaches semblent aussi étrangers au culte de Mahomet qu'à la religion judaïque. Elle est, du reste, entourée de cérémonies particulières et entièrement différentes de celles que pratiquent les Arabes et les Juifs.

Elle a lieu, non individuellement, mais par groupes, et le jour déterminé pour cette fête, tout travail cesse dans le village où elle est célébrée. Les parents amènent, chargés d'une prodigieuse quantité de liqueurs fortes, autant de bœufs qu'ils ont d'enfants à circoncire.

On immole les bœufs avec grande solennité, et on place leurs cornes en manière de trophée sur des poteaux entaillés, autour desquels s'organisent des danses et des simulacres de combats. Tout à coup les jeux cessent, un silence complet s'établit, la cérémonie proprement dite a lieu, mais sans aucune espèce de pratique religieuse ; après quoi retentit une décharge de toute la mousqueterie du village, accompagnée de clameurs bruyantes et joyeuses : c'est le signal du commencement de la vraie fête. Les danses recommencent, et enfin arrive le festin, qui ne finit que lorsqu'il ne reste plus un morceau des victuailles préparées, et surtout plus une seule goutte des liqueurs fortes apportées pour la circonstance.

Mais ce qui donne lieu à un grand déploiement de solennité dans la Grande-Terre, où le respect des morts est poussé très loin, ce sont les funérailles, celles surtout des nobles et des grands personnages : « Les proches parents du mort lavent le corps, le chargent d'ornements, le couvrent de ses plus beaux pagnes et l'enveloppent dans une natte aussi fine et souple qu'ils peuvent se la procurer.

» Durant la journée qui précède la mise au tombeau, parents, amis, sujets, esclaves viennent pleurer et se lamenter auprès du corps; des hommes frappent sur des tambours, des jeunes filles exécutent des danses graves, d'autres assistants récitent les louanges du trépassé, et, comme si, encore vivant, il pouvait les entendre et leur répondre, ils l'interpellent, lui demandent pourquoi il a voulu quitter le monde terrestre, lui reprochant doucement et respectueusement l'isolement et le chagrin qu'il impose ainsi à ceux qui le chérissaient.

» .... Le soir venu, on immole plus ou moins de bœufs, selon la fortune et les relations de la famille, et on en distribue la chair aux assistants.

» Le lendemain, le corps, renfermé dans un coffre fait de deux troncs évidés, est porté au cimetière et mis en terre, à l'abri d'une petite hutte, auprès de laquelle on place des vases et autres ustensiles de ménage ; des animaux sont immolés, et on fait la part du défunt, de Dieu, du diable, qu'il est toujours bon, disent les Malgaches, de mettre dans ses intérêts. Pendant plusieurs jours, des esclaves sont chargés de renouveler les provisions.

» Dans les circonstances difficiles, c'est sur les tombeaux qu'on va réclamer le secours des esprits ; les serments les plus solennels se font sur l'âme des ancêtres, et quiconque serait convaincu d'avoir violé une tombe, serait passible du plus terrible des supplices. »

Nous venons de mentionner le serment par l'âme des ancêtres ; ajoutons quelques autres manières de jurer en usage à Madagascar. Les Malgaches semblent, en effet, avoir emprunté aux Asiatiques ce débordement ou plutôt cette crudité de langage que nous signalons ailleurs en parlant des Persans, le peuple de l'Orient qui passe pour le plus poli et le plus courtois ; leurs jurements, soit à titre de serments proprement dits, soit à titre d'imprécations, feraient frémir et rougir le plus endiablé des charretiers d'Europe.

Quand il s'agit d'affirmations graves ou d'engagements sérieux, on sanctionne ces serments, tantôt par des aspersions d'eau faites d'une certaine façon, et le plus souvent en mangeant un morceau de foie de taureau. Il est de croyance générale que les plus grands malheurs doivent être le partage de quiconque manque à un serment prêté dans de telles conditions.

« Des lois, une police, sont choses dont on ne s'embarrasse guère dans la grande île africaine. La loi du seigneur suffit à tout. Le prince juge les différends qui surviennent à l'occasion de dégâts commis sur les terres ; il punit les voleurs par de fortes amendes et même par la mort. A l'égard des larrons, on peut même se passer de la justice souveraine ; il est parfaitement admis qu'il n'est pas plus mal de tuer un voleur qu'un scorpion ou un serpent venimeux, et en vérité, cette opinion témoigne d'un bon jugement.

» Les gens soupçonnés de quelques méfaits sont soumis à des épreuves semblables à celles qui étaient en usage en Europe au moyen âge : épreuves par le fer, par l'eau bouillante, par le poison ; l'analogie est surprenante. Du reste, toutes les pratiques de la vie, les réjouissances, la façon de construire les villes et les villages, l'art de se vêtir, celui de se nourrir, la manière de faire la guerre, sont réglés par les coutumes (1), » et l'esprit de routine n'est pas moins enraciné chez ces demi-sauvages que parmi ces populations orientales qui, retranchées dans une civilisation autrefois brillante et d'où sont sortis les germes de la nôtre, mais si dégénérée aujour-

(1) M. Émile Blanchard, membre de l'Institut, *Revue des Deux-Mondes*, 1872.

d'hui, n'ont pas, semble-t-il, de plus grand souci que de s'immobiliser dans cette décadence.

La question judiciaire, ou du moins la façon dont s'applique l'arbitraire justice du souverain et l'excessif développement que peut prendre la répression de crimes ou d'abus plus ou moins bien prouvés, quand ce souverain est d'un caractère soupçonneux et cruel, mérite de nous arrêter quelques instants.

Ce sera l'époque contemporaine qui nous fournira cet étrange et monstrueux tableau, et c'est la plume de Mme Ida Pfeiffer, c'est-à-dire d'un témoin presque oculaire et incontestablement véridique, qui va se charger de le tracer.

« En 1831, à une époque où la discipline introduite dans l'armée par le roi Radama n'était pas encore tout à fait oubliée, la reine soumit une grande partie de la côte orientale, dont la principale population se compose de *Seklaves* (ou Sakalaves). Elle ordonna à tous les hommes du pays conquis de venir lui rendre hommage. Quand tous ces malheureux, au nombre de vingt-cinq mille, furent assemblés, on leur enjoignit de déposer leurs armes. Puis on les conduisit sur une grande place qu'on fit entourer de soldats, et on les força de s'agenouiller en signe de soumission. A peine eurent-ils obéi que les soldats se précipitèrent sur ces malheureux et les massacrèrent tous. Quant aux femmes et aux enfants de ces pauvres victimes, ils furent tous vendus comme esclaves. »

Tel était le sort réservé aux vaincus par cette terrible reine, dont la devise était « *du sang! toujours du sang!* » et qui estimait avoir perdu sa journée « quand elle n'avait pas signé une demi-douzaine au moins de condamnations à mort » La condition des sujets ne valait guère mieux.

« Ainsi, en 1837, les ministres ayant appris à la reine qu'il y avait parmi le peuple un grand nombre de voleurs, de magiciens, de profanateurs de tombeaux et d'autres criminels, elle décréta aussitôt un *kabar (assemblée publique,* ou, plus littéralement dans le sens où il est pris ici, *session judiciaire)* de sept semaines. Elle fit publier en même temps qu'elle ferait grâce de la vie à tous ceux qui se dénonceraient eux-mêmes, tandis que ceux qui ne se déclareraient pas seraient punis de mort.

» Le nombre total des accusés s'éleva à seize cents, sur lesquels environ quinze cents s'étaient livrés spontanément ; quatre-vingt-seize seulement avaient été dénoncés et arrêtés.

» De ces quatre-vingt-seize, quatorze furent brûlés vifs et quatre-vingt-deux furent, les uns précipités par-dessus un gros rocher situé dans la ville de Tananarive et qui a déjà servi au supplice de milliers d'hommes, les autres jetés dans une fosse et couverts d'eau bouillante, d'autres percés par une lance, d'autres enfin empoisonnés. Quelques-uns furent décapités ; à plusieurs on coupa les membres les uns après les autres ; mais on réserva au dernier le plus atroce des genres de mort : il fut mis dans une natte, sans qu'on lui laissât rien de libre que la tête, et son corps fut ainsi livré tout vivant à la pourriture.

» Ceux qui s'étaient dénoncés eux-mêmes échappèrent, selon la promesse royale, au supplice ; mais ils furent traités plus cruellement encore que ceux qui avaient péri. La reine déclara que, comme il serait dangereux pour la société et la tranquillité du pays de rendre à la liberté un si grand nombre de scélérats, il importait de les mettre hors d'état de nuire. En conséquence, après leur avoir fait river un carcan de fer au cou et une chaîne aux poignets, elle les fit attacher par groupes de quatre ou cinq à une grosse barre de fer de cinquante à soixante centimètres de longueur, après quoi ils furent laissés libres d'aller où bon leur semblerait ; seulement toutes les autorités de l'île reçurent l'ordre de les surveiller et de les faire surveiller, afin qu'aucun d'eux ne pût limer ses fers. Si un homme venait à mourir dans un de ces groupes, il fallait lui couper la tête pour délivrer le corps du carcan, et les fers du mort restaient à la charge des survivants ; de sorte que ceux-ci, à la fin, pouvaient à peine se traîner, et périssaient misérablement sous le poids écrasant du terrible appareil. »

Le temps et l'âge, bien loin de refroidir l'épouvantable cruauté de Ranavalo, semblaient y ajouter chaque année. « En 1855, quelques individus d'une province assez éloignée de Tananarive eurent la malencontreuse idée de prétendre qu'ils avaient trouvé le moyen d'attacher d'une façon invisible la main d'un voleur sur quelque objet qu'il l'appliquât, en sorte que, ne pouvant plus la dégager et bouger de place, il était sûr d'être pris, comme disent les Européens, *en flagrant délit*.

» Quand la reine entendit parler de cette prétention, elle ordonna, sans s'inquiéter le moins du monde si elle était ou non fondée, que ceux qui disaient posséder ce secret fussent sévèrement punis; car, disait-elle, il pourrait arriver que, se rendant de sa personne dans cette province, elle fût victime de semblables sortilèges. Deux cents personnes furent, à propos de cette affaire, arrêtées et condamnées au tanghin, dont cent quatre-vingts moururent.

» L'épreuve du tanghin, ou empoisonnement, dont la pensée se présente à l'esprit dès qu'il est question de Madagascar, est très souvent infligé aux personnes de tout rang, au noble aussi bien qu'à l'esclave; il suffit pour cela d'être accusé ou même simplement soupçonné d'un crime. Tout individu peut se porter accusateur, et il n'a pas besoin de produire de preuves.

» La seule obligation qui lui est imposée consiste à déposer, en portant plainte, vingt-huit écus et demi. On ne permet à l'accusé ni de s'expliquer, ni de se défendre; rien ne peut le soustraire à l'obligation de se soumettre à la dangereuse épreuve. Si, par miracle, c'est-à-dire par l'heureuse connivence de l'exécuteur de la sentence, l'accusé échappe à la mort, on lui remet le tiers de la somme déposée par son accusateur; le second tiers est rendu à celui-ci, et le troisième va grossir le trésor de la reine. Quand l'accusé meurt, on restitue l'argent à l'accusateur, parce que, en ce cas, l'accusation est reconnue vraie. »

On a souvent et beaucoup parlé de cette épreuve. Nous ne

croyons pas cependant que l'on soit généralement bien renseigné en Europe sur ce sujet.

« Le tanghin est fourni par le noyau d'un fruit qui a la grosseur d'une pêche, et est produit par l'arbre appelé *tanghinia veneniflora.* »

Les oiseaux en évitent le feuillage, les reptiles en redoutent l'ombre; une espèce seule de crabes en approche.

Epreuve du tanghin.

« Le condamné est prévenu par le *lampi-tanghine*, ou administrateur officiel du poison, du jour où il aura à se présenter pour subir l'épreuve. A partir de quarante-huit heures avant le jour fixé, il ne lui est permis de prendre que très peu de nourriture, et dans les dernières vingt-quatre heures, on ne lui en accorde plus du tout.

» Ses parents ou, à défaut de ceux-ci, ses amis les plus intimes l'accompagnent chez l'empoisonneur, où il est forcé de se mettre entièrement nu et de jurer qu'il n'a eu recours à aucun sortilège.

» Le lampi-tanghine alors ratisse, à l'aide d'un couteau, autant de particules du noyau qu'il le juge nécessaire. Avant de faire avaler la dose à l'accusé, il lui demande s'il veut avouer son crime; mais celui-ci s'en garde bien, car il sait qu'il n'en faudrait pas moins qu'il avalât le tanghin. Alors le lampi-tanghine distribue le poison sur trois petits morceaux de peau d'environ deux centimètres de long et coupés sur le dos d'une poule grasse, puis il les roule ensemble et les fait avaler à l'accusé.

» Autrefois, presque tous les malheureux qu'on soumettait à cette épreuve mouraient au milieu des douleurs et des convulsions les plus atroces; mais depuis le règne de Ranavalo, il est permis à ceux qui n'ont pas été condamnés au tanghin par la reine elle-même d'employer le palliatif suivant : aussitôt que l'accusé a pris le poison, ses parents lui font boire de l'eau de riz en si grande quantité que souvent tout le corps enfle et qu'il survient de violents vomissements.

» Or, l'empoisonné est-il assez heureux pour vomir non seulement le poison, mais les trois petites peaux entières et intactes, il est déclaré innocent, et ses parents le ramènent chez lui en triomphe avec des chants et des cris d'allégresse. Mais si une des petites peaux ne sort pas ou si elle est endommagée, cela ne lui sauve point la vie; il est tué avec la lance ou décapité.

» Un des nobles que j'ai eu le plus souvent l'occasion de voir pendant mon séjour à Tananarive, continue Mme Pfeiffer, avait été condamné, plusieurs années auparavant, à avaler le tanghin; il vomit heureusement le poison et les trois petites peaux intactes. Son frère courut en toute hâte annoncer ce résultat inespéré à la femme de l'accusé, qui, à cette bonne nouvelle, eut une si grande joie, qu'elle en perdit connaissance.

» Un sentiment si vif pour son mari chez une femme de ce pays, qui ne se pique pas plus de tendresse que de fidélité conjugale, me parut si extraordinaire, que j'eus quelque peine à y ajouter foi. J'appris alors qu'étant soupçonnée elle-même de sorcellerie, elle eût été sûrement, après la mort de son mari, condamnée à son tour au poison. La vive émotion à laquelle elle avait été sur le point de succomber, avait donc été bien plutôt causée par la joie d'échapper personnellement à la mort que par celle de voir son mari sauvé. Et que l'on ne pense pas que ce soit là un jugement téméraire de ma part : la *personnalité* est si invétérée, j'oserai presque dire si instinctive et si naturelle chez les Malgaches, que le fait d'une femme malade de chagrin en perdant son mari lorsque ses intérêts ne sont pas compromis par cette mort, paraîtrait aux gens les plus sensés de ce pays un fait inouï. La famille, au point de vue des liens et des affections qui s'y rattachent, est à Madagascar un mot pour ainsi dire vide de sens. »

Mais détournons nos regards de ces tristes scènes et continuons notre étude des usages malgaches.

Tout d'abord, et au sujet des serments que nous avons, eu égard à la place qu'ils occupent dans les habitudes malgaches, traités trop sommairement, nous devons ajouter quelques détails.

Le *dine* est une imprécation qu'on met en forme de serment sur la tête d'un ou de plusieurs chefs.

La formule de ce serment singulier consiste à dire : « Je jure que je ne suis point coupable de ce dont on m'accuse. Si je mens, que *tel* chef soit écrasé par la foudre ou changé en *tel* ou *tel* animal, par la puissance de l'Etre suprême ! »

L'accusé, convaincu de parjure, est condamné à l'esclavage par le chef sur lequel il a mis le serment.

Un usage plus conforme à la bienveillance et au dévouement qui doivent caractériser les relations d'homme à homme, consiste dans le *serment du sang,* ou alliance solennelle et irrévocable entre deux personnes qui s'obligent réciproquement à s'entr'aider et à se rendre tous les services qui dépendent d'elles, et acquièrent par là tous les droits de la plus proche parenté.

Pour conclure ce pacte fraternel, il est d'usage d'assembler les principaux personnages de la peuplade. Après que les nouveaux amis se sont fait une légère incision au creux de l'estomac, on imbibe deux morceaux de gingembre du sang qui en découle, et chacun mange le morceau teint du sang de l'autre.

Celui qui est chargé de présider la cérémonie, mêle ensuite dans un vase de l'eau douce, de l'eau salée, du riz, de l'argent et de la poudre ; c'est ce qu'on appelle les témoins du serment. Il trempe deux sagaies dans ce mélange, et, les frappant avec l'arme qui a servi à faire les deux blessures, il formule des imprécations terribles, dont la formule est ordinairement conçue en ces termes :

« Grand Dieu, maître des hommes et de la terre! nous te prenons à témoin du serment que nous jurons ; que le premier de nous qui le faussera soit écrasé par la foudre! que le père qui l'a engendré, que la mère qui le mit au monde soient dévorés par des chiens! »

Ensuite, repoussant le mauvais génie qu'ils croient toujours prêt à s'opposer aux bonnes intentions des hommes, les deux nouveaux frères de sang lancent leur sagaie aux quatre points cardinaux.

On prend ensuite à témoin la terre, le soleil et la lune, et on boit un peu d'un certain breuvage préparé par le maître de la cérémonie, en adjurant toutes les puissances du ciel et des enfers de le faire tourner en poison pour celui qui n'aurait pas fait le serment de bonne foi et en toute sincérité.

L'arme principale, ce qu'on peut appeler l'arme nationale, est à Madagascar, comme dans tout le sud de l'Afrique, la sagaie, et, bien que les armes à feu l'aient en quelque sorte supplantée sur presque tout le littoral, elle n'en conserve pas moins un certain droit de priorité. Les Malgaches continuent à la manier avec beaucoup d'adresse, et, entre leurs mains, elle est vraiment redoutable.

Bien que le roi Radama ait doté ses Etats d'une armée disciplinée à l'européenne et que cette innovation ait été maintenue par ses successeurs, cependant ce n'est guère que sous l'autorité directe du souverain et pour combattre, quand le cas s'en présente, contre les Européens qu'est abandonnée l'ancienne tactique du pays.

Dans les combats entre tribus, « on se bat encore en pleine confusion, ne songeant jamais à conserver aucun ordre de bataille. Dans ce *loyal* pays, on se garde bien de faire jamais des déclarations de guerre ; l'idéal est de surprendre l'ennemi au moment où il s'y attend le moins ; on marche la nuit, on fait de longs détours afin de ne pas éveiller l'attention, on expédie des espions.

» Quand l'armée est sur le terrain, elle entoure le village en poussant des cris furieux ; si elle réussit à pénétrer dans l'intérieur, tout ce qui se trouve sur son passage est impitoyablement massacré. Ce premier carnage accompli, on cherche les parents du chef et on les met à mort : c'est le moyen jugé indispensable de n'avoir à craindre ni vengeance, ni représailles.

» Vient ensuite le pillage ; on dévalise les huttes, on s'empare de tout ce qui a quelque valeur, on emmène les troupeaux et les esclaves.

» Lorsque, dans un conflit engagé, un des partis se reconnaît le plus faible, il envoie des ambassadeurs au chef ennemi avec quelques présents pour demander la paix. Au jour convenu, les chefs, suivis de leur armée, se rencontrent ; dans les deux camps on tue un taureau. De part et d'autre un morceau de foie est envoyé ; le chef le mange ostensiblement en faisant d'énergiques protestations de ne plus jamais nuire à ceux qu'il a combattus.

» Les armes varient un peu suivant les provinces : les Antanasses portent, avec la grande sagaie, un paquet de dards qu'ils lancent comme des javelots ; d'autres peuplades, toujours pourvues d'une grosse sagaie, sont munies en outre d'une rondache. Dans l'intérieur, une peuplade très redoutée combat avec des arcs et des flèches. »

Du reste, il ne faut demander à ces peuples aucune de ces qualités belliqueuses et presque héroïques que l'on admire chez beaucoup de sauvages ; les défauts de leur caractère se font surtout sentir dans leurs mœurs militaires. « Capables de toute trahison, tenant, ainsi que nous l'avons dit, la dissimulation, le mensonge, la flatterie, la cruauté pour autant de vertus, ils ne combattent que par surprise et n'éprouvent aucune honte d'éviter le danger par une fuite rapide; impitoyables pour les ennemis vaincus, près des vainqueurs ils s'abandonnent à toutes les bassesses. »

Tels Flacourt, leur premier historien français, les a dépeints; tels les Européens, que la curiosité des voyages ou les relations maritimes et coloniales amènent chez eux, les retrouvent, sauf cependant quelques-unes de leurs tribus, qui, ainsi que nous l'avons fait observer en parcourant leurs territoires, semblent avoir puisé dans une origine et des traditions différentes un caractère plus franc, plus loyal, des mœurs plus bienveillantes et plus hospitalières.

Les jouissances du luxe sont incomprises des Malgaches; chacun ne s'y préoccupe que du nécessaire. Ainsi que nous avons eu occasion de le dire à plusieurs reprises, les plus belles maisons ne sont que de modestes cases en bois dont nos plus pauvres paysans auraient peine à se contenter : « Une seule chambre garnie d'un plancher sert pour toute la famille. Une couche de sable est le foyer; trois pierres servent de support au vase contenant les mets qu'on fait cuire. La fumée se répand dans la chambre, ce qui rend les cases plus qu'incommodes quand le feu est allumé.

» L'ameublement n'est ni moins simple ni moins primitif : des nattes de joncs, tantôt communes, tantôt très fines et très artistement travaillées, étendues sur le plancher, servent de sièges, de lits et de tables; des paniers renferment les vêtements, les provisions et les marchandises; des cruches de terre contiennent les huiles destinées à oindre le corps et la chevelure. Les ustensiles de ménage se composent de vases de terre, de plats et de cuillères en bois, de calebasses pour puiser de l'eau, de grandes cruches pour la fabrication du vin de miel; des mortiers et des plats de bois pour battre et vanner le riz, des couteaux de formes et de dimensions très variées. En guise de nappes et de serviettes, on se sert, selon les contrées, de feuilles de bananier, de palmier, de balisier, *ou arbre du voyageur*, et en ceci, du moins, le sybaritisme le plus raffiné n'aurait pas lieu d'être froissé. Ces feuilles sont d'un vert si beau et si brillant, leur contexture est si souple, que l'effet en est

Village malgache

vraiment charmant ; avec des morceaux de ces mêmes feuilles pliées en cornets, on façonne encore des cuillères d'un emploi beaucoup plus agréable que celles en bois, et des tasses légères et commodes. De pareils ustensiles, on le pense bien, se renouvellent à chaque repas, et, dans un pays où la propreté est un véritable mythe, ce n'est pas un de leurs moindres avantages.

» Des magasins spéciaux pour la conservation du riz existent dans les villages un peu importants, et constituent à peu près les seuls édifices publics connus dans le pays. Ils sont élevés sur des piliers, afin de soustraire les provisions qu'ils contiennent à la visite des rongeurs. »

La nourriture des Malgaches n'exige ni grande science culinaire, ni importation de produits étrangers ; l'abondance des ressources naturelles du pays suffit et au delà aux besoins des habitants. « Les racines, les fruits, le miel qu'on se procure dans une infinité d'endroits, permettent, à la rigueur, de vivre sans travailler. Chez des peuples où l'on évite de se promener parce que c'est une fatigue inutile, l'agriculture et l'industrie ne sauraient avoir pris de grands développements. Il est toujours intéressant de voir dans quelles limites se renferment les efforts d'hommes qui songent simplement à satisfaire des besoins à peu près indispensables, sans jamais rêver aucun progrès. »

On ne s'étonnera donc pas que l'agriculture soit restée à Madagascar à un état complètement rudimentaire. « Le labour y est inconnu ; une petite bêche pour remuer la terre, une serpe pour tailler les mauvaises herbes sont les seuls instruments en usage. En général, le riz se plante graine à graine, se récolte épi par épi.

» Les Antanasses se montrent assez ingénieux ; ils poussent des bœufs dans les marécages et les retiennent longtemps à trépigner. Les herbes ainsi broyées se pourrissent ; alors on sème, et le riz devient magnifique. S'agit-il des ignames dont on distingue plusieurs espèces, les grosses racines sont coupées par morceaux, et on plante un à un chaque fragment.

» Il n'y a point de terre dans l'île, cultivée ou non, qui n'ait son maître ; on s'abuse quand on croit qu'on peut choisir un champ à sa convenance. Les grands ne permettent jamais à personne de s'approprier le moindre coin de terre sans en avoir fait la demande et l'avoir obtenue en bonne et due forme. »

Quant à l'industrie dont nous avons parlé en énumérant les ressources et les usages de chaque peuplade, son ensemble pour l'île entière se résume ainsi : quelques tribus fournissent de très adroits charpentiers ; « ils se servent de la règle, du rabot, du ciseau ; mais, n'ayant nulle idée de la vrille ou du vilebrequin, ils en sont réduits à percer les trous au moyen de poinçons rougis au feu.

» Dans la plupart des provinces, les Malgaches fondent le minerai de fer à l'aide des plus simples procédés ; ils forgent des haches, des marteaux, des enclumes, des couteaux, des sagaies, des pinces, des crochets. Les orfèvres façonnent des grains, des boucles, des anneaux d'or, d'argent et de cuivre.

» L'art du potier est pratiqué, du moins, ainsi que nous l'avons dit, chez les Antanasses, avec un certain goût. Les hommes et les femmes s'y exercent et s'en acquittent non sans succès. Avec de l'argile ils fabriquent des vases et des plats qu'ils cuisent sur un feu de broussailles ; ces objets, frottés ensuite avec une terre noirâtre, deviennent clairs et luisants comme s'ils avaient reçu une couche de vernis.

» Parmi les individus habiles à fabriquer des ustensiles de bois, quelques-uns emploient le tour ; d'autres les dégrossissent au ciseau et les polissent au moyen de cailloux aiguisés ou de pierres ponces. »

Une des industries les plus répandues et les mieux comprises consiste à fabriquer des cordes. Il s'en fait de toutes grosseurs et de toutes qualités avec les écorces des nombreuses plantes filandreuses qui croissent dans le pays ; les palmiers constituent à eux seuls, sous ce rapport, une ressource inépuisable.

L'industrie du vêtement repose tout entière et sans exception, entre les mains des femmes ; « elles filent et soumettent à la teinture les matières premières, obtenant le rouge de la décoction d'une racine, le bleu et le noir de l'indigo. Elles tissent ensuite les étoffes et confectionnent les pagnes.

» Aux fameux *ombias* ou *ombiasses*, qui vendent les talismans et rendent les oracles touchant les jours heureux ou néfastes, mais auxquels toutefois il ne faut attacher aucune idée de sacerdoce ni de supériorité morale ou intellectuelle quelconque (1), appartient la préparation du papier, de l'encre, des plumes, dont eux seuls du reste sont capables de se servir.

» La préparation du papier est curieuse. Des écorces douces sont choisies et jetées avec de la cendre dans un grand vase rempli d'eau; on les laisse bouillir pendant toute une journée. Après cette première opération, l'écorce est lavée à l'eau claire et broyée dans un mortier de bois; alors, dans un châssis formé de petits roseaux, la pâte, un peu délayée, est étendue en couche mince sur une feuille de balisier légèrement huilée. Séché au soleil, le papier, toujours un peu jaunâtre, est passé dans une eau de riz bien mucilagineuse; enfin chaque feuille, convenablement lissée, est rendue propre à recevoir l'écriture.

» L'encre s'obtient par la décoction d'un bois très commun dans la province d'Anossi. Les plumes ne sont autre chose que des *tiges de bambous* parfaitement taillées. »

Outre les gens qui cultivent la terre et ceux qui exercent un art, il y a à Madagascar deux autres professions assez largement rémunératrices : la chasse et la pêche.

« Les pêcheurs, très nombreux dans certaines localités, font eux-mêmes les filets et les nasses de joncs dont ils se servent. Ils emploient, en outre, des hameçons et des sagaies garnies de harpons.

» Ceux qui vont en mer ne s'éloignent guère de plus d'une lieue des côtes; ils prennent les petits poissons à la nasse et les gros à la ligne. Ceux qui pêchent dans les rivières, emploient tantôt la

---

(1) Les ombias sont les sorciers et non les prêtres de Madagascar, dont la population ne pratique aucune espèce de culte.

nasse et tantôt de grands filets qui rappellent les énormes seines que l'on voit promener sur nos fleuves. »

La vente du poisson ne se fait point à prix d'argent, mais par des échanges qu'il faut savoir discuter et qui donnent lieu au déploiement de toute la ruse et la finesse du caractère malgache. Ces échanges portent particulièrement sur le riz, les ignames, le coton. Tout ce qui, du produit d'une pêche, n'est pas promptement vendu ou consommé, est séché ou fumé selon les lieux. L'observation de ce règlement est très soigneusement surveillé. C'est peut-être la seule mesure de police qui soit strictement suivie : c'est que la santé publique en dépend; le climat généralement malsain de Madagascar deviendrait en effet insoutenable si, aux émanations marécageuses qui y entretiennent presque continuellement la *malaria*, se joignaient les émanations pestilentielles du poisson, que la chaleur met presque immédiatement en décomposition.

Au contraire, non seulement des Européens et autres peuples civilisés, mais de la plupart des peuples sauvages qui considèrent la chasse comme un exercice si noble et si passionnant qu'en beaucoup de lieux il constitue un des principaux privilèges des classes élevées, les Malgaches n'y prennent ni intérêt ni plaisir. Un noble croirait déroger en s'en occupant, il laisse le soin de pourvoir sa table de gibier à ses esclaves qui, d'après le principe général dans le pays, qu'avant toutes choses il importe de limiter le plus possible ses fatigues et ses peines, se gardent bien de poursuivre et de tuer les bêtes dont ils ont besoin : « ils se bornent à tendre, au milieu des broussailles et des taillis, des filets dans lesquels viennent se prendre des pintades, des cailles, des perdrix. Au bord des rivières et des étangs, ils prennent de la même manière des canards et des poules d'eau. Avec moins de travail encore ils s'emparent des petits oiseaux avec des appelants ou de la glu.

» Les sangliers commettant d'affreux dégâts dans les plantations d'ignames, il devient parfois indispensable de s'en débarrasser. Une chasse aux chiens s'organise, et alors a lieu une scène indescriptible d'extermination. »

Parmi ce que nous appelons en Europe les arts libéraux, nous ne voyons guère à citer que la médecine qui est exercée uniquement par les ombias. « Ceux-ci, en effet, ne se livrant pas à la vente des *obis*, vont voir à domicile les malades qui réclament leurs soins ; ils font des pansements, préparent et administrent des remèdes : infusion d'herbes, décoctions de racines, écorces pelées, etc. Mais tout en ayant recours à leur soi-disant science, on y a assez peu de confiance, ou du moins on attribue à leur sorcellerie bien plus qu'à la vertu de leurs médicaments les cures qu'ils opèrent, et la croyance universelle qui les revêt d'un pouvoir surnaturel les fait craindre et redouter bien plus qu'aimer, et cela malgré le bien que certains d'entre eux peuvent faire. »

Un autre art qui compte de nombreux adeptes est celui des bouffons, musiciens, chanteurs, danseurs qui parcourent l'île par groupes plus ou moins nombreux, allant de village en village, et quelquefois même de province en province. « Très bien accueillis par les grands qu'ils divertissent, ces baladins sont néanmoins l'objet d'une sorte de mépris ; ce qui prouve que même chez les sauvages la plus haute considération n'est pas attribuée à ceux dont le métier consiste à divertir les autres.

» Mieux vus de la société malgache sont les musiciens qui jouent d'un monocorde, le *herravou*, récitent des sentences, ou déclament les hauts faits des ancêtres.

» Ces troubadours, ou plutôt ces trouvères de la Grande-Terre, en sont en même temps les poètes et on pourrait dire les historiens, puisque ce sont leurs chants qui conservent et font passer à la postérité les événements marquants et surtout les faits glorieux qui s'y produisent. Il n'y a donc pas lieu de s'étonner de les y voir entourés de la même considération, et recherchés avec autant de bienveillance et d'empressement que l'étaient parmi nous au moyen âge les trouvères auxquels nous venons de les comparer. »

Les Européens apprécient peu l'art culinaire des Malgaches, et peut-être, dans la triste opinion qu'ils en donnent, la répugnance inspirée par le manque de soin et surtout de propreté entre-t-elle pour une plus grande part que la nature des aliments et même leur préparation.

« Ces aliments sont variés et généralement de bonne qualité : où l'abondance existe, il y a le bœuf, le mouton, le chevreau, les *tencres* (animaux de la famille du hérisson), des oiseaux domestiques et sauvages, du poisson, et enfin, aux différents végétaux que nous avons mentionnés, on ajoute, en certains endroits, les chrysalides de bombyx. »

Dans les années de disette et lorsque, pour une cause ou pour une autre, les récoltes ont été ravagées, les troupeaux décimés, on va chercher dans les bois ou on recueille dans les eaux, des racines assez nourrissantes pour écarter la famine.

Tout se cuit à l'eau; on assaisonne les viandes avec du gingembre, du poivre et des feuilles d'ail.

La boisson ordinaire nous paraîtrait fort écœurante; elle consiste en simple eau chaude et quelquefois en bouillon très léger. Le vin de miel ne se boit que comme extra et seulement dans les occasions extraordinaires. Dans quelques provinces, on fabrique une excellente liqueur fermentée avec la canne à sucre, et, dans toute l'île, c'est le mélange de cette liqueur et de vin de miel qui est réputée la plus exquise des boissons.

Sauf chez les peuplades voisines de la baie d'Antongil où les maîtres ainsi que leurs femmes et leurs enfants prennent leurs repas en commun avec tous les gens attachés à l'habitation, y compris même les esclaves, il est d'usage général que les nobles mangent séparément. On ne se préoccupe du reste que de leur cuisine; les esclaves se nourrissent des restes.

A ces généralités décrites par Flacourt et confirmées par tous les Européens qui ont depuis visité Madagascar, nous croyons opportun de donner le détail des *menus* et de la façon de *les manger* tels que les a observés Mme Pfeiffer ; on verra que jusqu'à ce jour le contact des Malgaches avec les Européens, voire l'éducation reçue par quelques-uns d'entre eux dans nos colonies et même à Paris, n'ont apporté que bien peu de modifications dans leur manière de vivre.

Les principaux éléments d'un repas malgache sont le riz et l'ananas ; ce dernier, qu'il ne faut pas confondre avec le fruit délicieux des régions tropicales, que l'on cultive dans nos serres avec tant de soins et à si grands frais, « est une espèce de légume qui ressemble à nos épinards et qui serait très bon au goût si on ne l'apprêtait pas avec de la graisse rance.... On fait ordinairement deux repas, l'un le matin, l'autre le soir. La boisson qu'on prend en mangeant est le *ranagung* (eau de riz), qu'on prépare de la manière suivante : on cuit du riz dans un vase, et on le brûle ensuite un peu afin qu'il se forme une croûte au fond du vase ; puis on y verse de l'eau et on fait bouillir. Cette eau prend une couleur de café très pâle et a un goût de brûlé, c'est-à-dire affreux pour le palais d'un Européen ; mais les Malgaches trouvent ce goût si délicieux, qu'ils font leur régal de cette croûte brûlée. »

Nous allons ici donner la description d'un repas offert à la même célèbre exploratrice, à qui nous empruntons ces détails, et afin de donner une idée complète de l'hospitalité malgache, nous remonterons à son arrivée chez son hôte.

Cet hôte était le fils d'une des Malgaches les plus riches et les plus considérées de l'île, Mlle Julie (1), chez qui Mme Pfeiffer était descendue à Tamatave et dont l'accueil que nous n'avons pas à décrire ici n'avait été rien moins que fastueux.

Quoi qu'il en soit, et comme Tamatave est entourée d'une assez large zone de sable, ce qui rend la promenade difficile sinon même impossible, Mme Pfeiffer, ayant appris que Mlle Julie avait deux fils établis chacun dans une des propriétés qu'elle possédait dans les terres à

---

(1) Ce titre de Mademoiselle n'est pas pris à Madagascar dans le même sens que chez nous. Il s'applique à toutes les femmes de condition, filles ou épouses, mères ou même grand'mères d'une infinité d'enfants. Le titre de Madame n'y est pas en usage.

quelques lieues de distance, manifesta le désir de leur aller rendre visite, afin de prendre par cette occasion une idée de la végétation et des sites de l'île qu'elle ne connaissait pas encore et d'essayer en même temps d'enrichir de quelque trésor nouveau ses collections d'insectes.

Mlle Julie acquiesça avec empressement à cette demande; elle fit sur-le-champ prévenir son fils, et Mme Pfeiffer se prépara joyeusement à faire cette petite excursion dont elle espérait distraction, plaisir et santé, le manque d'exercice commençant à l'incommoder.

Laissons lui raconter à elle-même ce curieux et intéressant épisode de son séjour dans la grande île.

« Pour voyager, dit-elle, on se sert ici d'une chaise fort légère appelée *takon* et qui, fixée entre deux perches, est portée par quatre hommes, et telle est la répugnance des Malgaches pour toute espèce de mouvement, tel est l'effroi que leur inspire la plus petite fatigue que, même quand on n'a à faire qu'un trajet de quelques centaines de pas, on a recours à ce mode de transport.

» Les esclaves et les gens de la dernière condition vont seuls à pied. En voyage, au lieu de quatre porteurs, on en emmène huit et souvent même douze, les uns servant de relais aux autres.

» Je quittai Tamatave de grand matin. Le chemin d'*Antandorcho* (c'était le nom de la propriété de mon hôtesse) était très bon, surtout quand nous eûmes quitté les terrains sablonneux pour entrer dans une plaine couverte de végétation. Nos porteurs couraient comme s'ils n'avaient eu aucune charge, si bien que nous n'employâmes pas plus d'une heure et demie pour faire nos sept milles.

» Nous arrivâmes chez le fils cadet de Mlle Julie, jeune homme de vingt-deux ans qui avait été élevé à Bourbon; je ne m'en serais certainement pas doutée; car si ce n'était qu'il portait le costume européen et qu'il parlait français, il ne se distinguait en rien de ses compatriotes : il était redevenu tout à fait Malgache.

» On m'assigna dans sa maison une petite chambre bien propre, garnie de nattes, mais sans meubles. Je m'assis sur mon sac de voyage en attendant le déjeuner ; Mlle Julie m'avait laissée partir à jeun, et je sentais un grand besoin de me réconforter ; mais les heures se succédèrent sans qu'on m'appelât pour me mettre à table.

» J'attribuais ce long retard à mon arrivée, je me flattais de l'espoir qu'on apprêtait en mon honneur quelque mets particulier, qu'on sacrifiait peut-être un poulet, et que c'était ce qui faisait retarder le repas.

» Enfin, après une très longue attente, un esclave vint me dire quelques paroles malgaches auxquelles je ne compris rien, mais je n'en entendis que mieux les signes par lesquels il m'invitait à le suivre.

» J'arrivais dans une chambre également sans meubles, au milieu de laquelle une natte était étendue sur le sol ; une grande feuille, autour de laquelle étaient déposées des feuilles plus petites, occupait le centre de la natte ; la première représentait le plat, les secondes représentaient les assiettes.

» On avait eu soin de mettre pour moi une véritable assiette, un couvert et une chaise. Mes hôtes s'accroupirent par terre.

» Une esclave parut avec un chaudron plein de riz qu'elle vida sur le plat improvisé ; puis elle apporta des haricots, et dans un grand pot, un poisson salé qui sentait si mauvais que j'eus de la peine à rester à table. Le poulet que j'avais espéré ne parut pas.

» Je songeai involontairement aux Dayaks de Bornéo, réputés si sauvages et si cruels. Ils ne mangeaient que du riz, mais ils me servaient tous les jours avec cela un poulet, et ici, chez un peuple à demi civilisé et dans un pays où la volaille est si abondante et à si bon marché, j'étais obligée de me contenter de riz et de haricots !

» Les indigènes mangent d'une manière qui n'est rien moins qu'appétissante. En guise de cuiller ils se servent d'une feuille qu'ils plient très adroitement et au moyen de laquelle ils portent à leur bouche non seulement le riz et les haricots, mais même des liquides qu'ils puisent dans des pots. Cette feuille est très large, et il faut qu'ils ouvrent la bouche toute grande pour y faire entrer son contenu. Jusque-là tout serait bien, mais ce qu'il y a de fort répugnant, c'est qu'après qu'ils ont porté la cuiller à la bouche, il y demeure ordinairement un petit reste et qu'ils n'en continuent pas moins à puiser toujours avec dans le plat commun.

» A côté du pot à poisson, une esclave se tient prête à puiser la sauce dans le pot et à la verser sur le riz que les convives ont dans la cuiller. Quant au poisson, on le prend avec la main, et on le mange comme du pain.

» Que le Malgache, qui n'a jamais quitté son pays et qui n'a jamais rien vu de mieux, vive de cette manière, je n'en suis nullement surprise; mais qu'un jeune homme élevé parmi des Européens eût repris si vite et si complètement les habitudes de ses compatriotes, je ne pouvais vraiment me l'expliquer.

» Encore n'était-ce pas seulement pour la façon de manger qu'il était redevenu sauvage, mais en toutes choses; il pouvait demeurer des heures entières assis sur un fauteuil, sans lire ni sans s'occuper de quoi que ce soit. Il passait toute la journée à ne rien faire qu'à se reposer, fumer et s'entretenir avec ses spirituelles esclaves, qui ne le quittaient pas d'un seul instant.

» L'exemple que je viens de citer n'est malheureusement pas une exception. Quelques habitants de Madagascar, la plupart originaires de l'Europe, envoient, comme l'avait fait Mlle Julie, leurs enfants à Bourbon et même à Paris ; mais quand le jeune homme revient ayant réellement acquis de l'instruction et de bonnes mœurs, le mauvais exemple de son père lui fait bientôt tout perdre.

» .... Mais revenons à mon aimable hôte. Le superbe déjeuner était passé et mon espoir déçu.... Je cherchais à me figurer les délices du repas qu'on me réservait sûrement pour le soir, repas que mon estomac aux abois attendait avec la plus vive impatience. Hélas ! nouvelles déceptions : je vis reparaître les mêmes mets qu'au déjeuner; rien de moins, rien de plus, si ce n'est cependant un convive nouveau, le frère aîné de mon hôte venu de l'autre propriété.

» Ce jeune homme n'avait pas seulement été élevé à Bourbon, mais il avait de plus passé neuf ans à Paris. Bien qu'il eût mangé à souper avec la feuille-cuiller comme son frère, il m'inspira pourtant plus de confiance, et je m'invitai sans façon à déjeuner chez lui le lendemain.

» Le soir, on me dressa par terre, dans ma chambre, un très bon lit, mais on oublia par malheur la moustiquaire, et je ne pus fermer l'œil de la nuit.

» Avant de me retirer dans ma chambre, j'avais prié mon hôte de vouloir bien m'envoyer le lendemain matin une tasse de café au lait. Je donne à deviner en cent ce que l'on m'apporta?... Une cuvette de lait avec un peu de sucre, mais de café, de tasse, de cuiller, point. La cuvette m'enleva naturellement toute envie de goûter au lait qui avait cependant fort bonne mine. Quant au café, on me dit qu'on en cherchait pour le brûler.

» Je remerciai pour tant d'attentions, et, quittant sans grands regrets une maison si hospitalière, je me mis en route à jeun, comme la veille.

» Un canot me transporta chez le Malgache parisien dont l'habitation me charma à première vue. Il vint à ma rencontre, me reçut avec la plus grande courtoisie et me conduisit directement à la salle à manger, où, à ma grande joie, je trouvai une table dressée à l'européenne et fort bien servie.

» Ce jeune homme se distinguait en général, d'une manière très avantageuse, de ses compatriotes élevés comme lui en pays civilisés. Je crois qu'il est le seul d'entre eux qui ne s'efforce pas d'oublier, aussi vite que possible, tout ce qu'il a vu et appris en Europe. Je lui demandai s'il ne regrettait pas Paris et s'il n'avait pas le désir d'y retourner. Il me répondit qu'il s'estimerait heureux en effet d'habiter un pays civilisé, mais que, Madagascar étant sa patrie et toute sa famille y demeurant, il aurait de la peine à se décider à s'expatrier.

» Je fus très surprise de cette réponse, évidemment faite avec franchise et conviction, car rien n'est plus singulier que d'entendre un Malgache parler de parenté et de liens de famille. Je n'ai vu nulle part de peuple plus immoral que celui de Madagascar ; et là où règne une si grande corruption de mœurs, la véritable famille peut-elle exister?

» Ma plume se refuse à donner la description de toutes les coutumes anti-familiales qui règnent ici, non seulement dans le peuple, mais même dans les premières castes. Le divorce est non seulement admis mais fréquent ; cependant tous les enfants qu'une femme met au monde après sa séparation d'avec son premier mari, fût-il même mort depuis des années, appartiennent légalement à celui-ci. C'est d'après cette loi que le prince Rakotô, fils et successeur de la reine Ranavalo, bien que né longtemps après la mort du roi Radama, passait cependant pour le fils de ce prince et à ce titre avait droit à la couronne.... N'est-il pas permis dans de telles conditions de s'étonner quand on entend invoquer les affections de famille?

» Je reviens à mon hôte, M. Ferdinand Fiche, le seul Malgache aimable, sauf cependant le prince Rakotô, que j'ai eu la bonne fortune de rencontrer pendant mon séjour à la Grande-Terre.

» Je lui demandai s'il ne sentait pas le besoin de ce commerce intellectuel, de ces agréables rapports de société sans lesquels on ne saurait vivre en Europe.

» Il m'avoua que l'absence totale d'instruction de ses compatriotes lui rendant leur société peu agréable, il ne cherchait aucune espèce de distraction de ce côté.

« Mais, ajouta-t-il, je prends mon plaisir dans les livres que
» j'ai apportés de France et que je ne me lasse point de lire et
» d'étudier. »

» Et il me cita le titre de quelques bons ouvrages.... J'ai conservé le meilleur souvenir de cet excellent jeune homme, et mon cœur se serre quand je pense à sa destinée ; je ne le prétends pas doué d'un esprit et d'une intelligence extraordinaires, mais je lui ai reconnu assez de talents, et surtout de cœur et de sensibilité pour se créer des amis en quelque pays que ce soit. Or il est malheureusement à craindre que, privé de toute société intellectuelle, il ne redevienne peu à peu tout à fait Malgache. »

La nonchalance et l'amour du repos des Malgaches ne les empêchent pas d'aimer fort les divertissements et les fêtes. Ces mêmes hommes, qui considèrent comme au-dessus de leurs forces de faire une marche de quelques heures, consacrent volontiers des nuits entières à la danse et à différents jeux.

Le plus prisé parmi ces derniers rappelle un des jeux d'adresse très en vogue en Europe : contre de grosses coquilles, disposées par rangées, on en lance une autre en la faisant pirouetter ; celui qui abat ainsi le plus de coquilles est le gagnant. Ce divertissement a beaucoup d'attraits pour les Malgaches qui y perdent jusqu'à des bœufs.

Ils ont un autre jeu qui offre quelque analogie avec le trictrac : il a pour instruments des fruits ronds et une tablette percée de trente-six trous. « Les gens doués de l'esprit de combinaison et de calcul s'en amusent extrêmement, et nos plus fameux joueurs d'échecs n'en dédaigneraient pas la pratique.

» Pour les réjouissances d'une nombreuse réunion, les chansons, les danses, la musique sont de rigueur. Il ne faut pas s'attendre, par exemple, à des instruments fort compliqués, non plus qu'à une musique savante : un petit monocorde avec archet est le violon ; un instrument à six cordes, pour lequel nous ne trouvons pas de comparaison, une sorte de flûte en usage chez quelques tribus : voilà tout ce qu'on pourrait réunir pour former l'orchestre le plus complet.

» Les chansons sont plaisantes ou sérieuses ; dans les unes, on loue gravement des hauts faits véritables ou imaginés ; dans les autres, on tourne en ridicule quelques personnages. Le succès de ces dernières n'est jamais douteux ; de bruyants éclats de rire témoignent de l'admiration et de la joie des assistants.

» Les danses jouent le principal rôle dans les fêtes, surtout parmi les femmes ; les passes, les contorsions varient selon le goût et le caractère particuliers de chaque province. Les Antanasses, par exemple, tournent et marchent en cadence à la suite les uns des autres, soit au bruit du tambour, soit avec accompagnement de chansons. »

Mais c'est à un bal de la cour qu'il faut assister si l'on veut avoir une haute idée de l'art chorégraphique à Madagascar. Nous allons en conséquence demander à l'infatigable voyageuse qui déjà nous a fourni tant de détails intéressants sur ce curieux pays, de nous introduire avec elle dans le palais de la reine Ranavalo un jour de bal costumé.

Et d'abord, quel est le costume de la puissante souveraine? « Il est, selon l'usage du pays, d'un sambou de soie, et, comme coiffure, elle porte une énorme couronne d'or. Bien qu'assise sur un balcon à l'ombre, on n'en tient pas moins déployé au-dessus de sa tête le très grand parasol en soie cramoisie qui fait partie de la pompe royale.... D'un teint assez foncé, d'une forte complexion, elle est, malgré ses soixante et quinze ans, encore robuste et alerte. A sa droite se tient son fils le prince Rakotô; à sa gauche, son fils adoptif, le prince Ramboa Salama; autour de lui se presse une légion de neveux, nièces et autres parents des deux sexes, ainsi que plusieurs grands du royaume. Le ministre qui nous a introduits prononce quelques paroles d'introduction, après lesquelles nous nous inclinons trois fois en disant : *Esaratsara tombokoé,* c'est-à-dire : *Nous te saluons de notre mieux,* et elle répond : *Esaratsara,* ce qui signifie *très bien* : Nous nous tournons ensuite à droite et répétons les mêmes inclinations et les mêmes formules pour le prince Rakotô; après quoi, sur l'invitation de la reine, nous allons nous asseoir à la place qui nous est désignée.

» Une heure après midi sonne, et le bal commence, non dans les appartements qui ne suffiraient point à contenir la foule des invités, mais dans la grande cour où la reine a coutume de donner ses audiences solennelles.

» Peu à peu la foule arrive; elle est composée de nobles des deux sexes, d'officiers avec leurs femmes et de chanteuses et danseuses royales. Les nobles portaient divers costumes ; les officiers étaient en habits européens ; tous durent faire beaucoup de salutations, et des sièges furent assignés aux personnes en costumes ; les autres durent s'accroupir par terre, isolément ou en groupes comme bon leur sembla.

» Les danseuses royales ouvrirent le bal par l'ennuyeuse danse malgache. Enveloppées de la tête aux pieds dans leurs amples sambous blancs, ces bayadères de la Grande-Terre portent sur la tête des corbeilles de fleurs artificielles qui, se dressant raides et droites, ressemblent à des petits drapeaux multicolores. Elles étaient si serrées l'une contre l'autre qu'on les eût dit liées entre elles. Chaque fois qu'elles passaient en trépignant sous le balcon de la reine, elles multipliaient les révérences.

» Quand elles eurent achevé, elles quittèrent le bal, et les officiers commencèrent exactement la même danse, seulement sur une mesure moins lente et en levant un peu plus les pieds. Ceux d'entre eux qui avaient des chapeaux ou des bonnets, les brandissaient de temps à autre, et, les agitant en l'air, ils poussaient des hurlements qui devaient sans doute figurer des cris d'allégresse, mais ressemblaient bien plutôt à des clameurs désespérées et menaçantes.

» Aux officiers succédèrent six couples d'enfants en costumes. Les garçons étaient vêtus de l'ancien costume espagnol ou habillés en pages et avaient assez bonne mine. Les filles, au contraire, ressemblaient à de vrais épouvantails ; elles portaient des costumes français à l'ancienne mode, avec de hauts paniers et de courts corsages, et avaient la tête toute surchargée de plumes d'autruche, de fleurs et de rubans.

» Quand cette petite société de singes eut exécuté quelques polonaises, quelques écossaises et quelques contredanses, contre mon attente bien exécutées, elle fit, avec de profondes révérences, place à une autre société plus nombreuse, dans laquelle les hommes portaient également l'ancien costume espagnol et les femmes l'ancien costume français.

» Ces sortes de bals costumés sont très au goût de la reine, qui commande elle-même tous les costumes d'après des gravures ou des tableaux qui lui passent sous les yeux. Les dames ont coutume d'ajouter aux prescriptions royales ce que leur suggèrent leur goût et leur esprit inventif, et je puis attester que l'un et l'autre peuvent prétendre à la plus excessive originalité, en matière de couleurs surtout.

» La description d'un de ces costumes suffira à en donner une idée à mes lectrices.

» La robe était en velours de soie bleu, garnie dans le bas d'une bordure de couleur orange, surmontée d'une large bande de satin rouge cerise. Le corsage, également en satin et à longues basques, était d'un jaune soufre éclatant, et par dessus se drapait un châle vert clair. La tête était tellement chargée de fleurs artificielles raides et massives, de plumes d'autruche, de rubans de soie, de perles de verre et de toutes sortes de passementeries, qu'on ne voyait absolument rien des cheveux, ce en quoi, il est vrai, la dame ne perdait rien. Je la plaignais seulement à cause du fardeau qu'elle avait à porter. Il y avait de semblables contrastes de couleurs dans le costume des autres dames; quelques-unes avaient imaginé un nouvel embellissement : un haut chapeau terminé presque en pointe, dans le genre à peu près de ceux du Tyrol.

» La société des danseurs, appartenant généralement à la plus haute aristocratie, exécuta, après différentes danses européennes, la *sega*, que les habitants de Madagascar veulent faire passer pour une danse indigène, mais qui vient des Maures, et dont les figures, les pas et la musique sont si jolis, qu'il suffirait de la faire connaître en Europe pour l'y mettre aussitôt à la mode.

» Cette danse achevée, le bal était loin encore de toucher à sa fin. Après un court entr'acte, pendant lequel on ne servit aucun rafraîchissement, l'élite de la société, composée de six couples, entra en scène.

» Les danseurs étaient le prince Rakotô, MM. Laborde père et fils, deux ministres et un général. Les danseuses étaient des princesses et des comtesses. Les hommes portaient l'ancien costume espagnol, sauf le prince, qui était vêtu d'un costume de fantaisie de si bon goût qu'on l'eût admiré dans le salon le plus élégant de Paris. C'était un pantalon de drap bleu foncé garni de galons d'or ; une espèce de cotte d'armes en velours brun, également ornée de galons et de fines broderies en or, et une barrette du même velours avec deux plumes d'autruche relevées par une agrafe d'or. Tout allait si bien, les broderies étaient si belles, que je crus que M. Laborde, ayant porté la mesure du prince à Paris, y avait fait faire le costume. Je me trompais ; sauf les étoffes, qui étaient en effet de provenance étrangère, le costume avait été fait à Tananarive, ce qui prouve que, si les Malgaches étaient sérieusement encouragés à cultiver les arts d'Europe, ils s'en acquitteraient à merveille. J'ai eu du reste plusieurs fois déjà l'occasion d'insister sur leur rare talent d'imitation.

» Ce groupe de danseurs se présentait très bien ; soit que le prince et les MM. Laborde eussent, par leur influence, réprimé les tons criards si affectionnés des dames Malgaches, soit qu'en tout pays toute supériorité sociale bien tranchée amène, comme on le prétend, une amélioration instinctive dans le goût et dans les manières, ces six couples, hommes et femmes, pouvaient suffire à prouver que, même à la cour de la cruelle et fantasque Ranavalo, existait au moins un germe de véritable aristocratie.

» .... Les danseuses de la cour terminèrent le bal comme elles l'avaient commencé.... La fête avait duré trois heures, et tout en témoignant — du moins en était-elle persuadée — de la grande munificence de la reine, ne lui avait pas coûté un centime. Le soleil avait fait les frais d'éclairage ; l'orchestre s'estimait suffisamment payé par l'honneur d'avoir contribué au divertissement de la souveraine, et quant aux rafraîchissements, chacun avait toute liberté d'en prendre autant qu'il le désirait.... en rentrant chez soi ! »

Un grand homme d'Etat disait à propos des fêtes qui marquèrent à Paris le cours de l'hiver de 1830 : « *La France danse sur un volcan !* »

Certes ce mot eût pu s'appliquer dans son sens le plus complet à la fête dont nous venons de donner la description, avec cette variante qu'il ne s'agissait point de la France ni même de Madagascar, mais des danseurs qui s'agitaient avec tant de marques de respect devant la reine et de celle-ci elle-même.

Le sol, en effet, était miné de toutes parts sous les pas de Ranavalo et de ses créatures les plus intimes, et si ce n'était pas pour l'engloutir que le volcan devait éclater, il n'en devait pas moins faire des victimes toujours dans ce même monde officiel et courtisanesque qui affectait une si joyeuse indifférence. Le fameux complot dont nous parlerons dans la partie historique de nos récits devait éclater le 20 juin, et le fameux bal avait lieu le 9 du même mois.

Le fond du caractère humain est le même partout, et quelles que soient les distances qui séparent les divers points de la terre ; quelles que soient les différences de mœurs et de gouvernement, les mêmes faits se produisent dans des circonstances à peu près analogues et amènent des rapprochements, pour le moins singuliers.

Nous venons d'étudier le Madagascar qui se prétend civilisé ; nous allons, avec l'auteur d'un voyage plus récent encore, visiter le Madagascar sauvage et barbare. Nos lecteurs jugeront des progrès accomplis par le premier et de sa soi-disant supériorité sur le second.

III

Dix ans environ (1) après que Mme Pfeiffer, grâce à son intimité avec M. Lambert, à sa présentation à la reine Ranavalo et à son séjour à Tananarive, avait pu faire les curieuses observations dont nous avons fait profiter nos lecteurs, un autre Européen, un Français, M. Grandidier, pénétrait dans l'intérieur de la Grande-Terre et en étudiait le sol et ses ressources, les habitants et leurs mœurs.

« M. Grandidier, dit un savant analyste des travaux de cet habile explorateur (2), avait appris à voyager et s'était instruit sur une foule de sujets. Il saura donc reconnaître ce qui est digne d'attention, distinguer ce qui réclame une observation précise, une recherche approfondie. »

Après avoir échoué une première fois (en 1865), par suite de la surveillance jalouse des Hovas toujours fidèles à leur système de soustraire l'intérieur de l'île à tout regard étranger, il rentre à Bourbon bien décidé à déjouer cette surveillance en profitant de la première occasion qui lui sera offerte de revenir, non plus dans la région habitée par les Hovas, mais sur un point différent du littoral.

Cette occasion ne tarde pas à se présenter. Un navire quitte l'île

(1) En 1865.
(2) M. Emile Blanchard.

Bourbon pour aller trafiquer sur les côtes sud et sud-ouest de Madagascar; l'opiniâtre et infatigable voyageur s'y embarque, il arrive ainsi à la pointe australe de la grande île, au cap Sainte-Marie, dont l'accès est défendu par d'abruptes bancs de rochers.

On ne saurait imaginer une côte plus stérile, plus désolée; pour si loin que s'étende le regard, il n'aperçoit pas la moindre trace, non seulement de la présence, mais même du passage de l'homme; partout d'ailleurs la première condition d'un établissement même temporaire.... l'eau douce fait complétement défaut.

« Il est donc permis de se demander ce que peuvent venir chercher des navires dans de tels parages; on va le savoir : Dans cette misérable contrée il existe, épars, des arbustes rabougris sur le tronc desquels croît un lichen tinctorial, une espèce d'orseille fort estimée, dont on introduit en Europe une quantité considérable. »

Les habitants les plus voisins de cette côte remplie d'écueils ne naviguant pas, les navires qui n'en sauraient approcher doivent être munis de pirogues, au moyen desquelles les marins établissent une communication toujours difficile et souvent périlleuse entre la terre et la chaloupe du bâtiment qui vient mouiller aussi près que possible du rivage. C'est ainsi que depuis deux ou trois siècles au moins se fait le trafic dont nous parlons.

« Comme la côte est tout à fait inhabitée, dit M. Grandidier, le navire s'annonce en tirant le canon; c'est l'appel entendu au loin et bien compris. Les Malgaches accourent, portant les objets d'échange; un camp s'établit sur la plage, adossé aux dunes. Une sorte de chaloupe, supportée par quatre pieux, est la tente où se traiteront les affaires; une haie, faite de branches d'euphorbe épineuse, complétera l'édifice; tout auprès s'élève, façonnée avec des tiges sèches, une hutte tout juste assez grande pour abriter deux hommes accroupis, c'est la case royale; enfin deux ou trois parcs, circonscrits par une bordure de feuillage, sont destinés aux indigènes attendant leur tour de vente, près des marchandises qu'ils ont apportées.

Au moment où le personnel du navire descend à terre, la scène est pleine d'animation ; hommes et femmes, au nombre d'une centaine, vêtus d'un lambeau de toile en loques, crient, s'injurient, se bousculent.... Les opérations commencent. Un matelot tenant la balance pèse les paquets d'orseille, et le lieutenant du navire, assis près de la caisse qui contient les marchandises, paye la valeur. Une brasse de toile blanche ou bleue est la rémunération de quinze kilogrammes du fameux lichen tinctorial ; cent grammes de poudre, le prix de dix kilogrammes. Les verroteries noires et bleues, les marmites de fonte, les clous dorés, dont les Malgaches se plaisent à orner les crosses de leurs fusils, sont aussi très demandés.

» Tout à coup le mouvement s'arrête ; on vient d'apercevoir le chef de la peuplade, le roi *Tesifanchi*, s'avançant avec une majestueuse lenteur pour saluer les étrangers. C'est un vieillard maigre, d'assez belle stature, ayant le teint clair, les cheveux gris et lisses ; il n'est pas de la race de ses sujets.... Pour vêtement, il porte un ample morceau de toile autour des reins et se drape fièrement dans un *lamba*, qu'on juge avoir été blanc. Une petite calotte de jonc est posée sur sa tête. Bientôt on fait cercle autour de la case royale, un *kabar* s'organise et délibère ; le capitaine de la marine marchande doit régler les conditions du droit d'ancrage et de libre commerce que tout navire doit payer dans les ports du sud et du sud-ouest de Madagascar.... Ce droit débattu est fixé ici à un baril de poudre, un fusil à pierre, deux miroirs, une marmite, deux cents clous dorés, une pièce de toile bleue, quatre bouteilles de rhum abondamment mélangé d'eau, et le roi, en les recevant, se déclare traité d'une façon très généreuse ; six chefs dépendants du roi sont gratifiés en outre de quelques petits présents. »

Devenu ainsi l'ami des Français, Tesifanchi se montra des mieux disposés. M. Grandidier put descendre à terre et constater que le pays et ses habitants répondent encore parfaitement, à quelques insignifiants détails près, à la description que Flacourt en donnait au XVIIe siècle.

Il put, toujours avec l'assistance du roi, organiser une petite caravane et s'engager dans l'intérieur.... Nous ne l'y suivrons pas ; aussi bien ne serait-ce que recommencer le voyage que nous avons déjà accompli au commencement de ce récit.

Mais ce à quoi nous devons nous arrêter, c'est aux immenses connaissances que ce voyage est venu ajouter à ce que la science savait déjà de la Grande-Terre, au point de vue de sa constitution géologique, des ressources du sol et du climat, de son orographie surtout ; le tracé de ceux de ces cours d'eau qui se jettent dans l'Océan Indien qui n'avait jamais été fait est, grâce à M. Grandidier, indiqué très exactement. La flore et la faune ont été complétées. Quelques erreurs zoologiques ont été redressées, et plus d'une de ces curiosités de la nature qui rendent l'étude de l'histoire naturelle intéressante à Madagascar, ont été confirmées.

Nous relevons entre autres le remarquable *chat aux pattes d'ours*, qui, ayant été observé d'après un jeune individu, présentait des caractères incertains, et qui est maintenant parfaitement décrit. Autre question importante : « l'existence des pachydermes à Madagascar, qui restait problématique, a été démontrée par la découverte d'un petit sanglier à masque ; la présence de mammifères de l'espèce des rongeurs était douteuse, elle ne l'est plus. »

Mais ce qui constitue le mérite particulier du voyage dont nous voudrions pouvoir analyser l'ensemble et reproduire les principaux passages, consiste moins dans les observations de l'état actuel de la Grande-Terre, toutes importantes et intéressantes qu'elles soient, que celles ayant trait à son état antérieur ; état dont Flacourt, eu égard au peu d'avancement de la science à ce sujet lorsqu'il décrivait l'île, n'avait pu s'occuper, et que personne depuis lui n'avait eu ni l'occasion, ni peut-être le pensée d'observer.

« La découverte d'une foule d'os d'hippopotames, de membres et d'œufs d'*œpyornis*, de restes de tortues colossales, de coquilles ensevelies dans le sable des dunes, est toute une révélation. Tout le monde a entendu parler des œufs énormes — six fois plus gros que ceux de l'autruche — apportés à Paris il y a une trentaine d'années et qui sont exposés dans une vitrine des galeries du muséum d'histoire naturelle.

» Ces œufs étaient arrivés accompagnés de quelques fragments d'os, débris d'un oiseau de proportions extraordinaires, auquel Isidore Geoffroy-Saint-Hilaire donnait le nom d'*œpyornis géant*.... »

Assez longtemps on eut l'espoir de trouver quelque jour cet oiseau vivant dans la partie centrale de la grande île ; toute illusion à cet égard s'est évanouie depuis le voyage de M. Grandidier. Tous les caractères des débris fossiles se rencontrent dans les restes recueillis par lui et au moyen desquels il a pu reconstituer, non seulement la figure véritable de l'oiseau, mais encore il a reconnu dans ces vestiges d'un animal étrange et sûrement particulier à Madagascar plusieurs espèces bien distinctes quoique vivant dans les mêmes lieux.

Et il a pu en outre rétablir tout un ensemble d'êtres animés contemporains : « à l'époque où vivaient les œpyornis, les hippopotames devaient être d'une abondance excessive dans la grande île africaine ; leurs os se montrent partout mêlés aux sables des rivages et à la vase des marais, et comme les Européens qui ont visité les premiers Madagascar n'y ont jamais entendu parler de ces animaux, c'est à une époque bien antérieure qu'il faut placer cette faune disparue. »

Les tortues, assez variées, mais de taille petite ou moyenne, qu'on trouve dans presque toutes les parties de l'île, ont eu des devancières d'une toute autre espèce. « Dans les fleuves que fréquentaient les hippopotames se baignaient des tortues d'eau douce gigantesques ; sur les sables où couraient les œpyornis se promenaient de grosses tortues terrestres longues de un mètre à un mètre cinquante centimètres.

» Ces grands animaux ne sont pas les seuls dont la race se soit éteinte à Madagascar. Dans le sable des dunes de Sainte-Marie et probablement de toute la côte du sud-ouest, des coquilles de mollusques terrestres se trouvent en immense quantité. Les unes, ayant parfois conservé leur coloration, appartiennent à des espèces encore vivantes, les autres à des espèces anéanties. Elles sont mêlées à des débris d'œufs d'œpyornis, indice de contemporanéité. »

Tortue géante.

Maintenant « qu'on se figure tous ces animaux : hippopotames, œpyornis de plusieurs sortes, tortues gigantesques, mollusques divers, et la physionomie de l'ensemble de la faune de Madagascar sera modifiée d'une manière très sensible. Si alors on songe qu'à une certaine époque notre sol a été habité par les ours et les lions des cavernes, par les mammouths, les rennes, les *urus*, il sera permis de regarder comme vraisemblable que, dans la période de ces changements dans les conditions de la vie, des bouleversements ont eu lieu sur la grande île africaine, de même qu'en d'autres parties du monde. Qu'un jour des navigateurs se mettent à fouiller les marais, le lit des rivières, les cavernes de Madagascar, et l'on verra sans nul doute reparaître à la lumière des formes animales disparues et des objets qui conduiront à rétablir des pages envolées de l'histoire de la terre. Les merveilleuses découvertes de M. Grandidier à ce sujet sont donc pour l'avenir le présage d'une immensité de découvertes (1). »

(1) M. Emile Blanchard, *Revue des Deux Mondes*, 15 décembre 1872.

DEUXIÈME PARTIE

HISTOIRE. — GOUVERNEMENT. — TENTATIVES DE COLONISATION

Premiers établissements français. — Les Hovas et les Sakalaves. — Radama Ier. — Ranavalo. — Les Sakalaves se placent sous la protection de la France. — Expédition de 1840-1841. — Sainte-Marie. — Mayotte. — Nossi-Bé. — MM. Laborde et Lambert. — Radama II. — Traités de 1863 et 1868. — Evénements de 1878. — Envoi d'une ambassade malgache à Paris. — L'expédition actuelle.

I

« Madagascar, dit un savant écrivain, est une terre intéressante
» par les souvenirs qui s'y rattachent, en même temps qu'une terre
» où la nature a des magnificences et des étrangetés presque sans
» pareilles. »

Nous avons essayé, dans les pages qui précèdent, de décrire ces magnificences et ces étrangetés ; nous avons esquissé à cette occasion les mœurs et les usages des habitants, fait connaître ce que la tradition et l'observation donnent à supposer sur leur origine ; il ne nous reste qu'à dire en quoi consistent « les souvenirs intéressants qui s'y rattachent » et le devoir créé par eux à la France qui, la première, y a arboré son drapeau, de ne point se dessaisir de la suprématie qu'elle y a conquise.

Si, en effet, les préoccupations dont Madagascar est pour nous l'objet depuis plus de deux siècles « ont pu se modifier avec les circonstances politiques, elles ne se sont pas amoindries. Jamais nous ne pourrons oublier que le pavillon de la France a flotté sur cette terre, et nous nous réjouissons encore, grâce à la possession de Sainte-Marie et de Nossi-Bé, de n'avoir jamais perdu de vue les rivages où sont morts nos anciens colons. »

Des événements récents, que nous relaterons en leur place, nous ont amenés à ne plus nous contenter de ces deux établissements et à revendiquer une position meilleure et une influence à la fois plus considérable et plus directe sur le mouvement progressif qui, en se répandant de toutes parts, commence à gagner la grande île africaine elle-même, en dépit de l'opiniâtreté mise par le gouvernement Malgache de fermer tout accès dans l'île aux Européens, afin de continuer à la maintenir en dehors de toute ingérence du monde civilisé.

Ainsi que nous avons eu l'occasion de le rappeler plus haut, en 1506, c'est-à-dire neuf ans après que Vasco de Gama eut doublé pour la première fois le cap de Bonne-Espérance, une tempête jeta sur la grande île des vaisseaux portugais commandés par Fernand Suarez.

Un peu après, Tristan d'Acunha et Ruy Pereire s'y rendirent, lui donnèrent le nom d'île Saint-Laurent et en tracèrent la première carte. D'autres Portugais leur succédèrent et y firent le commerce des esclaves, mais sans même essayer de prendre possession d'aucun point de la côte.

Après les Portugais, arrivèrent les Hollandais et les Anglais, et

« Madagascar devint, comme le reste du monde, le théâtre des luttes formidables de ces deux puissances maritimes, mais sans que ni l'une ni l'autre y fissent des tentatives sérieuses de colonisation. »

Les Français enfin suivirent; ils s'y établirent et, par suite du principe général admis et pratiqué par les Anglais eux-mêmes, que le drapeau d'une nation planté dans une partie d'île donne des droits sur l'île entière, cette prise de possession prit immédiatement un caractère officiel : Madagascar appartenait désormais à la France, moyennant, bien entendu, que celle-ci sut y faire pénétrer et y maintenir son autorité.

Rien ne devait être épargné pour y réussir. Pénétré de l'importance, pour notre marine et notre commerce, de posséder un solide établissement sur la route de l'Inde, Richelieu s'occupa lui-même de la création d'une Compagnie qui, sous le nom de *Société de l'Orient*, reçut, en juin 1642, « la concession de l'île de Mada-
» gascar pour y ériger colonie et commerce et en prendre pos-
» session au nom de Sa Majesté très chrétienne, avec le droit
» exclusif de commerce pendant dix années. »

Deux agents de la Compagnie, les sieurs Pronis et Fonquembourg, partirent aussitôt. Douze autres membres de la nouvelle société les accompagnaient, et ils furent rejoints à leur arrivée par un renfort de soixante-dix hommes.

A la fin de 1643, Pronis prenait possession, au nom du roi, de l'île Sainte-Marie et de la baie d'Antongil, et établissait des postes à Tencrive et à Mananara.

Les Français étaient malheureusement arrivés pendant la saison des pluies, et non seulement ces torrents d'eau, dont rien en Europe ne saurait donner une idée, déroutaient toutes leurs espérances, tous leurs plans, mais la terrible fièvre qui les accompagne faisait chaque jour quelque victime parmi eux. Préservatifs, soins, remèdes, tout était inutile : le fléau, loin de diminuer, s'accentuait toujours davantage.

Les faibles débris de la colonie, se hâtant d'évacuer cette côte funeste, se portèrent plus au sud, dans la presqu'île de *Talany-Hove*, à laquelle fut donné bientôt après le nom de *Fort-Dauphin*.

Cette seconde colonie devait avoir une plus longue durée que la première, mais on ne saurait ajouter qu'elle eut plus de bonheur.

La mère-patrie y prodigua de l'or et des hommes en quantité ; elle n'y recueillit que des guerres contre les indigènes, des actes de trahison envers les gouverneurs qu'elle y envoya ; violences, désordres, abus de toutes sortes, tels étaient les mots d'ordre auxquels chacun semblait avoir pris à tâche d'obéir.

Cependant « la *Société de l'Orient*, informée de l'état des affaires, résolut d'y porter remède. Le 4 décembre 1648, Estienne de Flacourt, l'un des directeurs de la Compagnie, venait, avec le titre de commandant général de Madagascar, remplacer le faible Pronis.

» Homme énergique, éclairé, enclin à l'observation, Flacourt possédait toutes les qualités nécessaires à un colonisateur sérieux. Plein d'espoir au début et comptant sur les secours réguliers qui lui étaient promis, il rappela les exilés et les fugitifs, et se prépara avec conscience à donner une base solide au nouvel établissement. »

En même temps il étudiait le pays et ses habitants ; il liait avec ceux-ci un commerce loyal d'affaires et d'amitié ; il se rendait compte des différents produits dont l'introduction en France devait être plus particulièrement avantageuse, et des objets manufacturés qui pouvaient être donnés en échange par la mère-patrie.

Tous les faits importants étaient si bien observés, si sagement combinés, qu'à l'heure actuelle Madagascar n'a pas trouvé encore de peintre plus exact et d'historien plus fidèle.

Malheureusement Richelieu et Louis XIII étaient morts, et les troubles de la Fronde ne laissaient pas au gouvernement de la Régence le loisir de penser à notre extension coloniale et encore moins le pouvoir d'aider à cette extension par aucun appui en hommes ou en argent.

La petite colonie devait donc tout tirer de son propre fond, et Flacourt fit pour l'y aider des prodiges d'intelligence, d'activité et de dévouement. Ce cruel abandon dura sept années, pendant lesquelles les colons, décimés par la maladie, épuisés par les privations et les fatigues, se voyaient chaque jour plus exposés à l'hostilité des indigènes, dont le mauvais vouloir et la haine à l'endroit des races européennes s'accusaient plus ouvertement à mesure que se trahissait plus nettement l'indifférence de la métropole.

Seul peut-être Flacourt ne se laissait point abattre : « Dans cette pénible situation il demeurait sans faiblesse ; par des reconnaissances hardies le long des côtes et jusqu'à une certaine distance dans l'intérieur du pays, il préparait les voies à cet établissement stable qu'il se faisait fort de mener à bonne fin pour peu qu'on lui en facilitât les moyens.

En même temps qu'il maintenait et qu'il faisait respecter ainsi le drapeau de la France, Flacourt avait soin de relater soigneusement tous les faits qui pouvaient jeter quelque lumière sur les débuts de la colonie et servir un jour à en écrire l'histoire. Tout ce qui se passa à Madagascar entre les Français et les indigènes a été très exactement relaté par lui.

Dans ce tableau, hélas ! tout est sombre ; mais quelle instruction, quels conseils pour l'avenir en découlent ! « Jamais il n'est question d'un travail quelconque pour les colons ; ils vont en expédition et ramènent du butin, déployant parfois un courage extrême. Les Malgaches — qui s'en étonnerait — se vengent ; ils attaquent, surprennent, égorgent les envahisseurs quand ceux-ci sont isolés. Des représailles sont alors jugées nécessaires, et on frappe d'ordinaire au hasard, coupables ou innocents.

» Vaincus, les habitants font des soumissions, sollicitent la paix, jurent une amitié éternelle, et guettent la prochaine occasion de trahir leurs serments. »

Telle est la malheureuse histoire de cette triste période qui devait aboutir à un des plus douloureux épisodes de notre histoire coloniale.

En 1771, la révolte des indigènes contre notre occupation prit tout à coup un caractère de généralité et de fureur inouïe.

Le flot immense et irrésistible des populations indigènes envahit Fort-Dauphin et y mit tout à feu et à sang. Un cri unique est sur toutes les lèvres malgaches : *Mort aux Français*. Et l'œuvre de destruction poursuit sa route aussi impétueuse et terrible que le sillon que trace la foudre sur son passage.

Déjà les plus intrépides colons, désespérant de l'issue de la lutte, ne songent plus à se défendre ; ils se bornent à provoquer la fureur des assaillants afin de trouver la mort sur le champ même du combat et d'éviter ainsi les effroyables tortures réservées par les Malgaches à l'ennemi vaincu.

Un miracle inespéré vient tout à coup modifier la situation : un vaisseau, dont nul dans le trouble général n'a aperçu et signalé l'apparition, approche toutes voiles au vent, et ce n'est que lorsqu'il tire le canon, pour assurer le pavillon qu'il vient de déployer, que tous les regards se tournent vers lui ; ce pavillon est celui de la France !

Les colons passent soudain, du désespoir le plus intense et le mieux justifié, à une joie délirante : oubliant leur impuissance et leurs fatigues, ils reprennent l'offensive, et tel est l'ascendant exercé par notre drapeau sur tous les points du vaste monde où il est connu, que les Malgaches, oubliant qu'ils n'ont plus qu'un léger effort à faire pour détruire tout ce qui reste de leurs ennemis, se retirent en désordre, mais non cependant sans annoncer leur retour pour le lendemain.

Le lendemain, en effet, ils se représentent plus nombreux, plus déterminés que jamais. Ils trouvent la place vide : le Fort-Dauphin a été évacué pendant la nuit, le navire sauveur ayant reçu tout ce qui restait de ses habitants et de ses défenseurs.

Un calme solennel régnait sur le champ de carnage qu'ils avaient laissé la veille inondé de sang et couvert de cadavres ; les morts avaient reçu la sépulture, les objets les plus précieux avaient été emportés, et il ne restait que des cases abandonnées avec leurs grossiers ameublements.

La fureur des Malgaches s'attaqua à ces derniers objets ; ils brisèrent, ils détruisirent tout.

Après cette évacuation de Fort-Dauphin, Louis XIV, si jaloux cependant d'augmenter notre prospérité coloniale et commerciale, oublia Madagascar, soit qu'il méconnût l'importance de la situation de cette île, soit qu'il fût effrayé des effets terribles de son climat, soit enfin qu'il y considérât comme impossible la fondation d'un établissement durable.

Des négriers, des forbans, des pirates de toutes les nations, sont les seuls Européens qui fréquentent la Grande-Terre, et leur conduite, on le conçoit, n'est pas de nature à donner aux Malgaches une haute idée de cette religion, de ces mœurs dont on a cherché à leur démontrer la supériorité.

Plusieurs épisodes curieux marquèrent cette période ; nous en rapporterons un, non seulement parce qu'il se rattache à l'histoire de la Grande-Terre, dont il fit connaître une des parties non explorées encore, mais parce qu'à l'intérêt d'un voyage il joint le charme d'un roman.

En 1702, un navire anglais échoue à la côte sud-ouest, dans un endroit qui n'est pas déterminé. Les naufragés se flattaient de pouvoir gagner par terre la baie de Saint-Augustin, assez souvent fréquentée par des navires européens. Mais bientôt ils se virent barrer le chemin par les indigènes réunis en foule autour d'eux. Le chef malgache prétendait garder auprès de lui les blancs, afin, disait-il très naïvement, de ne pas céder aux autres chefs, ses rivaux, la bonne fortune d'exercer leur autorité sur des Européens. Conduits au village, logés près de la hutte royale et passablement traités, les Anglais profitaient de la liberté relative dont ils jouissaient pour imaginer et préparer un plan d'évasion qui leur permit de réaliser leur premier projet, c'est-à-dire de gagner la baie de Saint-Augustin.

Une belle nuit ils enlevèrent le roi et son fils et se sauvèrent avec eux. Poursuivis par les Malgaches qui les leurrèrent de belles promesses s'ils consentaient à relâcher leurs précieux otages, ils eurent la sottise de croire à la promesse que leur firent ceux-ci, non seulement de leur rendre leur liberté, mais de les aider à exécuter leur voyage.

A peine les avaient-ils laissé échapper qu'ils étaient massacrés, à l'exception cependant de deux d'entre eux qui, étant très jeunes, furent épargnés et donnés en manière de présents à des chefs de l'intérieur.

Un de ces jeunes gens ne put s'acclimater et mourut. Le second, nommé Robert Drury, racheté après quinze ans de servitude, retourna en Angleterre où le récit de ses aventures, publié pour la première fois en 1729 et réédité plusieurs fois depuis, produisit une très vive sensation.

Ce récit néanmoins n'a de véritable intérêt qu'au point de vue des aventures personnelles du jeune marin et de la manière de vivre des peuplades avec lesquelles il habitait (1). Sa complète ignorance en toutes choses ne lui ayant permis de faire aucune observation sur le climat, le sol, les productions, etc.

Mais quel singulier et curieux tableau de mœurs : il n'aurait vraiment pas bonne grâce à se plaindre de son maître, le seigneur Mevarou, petit-fils du souverain absolu de la contrée. Il n'y est en vérité point trop malheureux, et si ce n'était la nostalgie de la civilisation qui le mine, il ne tiendrait qu'à lui de trouver la vie qu'il mène à son service plus douce que celle qui était son partage à bord. « Au commencement de sa captivité, il ne fait guère autre

(1) On a contesté et on conteste encore la vérité des assertions de Robert Drury. On va jusqu'à prétendre que ce héros fictif d'aventures imaginaires n'a jamais existé que dans le cerveau et sous la plume de son historien. Des critiques sérieux cependant ont ajouté une entière créance à l'homme et au récit.

chose que de se promener et de visiter les plantations en compagnie de la princesse et de sa famille. Cependant une existence aussi désœuvrée ne saurait durer toujours. Amené dans un champ, le jeune Anglais est invité à prendre une bêche et à travailler. Il affecte une incroyable maladresse ; le seigneur et sa femme rient, et le voilà dispensé d'être laboureur.

» Il sera berger, c'est plus agréable : on ne se fatigue que pendant les grandes chaleurs, parce qu'alors il faut aller abreuver les bestiaux à plusieurs milles. Une pratique curieuse est répandue dans les régions malgaches qui sont privées de rivières ou d'étangs : au matin, on va sur les herbes recueillir la rosée avec des calebasses et des vases de bois. En moins d'une heure une ample provision est faite, mais cette eau, excellente lorsqu'elle est fraîche, s'altère vite et prend un goût désagréable.

» Notre captif est bientôt enlevé à sa fonction de berger ; le seigneur annonce son départ pour la guerre et le charge d'être le gardien assidu de sa femme. Avec cette situation recommence ce *farniente* que le climat de Madagascar rend si doux, non seulement aux indigènes, mais aussi aux Européens.

» Ici nous apprenons comment est salué dans un village malgache le retour des chefs victorieux. L'entrée est triomphale ; les trompettes sonnent tout le long du chemin ; les hommes dansent devant le prince ; ceux qui sont en tête tirent des coups de fusil vers la terre, — c'est la façon de déclarer le succès. Les troupeaux conquis et les prisonniers marchent à la suite. Alors, autour de l'habitation du chef, se groupent les parents et la population ; et chacun vient se prosterner aux pieds du vainqueur.

» Les procédés de la guerre sont décrits par Drury exactement de la même manière que par Flacourt : les agresseurs, profitant d'une nuit sombre, atteignent la ville endormie qu'ils se proposent de surprendre, jetant de la chair aux chiens afin de les empêcher d'aboyer. Quand ils sont parvenus à pénétrer dans l'intérieur, un coup de fusil est tiré pour répandre l'alarme. Subitement éveillés, les hommes sortent des cases et sont à mesure percés par les sagaies ennemies. Les femmes et les enfants sont enlevés, les troupeaux emmenés, les objets de valeur recueillis et le village livré aux flammes.

» Aussi est-il d'un usage constant dans la grande île de cacher, en temps de guerre, les femmes et les enfants ainsi que les troupeaux, dans les parties les plus inaccessibles des bois. On prend soin d'éloigner beaucoup les uns des autres, parce que les mugissements des animaux pourraient déceler la retraite des femmes. A défaut de provisions, les ignames, le miel, les fruits suffisent à nourrir les réfugiés. On installe un rucher de façon bien simple : les abeilles, comme on sait, aiment à se loger dans le creux des arbres ; on coupe les troncs des arbres qui ont ainsi reçu leurs habitants, et on emporte la partie qui contient les rayons.

» Parfois les peuplades, trop faibles pour lutter contre de nombreux ennemis, bâtissent des villages au milieu de bois touffus, et les protègent par des fossés et une enceinte de pieux et de buissons garnis d'épines, de manière qu'il devienne impossible d'y entrer autrement que par une porte, toujours soigneusement dissimulée. »

Nous ne continuerons pas plus longtemps à analyser le récit de Robert Drury ; il nous suffit d'ajouter que, dans la contrée qu'il dépeint, les coutumes, le genre de vie, les superstitions ressemblent trait pour trait à ce que l'on a vu dans les parties de Madagascar connues des Européens ; c'est la même confiance dans les *obis*, la même influence exercée par les *ombias*.

.... Un siècle presque entier s'était écoulé depuis la ruine du Fort-Dauphin, lorsque l'attention de la France se fixa de nouveau sur Madagascar.

Ce ne fut, en effet, qu'en 1768 que M. de Mandade reçut la mission de relever les ruines de cet établissement.

Nous allons profiter de ce long intervalle d'inaction pour étudier un des côtés de nos premiers essais de colonisation, laissé par nous dans l'ombre parce qu'il nous semblait mériter un paragraphe spécial.

Nous voulons parler de l'élément religieux, c'est-à-dire des tentatives d'évangélisation faites à Madagascar pendant notre occupation.

II

« Au xvII° siècle, dit M. Blanchard, on ne songeait pas aux pays lointains sans penser aux affaires de la religion. Le doux prêtre, que plus tard on appellera saint Vincent de Paul, avait fondé la *Mission* pour répandre la foi chrétienne parmi les barbares ; il accueillit avec bonheur la proposition d'envoyer des ecclésiastiques à Madagascar.

» En 1648, le navire qui portait M. de Flacourt emmenait deux missionnaires ; en 1654, les navires du maréchal de la Meilleraye en déposaient plusieurs autres sur la grande île. »

Ces vaillants pionniers de l'Evangile, remplis d'un zèle infatigable, prenant peu de repos, ne marchandant ni la peine ni les privations, ne devaient pas tarder à expérimenter une vérité que leur zèle refusait d'admettre, à savoir que les forces humaines ont des limites que l'ardeur de l'apostolat le plus dévoué ne peut impunément franchir.

On les vit succomber les uns après les autres, et sept périrent ainsi en quelques années. Mais ni leurs travaux ni leur mort ne furent inutiles. En ce court espace de temps, ils avaient jeté les bases d'une chrétienté peu nombreuse, il est vrai, mais fervente, dévouée, généreuse, où devaient se conserver fidèlement la foi de Jésus-Christ et le nom, l'amour de la France.

De plus, ils devaient faire briller sur le caractère malgache un jour nouveau qui, en faisant connaître certaines tendances de ce peuple, certains correctifs apportés par sa nature même aux déplorables effets de la corruption morale qui l'a envahi, permet d'établir à son égard un jugement plus sûr, et de poser les jalons de la marche à suivre pour l'amener insensiblement mais sûrement à la civilisation.

« Occupés, en effet, d'une manière exclusive de l'œuvre évangélique, les missionnaires, mieux que personne, fournissent l'occasion de reconnaître combien il eût été facile aux Européens de vivre en bonne intelligence avec les indigènes. Dans des lettres adressées à leur saint fondateur, ils ont consigné le résultat de leurs visites dans les villages et de leurs entretiens avec les indigènes. »

Rien de simple, de vrai et, par conséquent, de poétique et de charmant comme ces récits. Le beau côté, le côté touchant de ce caractère malgache, dont les autres historiens n'ont pu faire ressortir que ce qu'ils en voyaient, c'est-à-dire les défauts, voire même les vices, s'y montre à chaque mot.

En faut-il conclure que les défauts et les vices n'existent pas, ou que du moins la peinture en ait été exagérée et forcée? Malheureusement non; missionnaires, historiens, voyageurs, sont également dans le vrai. Ils se placent à un point de vue différent pour observer, voilà tout. Mais s'il y a lieu de s'affliger et de se tenir sur ses gardes en écoutant les seconds, il y a lieu aussi et surtout de se pénétrer, de s'imprégner, si l'on peut ainsi parler, des appréciations des premiers, afin d'y puiser les sentiments d'estime et de sympathie auxquels ont droit les Malgaches, en dépit de la barbarie de leurs mœurs, et surtout de s'y renseigner sur la conduite à tenir dans nos rapports, tant officiels que privés, avec eux.

Aussi bien, y a-t-il dans le caractère et les mœurs de tous les peuples barbares ou à demi barbares avec lesquels la civilisation européenne a été jusqu'ici en contact, sauf bien entendu en ce qui concerne les missions, une déplorable aggravation de leurs défauts primitifs ? Il est temps que les efforts colonisateurs de l'Europe prennent une autre marche, et les résultats obtenus par nous en Algérie nous semblent le point de départ d'un mouvement vraiment civilisateur, à la tête duquel la France, qui a déjà acquis la gloire de lui avoir donné l'impulsion, saura, nous l'espérons, se maintenir.

Mais revenons au xviie siècle, aux bons prêtres des Missions et à leurs observations sur les Malgaches. « L'abbé Nacquard, qui, le premier, parcourt les environs du Fort-Dauphin, est charmé de la docilité des Malgaches ; l'abbé Bourdaise, qui lui succède, ne se montre pas moins satisfait. Partout les prêtres étaient bien accueillis d'une grande partie de la population ; ils n'étaient pas inquiétés par les nobles qui, cependant, ne voulant pas renoncer à de vieilles pratiques, refusaient de les entendre. »

De ce dernier trait ressort, au profit des Malgaches, un esprit de tolérance religieuse, dont il est vrai qu'ils se sont bien cruellement départis depuis, mais qu'il ne sera pas impossible, croyons-nous, d'après les observations récentes de M. Grandidier, de retrouver à peu près intact chez les peuplades de l'intérieur et des côtes éloignées du mouvement politique et commercial de la Grande-Terre, et qui n'a été d'ailleurs, chaque fois qu'il s'est produit, qu'une des faces, un des moyens de cette résistance à tout contact étranger qui a été jusqu'ici le trait général et caractéristique de la politique de presque tous les peuples de l'Asie et de l'Afrique.

Absorbés par l'état d'infériorité intellectuelle et morale où la complète ignorance religieuse tenait ce peuple courbé, et ne pensant qu'à le régénérer au plus vite par l'enseignement de l'Evangile, les bons prêtres de la mission restaient en apparence indifférents à toute autre étude que celle des cœurs et des âmes qu'ils avaient mission d'élever vers Dieu ; ce qui, toutefois, ne les empêchait pas de relever souvent un détail intéressant, un trait curieux.

C'est ainsi, par exemple, que l'abbé Bourdaise fait ressortir en passant l'aptitude des Malgaches à devenir d'excellents ouvriers. Il

voit travailler un orfèvre et il s'étonne. « La forge, dit-il, est un
» petit plat de terre, le soufflet un chalumeau, l'enclume une tête
» de clou.... Avec cela, ajoute-t-il, ces gens-là font des ouvrages si
» délicats et si bien façonnés, qu'il faut les avoir vus pour y
» croire. »

Nous avons dit, en terminant notre précédent chapitre, que M. de Mandade, chargé par le gouvernement de Louis XV de relever les ruines du Fort-Dauphin, avait réussi dans cette mission. Nous avons malheureusement à ajouter que le succès de cette entreprise ne dura que juste le temps pendant lequel l'homme de mérite qui l'avait obtenu en eut la direction.

Ici se place une nouvelle mais courte période d'inaction. Nos droits sur Madagascar n'étaient cependant jamais tombés en déshérence. Des décrets et des arrêtés du Conseil d'Etat en 1686, 1719, 1720 et 1721 avaient successivement déclaré cette île comme faisant partie intégrante des possessions françaises. Alors même qu'aucun acte d'occupation effective ne se fût produit dans l'intervalle, c'eût été assez pour maintenir nos droits, « mais c'était trop peu pour les faire fructifier. »

Une suprême tentative allait être faite, et c'est à un déshérité de la fortune, à un proscrit, que la France et la civilisation en devaient être redevables.

« C'était le moment où la patriotique lutte des Polonais contre la perfidie des trois puissances spoliatrices excitait en France le plus généreux enthousiasme. »

Un des héros et une des victimes de cette lutte glorieuse, Maurice Beniowski, fut, après la défaite de sa patrie, enfermé dans une forteresse du Kamtchatka. Grâce à la sympathie de la fille du gouverneur, il parvint à s'échapper de sa prison. Avec une habileté et une hardiesse qui donnaient la note de ce qu'on pourrait plus tard attendre de lui comme chef d'expédition et organisateur d'un établissement considérable, il surprit et attaqua la garnison qui le surveillait, et s'emparant, « avec le bonheur des audacieux, » d'une corvette russe, il revint en Europe après mille aventures vraiment merveilleuses.

Il avait eu occasion de relâcher à l'île de France, où, pendant un rapide séjour, il s'était épris de cette belle et féconde nature tropicale qui, à défaut du ciel de la patrie, lui semblait le plus admirable pays où il pût vivre.

Il arriva à Paris sous cette impression; l'accueil qu'il reçut à la cour, l'enthousiasme que sa présence soulevait partout où il se montrait, les sympathies que dans tous les rangs de la société il rencontrait, non seulement pour sa propre personnalité, mais pour la Pologne et tout ce qui rattachait à son antique gloire et à ses malheurs immérités, lui inspirèrent la généreuse pensée de consacrer à la France l'intelligence, l'énergie, le dévouement qu'il ne pouvait dépenser au service de sa véritable patrie.

Ce qu'il avait entendu raconter à l'île de France, de Madagascar et des Malgaches, l'avait fortement impressionné. Il s'était intéressé de toute la force de son imagination enthousiaste au rôle civilisateur que la France s'y était attribué; son esprit vif, pénétrant et juste, tout en se rendant compte des obstacles que les événements politiques et les guerres européennes avaient apportés à nos essais de colonisation, n'avait pas eu de peine à reconnaître que les fautes commises par les premiers colons et surtout les inconvénients inhérents au système de colonisation par le moyen de monopoles accordés à des compagnies particulières, tenaient dans nos échecs successifs à Madagascar, bien plus de place encore que les préoccupations et les malheurs qui s'étaient succédé dans la mère-patrie.

Instruit par l'expérience du passé, résolu à apporter, si on lui en confiait l'exécution, dans cette œuvre qu'il caressait de sa pensée, toute l'énergie de volonté dont il était doué, il soumit au roi le plan fort sage et fort détaillé d'une nouvelle et décisive expédition, se faisant fort, si on lui en fournissait les moyens, d'en mener à bonne fin l'exécution.

Les questions coloniales et géographiques, un instant mises de côté pour faire place à des préoccupations, sinon plus graves, du moins plus pressantes, recommençaient à passionner en France les esprits.

Louis XVI, qui venait de monter sur le trône, s'y intéressait personnellement beaucoup, et avait acquis à ce sujet des connaissances et une expérience qui lui permettaient d'apprécier par lui-même la valeur des projets qu'on lui soumettait. Celui de Beniowski obtint son assentiment le plus complet ; il donna les ordres les plus minutieux pour « qu'une expédition importante à destination de Madagascar lui fût confiée avec des pouvoirs tels qu'il pût agir au mieux des intérêts de la France et au profit de la véritable civilisation. »

La commission de Beniowski fut rédigée dans ce sens, et l'expédition fut préparée avec autant d'activité que de soin, sous la direction même de son commandant.

Toutefois, par une réserve que la prudence commandait et à laquelle le roi, malgré sa répugnance à l'accepter, n'osa s'opposer, le duc d'Aiguillon tint à « subordonner l'aventurier Polonais » au gouverneur de l'île de France.

Cette mesure, qui semblait du reste de pure forme, puisque Beniowski devait agir dans un milieu jusque-là complètement en dehors de toute ingérence de l'île de France et de son gouvernement colonial, et que, de plus, il était muni, nous l'avons dit, de pouvoirs très étendus, devait avoir les résultats les plus funestes.

Déjà, en effet, Beniowski avait, dans le chef hiérarchique qui lui était si imprudemment donné, un adversaire systématique et intéressé : la réussite de l'expédition de Madagascar ne devait-elle pas immanquablement diminuer l'importance de l'île de France comme colonie et station navale, et par ce fait même amoindrir sa position ?

La faveur formelle accordée par le roi à la nouvelle entreprise ne lui permettant pas cependant de lui créer des obstacles avoués, il se borna à en retarder autant que possible l'exécution par les lenteurs qu'il apporta au ravitaillement de la petite escadre, et ce ne fut qu'après avoir perdu un temps précieux que l'expédition débarqua enfin dans la baie d'Antongil, le 14 février 1774.

Le premier soin de Beniowski fut de choisir un emplacement commode, près de l'embouchure de la rivière Tungumbuly, et d'en prendre solennellement possession au nom de la France.

Ce nouvel établissement prit le nom de Louisbourg.

Dès le début, Beniowski fit preuve de qualités supérieures encore à ce qu'on avait pu attendre de lui : une profonde connaissance et une sage appréciation des hommes et des choses ; un calme et une dignité qui, s'alliant en lui à une promptitude de résolution et d'action qui ne se laissait jamais surprendre, imposaient à la fois le respect, l'admiration et la crainte à tous ceux à qui il avait affaire ; enfin, ce tact rare et exquis qui non seulement fait distinguer de prime abord un ami d'un ennemi, mais qui permet de garder toujours une juste mesure dans la répartition de l'éloge ou du blâme, des récompenses ou des punitions.

Sage et économe dans ses dépenses, il savait être à l'occasion libéral et généreux ; accessible à tous, il se montrait pour tous juste, bon et affable ; il pouvait, selon que ses auditeurs appartenaient à telle ou telle nationalité, les entendre et leur répondre avec facilité et élégance en neuf langues différentes.

La nature ne l'avait pas moins bien doué au physique que sous le rapport intellectuel et moral. « Ses yeux noirs avaient un charme pénétrant, indéfinissable ; tout dans sa physionomie avait une expression martiale et douce à la fois. Il était grand, bien fait et d'un port majestueux, bien qu'il boitât légèrement. Ce défaut ajoutait même à son prestige : c'était le résultat d'une blessure glorieuse, la suite et comme un souvenir vivant de la part active qu'il avait prise aux guerres de la Pologne, sa patrie, comme lui, mais bien plus cruellement encore, frappée et·mutilée !... »

A peine installé à Louisbourg, le nouveau mandataire de la France sur ces côtes lointaines et jusque-là inhospitalières, vit arriver à lui les princes voisins dont il reçut la soumission et les serments. Et tous lui devinrent fidèles, excepté les Zaffi-Zabbé, qui, après s'être d'abord placés sous sa protection, devinrent sans motif ses ennemis acharnés et allèrent jusqu'à tenter de l'empoisonner. Grâce à sa vigueur et à son courage, il déjoua leurs complots et les mit bientôt hors d'état de lui nuire.

Un ennemi plus redoutable pour les Européens que les peuplades les plus barbares de la Grande-Terre, cette mystérieuse puissance sur laquelle ont toujours compté les souverains de l'île pour tenir les Européens éloignés de leurs Etats, la terrible fièvre de Madagascar, entra à son tour en lice contre l'invulnérable champion de la colonisation française.

Déjà bon nombre de ses compagnons avaient péri, déjà il avait vu mourir dans ses bras son fils unique et bien-aimé, déjà il avait perdu le major de Marigny, son ami le plus sûr, son confident le plus intime, lorsque, atteint à son tour, il fut conduit par le terrible fléau jusqu'aux portes de la tombe. On le croyait perdu; une sorte de miracle le sauva. Transporté d'abord à l'île *Merâsse*, à laquelle il donna le nom d'île d'*Aiguillon*, et ensuite dans la *Plaine de la santé*, à une distance d'environ neuf lieues dans les terres, il ne tarda pas, grâce à sa vigoureuse constitution, à se rétablir complètement. Il se remit aussitôt à la poursuite de son œuvre.

Sous sa puissante et habile impulsion, la jeune colonie jetait de fortes et profondes racines sur le territoire malgache; le nom de la France était dans un large rayon béni, vénéré, et chaque jour voyait arriver à Louisbourg des députés envoyés par les différents peuples, non seulement pour conclure des traités d'alliance et de commerce, mais, le plus souvent, pour se placer sous la protection du drapeau français.

Cependant la haine jalouse du gouverneur de l'île de France travaillait sourdement à la perte de Beniowski. Ses amis intriguaient à Versailles et, sous l'influence de leurs calomnies, le roi, malgré la sympathique confiance que n'avait jamais cessé de lui inspirer Beniowski, crut devoir nommer des commissaires pour examiner les affaires de Madagascar.

Pendant que ceci se passait en France, un singulier événement se produisait sur le sol même de la Grande-Terre.

Une vieille Malgache assurait aux chefs du pays que Beniowski était le fils de l'unique héritière du dernier souverain de la province de Manahar (c'est-à-dire d'une maison royale très puissante), laquelle, étant toute jeune fille, avait été enlevée par des pirates européens et vendue comme esclave.

Cette vieille femme, nommée Suzame, avait longtemps habité l'île de France, où, disait-elle, la petite princesse avait été tout d'abord conduite. Elle donnait des détails circonstanciés et précis ; sa parole fut persuasive, et un kavar nombreux, composé de chefs et de personnages influents, proclama Beniowski *ampazakâ-be*, c'est-à-dire chef suprême. Une députation solennelle lui fut envoyée pour lui faire part de cette décision officielle, le supplier d'y adhérer et lui conférer, dans toutes les formes réglées par le cérémonial malgache, le titre et l'autorité qui lui appartenaient de droit.

Beniowski refusa d'abord. Très au courant de la généalogie de sa famille et de celle de sa mère, il savait parfaitement qu'il ne coulait pas dans ses veines une seule goutte de sang malgache, et il répugnait à sa loyauté de profiter des rêveries ou de la duplicité d'une négresse visionnaire et de la crédulité d'un peuple superstitieux pour s'emparer d'un héritage auquel il n'avait aucune espèce de droits.

D'autre part, l'autorité souveraine qui lui était offerte et le service de la France étaient formellement incompatibles : il fallait opter pour l'une ou pour l'autre. Et là encore se trouvait une question d'honneur qui n'eut pas permis même l'hésitation, pour peu que la situation eût été nette et bien tranchée.

Mais à côté du devoir à remplir se dressaient de si grands obstacles à son accomplissement, que même pour une fermeté aussi inébranlable que celle de Beniowski, la croyance à la possibilité du succès était plus qu'ébranlée.

Ce n'était pas seulement, en effet, le mauvais vouloir avéré du gouverneur de l'île de France et les entraves incessantes qui en résultaient ; ce n'était pas seulement la pression fâcheuse exercée sur le gouvernement métropolitain, se traduisant, et par la suppression de toute espèce d'aide et de subside, et par la nomination de cette fameuse commission dont les membres, prévenus d'avance par l'autorité coloniale, d'ailleurs complètement étrangers au plan, aux espérances et aux efforts déjà faits par Beniowski, lui seraient difficilement favorables ; mais un autre élément d'insuccès, le plus redoutable peut-être, se trouvait dans la disposition d'esprit des compagnons de l'aventureux colonisateur.

Froissés et découragés par l'impossibilité d'arriver, faute d'une assistance suffisante, à rien de grand et de stable, les Européens qui faisaient partie de l'expédition avaient résolu d'abandonner le service de la France ; les uns pour essayer d'entreprendre quelque chose à leurs risques et périls dans la grande île africaine, la plupart pour regagner nos colonies.

Beniowski, s'il persistait dans sa fidélité, était donc menacé de se trouver seul et sans moyens d'action ; si, au contraire, il acceptait les offres qui lui étaient faites, il conservait ses compagnons, qui ne demandaient pas mieux que de se rallier à sa fortune.

Cette dernière considération le décida à s'engager vis-à-vis des chefs malgaches, mais à cette condition qu'il conserverait sa position actuelle jusqu'à l'arrivée des commissaires du roi de France auxquels il rendrait ses comptes, après quoi il leur remettrait sa démission.

Ce programme fut suivi de point en point. Le 21 septembre 1776, les commissaires arrivèrent ; ils durent reconnaître, par un certificat authentique, que dans les actes et la gestion de Beniowski tout avait été parfaitement loyal et régulier et, non sans répugnance, ils acceptèrent sa démission d'employé du roi de France.

Leur mission se borna à ces deux actes, et ils s'en retournèrent sans s'inquiéter le moins du monde de la colonisation commencée.

Pendant ce temps, la popularité de Beniowski s'était propagée parmi les indigènes. Flattés dans leur amour-propre en voyant le petit-fils d'un de leurs princes dans le héros européen, les tribus malgaches s'enthousiasmèrent pour ce nouveau chef qui leur était promis, et dans lequel leur imagination leur montrait le restaurateur de toutes les gloires dont la tradition de la Grande-Terre a conservé le souvenir.

Notre héros se vit ainsi imposer une légitimité qui eut bientôt des partisans aussi fanatiques que nombreux. Et dans l'assemblée qui suivit le départ des commissaires (10 octobre 1776), un acte solennel, qui le reconnaissait comme seul héritier de Ramini, et roi par droit de naissance, fut dressé et signé par les principaux chefs. Dans cet acte, il était désigné comme chef suprême de toutes les populations de l'île, et c'est à ce titre que tous les chefs présents lui rendirent hommage en se prosternant à ses pieds et en lui jurant une fidélité à toute épreuve.

Restait à choisir une capitale pour ce royaume nouveau qui eût exercé sûrement la plus heureuse influence sur l'état social de Madagascar, s'il eût eu quelque durée.

Beniowski, nous l'avons dit, était un homme d'un rare mérite et d'un grand cœur; il sut gagner rapidement la confiance et l'affection de ses nouveaux sujets et, préoccupé du double et ardent désir de servir à la fois les intérêts des Malgaches qui l'avaient adopté, et de la France qui, après lui avoir offert un asile, lui avait fourni les moyens d'arriver à Madagascar, c'est-à-dire à une merveilleuse fortune, il résolut de cimenter entre les deux pays une alliance qui, en offrant au premier aide et protection, assurerait au second l'immense avantage de posséder à l'entrée de la mer des Indes des relations sûres et amicales.

Pour obtenir ce résultat, il importait qu'avant tout il fît reconnaître sa souveraineté par la France. Certain d'échouer si ses démarches à cet égard passaient par l'intermédiaire de l'autorité coloniale de l'île de France, il se rendit lui-même à Paris, dans l'espoir d'y faire agréer sa souveraineté au moyen d'un traité qu'il offrait de conclure après avoir expliqué et justifié sa conduite.

« Le ministère français parut accepter ses raisons ; il lui accorda même une épée d'honneur comme une preuve de satisfaction pour son courage et ses succès, mais il refusa de lui donner de nouveau la direction de nos forces à Madagascar. A plus forte raison ne put-il obtenir d'être à aucun degré considéré comme souverain.

» Ainsi repoussé par la France, Beniowski crut pouvoir chercher ailleurs l'appui qui lui était refusé : il offrit un traité à l'Angleterre, et aussi, assure-t-on, à l'Autriche, ce qui, au point de vue de sa nationalité polonaise, lui suscita de vifs reproches parmi ses compatriotes. Quoi qu'il en soit, il commit une faute d'autant plus regrettable que, tandis qu'il n'en retirait aucun avantage, ses ennemis, et ils étaient d'autant plus nombreux que sa fortune lui faisait plus de jaloux, en profitèrent pour renouveler leurs accusations. »

Le 7 juillet 1785, Beniowski rentrait à Madagascar, où ses sujets le recevaient avec enthousiasme. Son activité ne s'était pas refroidie par l'échec qu'il venait de subir en Europe, mais son esprit s'était aigri ; il avait pris en haine le monde civilisé et la civilisation elle-même.

Persistant, plus que jamais, dans son projet de régner pour son propre compte, il organisa une petite armée régulière, construisit un fort, édicta quelques règlements qu'il eut soin de mettre en harmonie avec les idées et les usages de son peuple, et attendit les événements.

Quelques différends s'étant malheureusement élevés entre une des tribus qui lui étaient soumises et les Français établis à Foulpointe, il dut prendre le parti de ses sujets. La querelle s'envenima, on en vint aux armes, et malheureusement des magasins appartenant à un colon de l'île de France furent pillés.

Or, si Beniowski attendait les événements, le gouverneur de l'île de France n'était pas moins désireux de trouver une occasion qui lui permit de consommer la perte de son brillant et redoutable compétiteur.

Toutefois, pour sauvegarder sa responsabilité ou plutôt pour mieux marquer les vrais mobiles qui le poussaient, il se fit « mettre en demeure, » par quelques complaisants colons, *d'expulser de Madagascar l'aventurier devenu rebelle.*

C'est en ces termes que s'exprimait la requête, et c'est également dans ces termes que le gouverneur de l'île de France motiva le rapport de l'expédition qu'il s'empressa de diriger sur la Grande-Terre.

Les soixante hommes du régiment de Pondichéry qui composaient cette expédition arrivèrent, le 23 mai 1786, au pied du fort où Beniowski s'était enfermé à la hâte avec quelques Malgaches et les trois Français qui étaient restés attachés à sa fortune. Il voulut s'expliquer, on lui répondit par une décharge de mousqueterie.

Le combat ne fut pas long. Au moment où Beniowski mettait le feu à la pièce d'artillerie dont il avait armé son fort, la main d'un habile tireur lui logea une balle dans la tête. Il tomba foudroyé.

Le but unique de l'expédition était atteint; ni les chefs qui la conduisaient, ni les hommes qui la composaient ne songèrent à venger les prétendus griefs qui en avaient été le motif : Beniowski était mort, c'était assez pour la gloire et la tranquillité de l'autorité coloniale de l'île de France.

Les soixante hommes du régiment de Pondichéry se rembarquèrent incontinent, et trois jours après, au milieu d'un immense concours de Malgaches dont la douleur et les regrets étaient aussi sincères que bruyants, les compagnons européens de l'aventureux et vaillant Polonais rendirent ses restes à la terre et plantèrent sur son tombeau les deux cocotiers qui l'ombragent.

Ainsi finit cette brillante et rapide odyssée qui eût pu avoir des résultats si différents. Quelle serait, en effet, la position actuelle de Madagascar, quelle serait la situation de la France vis-à-vis de ces peuplades qui repoussent avec tant d'acharnement notre influence, notre commerce, notre civilisation, si le trône, au lieu d'être occupé par les descendants de la cruelle Ranavalo, appartenait à un petit-fils du chrétien et chevaleresque Beniowski ?

Les événements politiques, qui préoccupaient en France tous les esprits, laissaient peu de place aux projets de colonisation; il n'y a donc pas à s'étonner que, dans les années qui suivirent l'expédition confiée à Beniowski, aucune entreprise nouvelle ne fut tentée à Madagascar. Cette colonisation était cependant si désirée et si populaire que, dès 1792, au moment où, plus que jamais agitée au dedans par la révolution et, au dehors, par la coalition contre elle de l'Europe presque entière, « la Convention chargeait un agent spécial de visiter l'île et de choisir une position avantageuse. M. Lucalier fit cette découverte, que l'insuccès des tentatives antérieures devait être attribué au mauvais esprit qui y avait présidé, et l'affaire n'alla pas plus loin. »

Un peu plus de dix années s'écoulèrent, après lesquelles Bory de Saint-Vincent reçut, en 1801, une mission analogue, non pas directement du gouvernement de la métropole, mais par l'intermédiaire de celui de l'île de France. Cette nouvelle étude semblait ne pas être destinée à avoir plus de suite que la précédente lorsque, trois ans plus tard, en 1804, le général Decaen, ayant reçu mission « d'assurer à la France la possession des côtes de la Grande-Terre, déclara Tamatave chef-lieu des établissements français, et plaça dans ce port M. Sylvain Roux comme agent général. »

Le gouvernement impérial intervenait enfin avec cette décision qui lui était propre; par malheur il était trop tard : « pendant un siècle et demi, la France avait eu la possibilité de faire de Madagascar une contrée riche et heureuse; elle n'avait point su en profiter et ne devait pas la retrouver, » du moins à une époque prochaine et sans de cruelles et sanglantes luttes.

Nous n'avons point à dire ici comment l'île de France, tombée en 1810 au pouvoir des Anglais, devint pour l'empire britannique

« un port militaire de premier ordre » qu'on n'eut garde de restituer à la mère-patrie, même lorsque fut signée, en 1814, une paix définitive.

Si nous mentionnons ce fait si important de notre histoire coloniale, c'est uniquement pour rappeler qu'aussitôt après que l'*île Maurice* — pour donner à notre ancienne colonie le nom qu'elle prit alors et qu'elle a gardé depuis — tombait en leur pouvoir, la première pensée des Anglais « fut de nous supplanter à Madagascar, et, s'ils ne pouvaient y accaparer à leur profit exclusif le monopole du commerce, du moins d'y détruire l'influence française. Ils se substituèrent, à cet effet, dans les divers postes que nous y avions établis; mais la fièvre, leur ayant enlevé beaucoup de monde, ils se retirèrent bientôt, ne laissant dans la grande île que de simples agents.

« La paix de 1814 nous rendit enfin la liberté des mers, et nos colonies nous furent restituées, sauf Tabago et Sainte-Lucie, ainsi que l'*île de France et ses dépendances*. »

En laissant ces deux derniers mots se glisser dans le traité, le gouvernement français ne pouvait certes s'imaginer qu'ils pussent jamais s'appliquer à Madagascar. C'est ce qui arriva cependant, grâce à l'interprétation donnée par sir Robert Falquhar au texte du traité; « interprétation doublement absurde, puisque, d'un côté, le même traité de Paris, en mentionnant comme dépendances de Maurice Rodrigues et les Seychelles qui n'ont pas d'importance, excluait par cela même l'idée de sous-entendre parmi ces mêmes dépendances cédées, un territoire aussi vaste que Madagascar. D'autre part, la France gardait l'île Bourbon, et si Madagascar eut été une dépendance de nos anciennes positions dans cette mer, en gardant l'une nous gardions l'autre. D'ailleurs, ce qui était plus concluant encore : non seulement Madagascar ne pouvait être à aucun titre considéré comme dépendances d'îles bien moins importantes, mais tous les actes de l'ancien gouvernement français, les expéditions successives et les compagnies formées avec privilèges du roi, prouvaient surabondamment que Madagascar avait sa valeur propre et, si l'on peut employer ce mot, son individualité bien tranchée. »

Le seul fait que l'on pût invoquer à l'appui des prétentions du gouvernement britannique, était la suprématie attribuée au gouverneur de l'île de France sur Beniowski et l'expédition qu'il commandait ; mais cette mesure s'expliquait par l'origine étrangère de Beniowski, qui, n'étant point naturalisé Français, ne pouvait et ne devait pas être investi de pouvoirs officiels suffisants pour représenter directement et sans l'intermédiaire d'un chef nominal hiérarchique la France dans des régions aussi éloignées.

La prétention de sir Robert Falquhar s'appuyait donc uniquement sur une interprétation léonine et équivoque des traités. Le gouvernement de la Restauration en référa au cabinet de Saint-James, qui, par une dépêche du 18 octobre 1816, transmit au trop zélé gouverneur de l'île de France l'ordre de remettre, sans délai, au gouverneur de l'île Bourbon ceux des anciens établissements français à Madagascar qu'il avait fait occuper par des Anglais, et de renoncer à toute prétention sur ceux qui pouvaient encore être vacants.

Ainsi fut terminée, dès son origine, une contestation « qui, négligée et oubliée, eût jeté des doutes sur nos droits réels et fourni plus tard à nos rivaux d'excellents prétextes pour nous évincer de cette magnifique terre qu'au XVIIe siècle nos pères appelaient *la France orientale*.

III

Le moment était venu où, plus que jamais, la France devait tourner ses vues du côté de Madagascar.

La perte de l'île de France, l'abolition de la traite, la presque certitude de la non-soumission de Saint-Domingue, la nécessité d'avoir un port dans la mer des Indes, enfin le besoin de subsistance pour Bourbon, qui avait toujours tiré de Madagascar du riz et des bestiaux, tous ces motifs décidèrent le gouvernement à jeter sur la côte orientale de l'île les bases d'un établissement sérieux.

L'île Sainte-Marie fut tout d'abord choisie. Cette île n'était pas occupée par les Français, mais elle appartenait à la France; elle lui avait été cédée, en 1750, par Béti, reine de Foulpointe, par un acte qui, en outre de la signature de la souveraine, portait celles de trente-cinq notables du pays, chefs de provinces ou membres de la famille royale.

Cet acte, très explicite, portait entre autres articles : « La reine » Béti *veut* que l'île Sainte-Marie cesse de faire partie des Etats » dont elle a hérité de ses pères et qu'elle doit laisser à ses suc- » cesseurs, afin qu'elle soit et demeure à toujours appartenant, » avec son port et l'îlot qui le ferme, à S. M. Louis XV, roi de » France et de Navarre, et à ses successeurs, pour servir au com-

» merce de la Compagnie des Indes, cédant, abandonnant, livrant
» et transportant tous ses droits, sur ladite île et ses dépendances,
» audit seigneur roi de France et à ladite Compagnie des Indes,
» pour en être pris par eux, dès ce moment, possession et pleine
» jouissance et y rester à perpétuité comme maîtres, pleins, puis-
» sants et souverains seigneurs d'icelles.... Promettant et s'enga-
» geant, elle Béti, reine, sa famille, les grands de son royaume,
» les chefs et commandants de ses villages, à soutenir, protéger,
» maintenir, défendre contre tout trouble et empêchement de la
» part des naturels de Madagascar ou autres nations qui voudraient
» interrompre leur établissement ou s'y opposer, les sujets de
» S. M. le roi de France et les employés de la Compagnie des
» Indes. »

La cession était trop formelle pour qu'on eût à craindre aucune opposition de la part des Malgaches de Foulpointe, que leurs intérêts commerciaux devaient d'ailleurs rendre favorables à notre établissement à Sainte-Marie.

L'expédition quitta la France le 7 juin 1818 ; elle avait pour chef Sylvain Roux, qu'avait, on s'en souvient, laissé, en 1804, comme agent commercial à Tamatave, le général Decaen.

Sylvain Roux avait, dans ce poste, fait ses preuves d'administrateur capable et intègre. Lorsqu'après la reddition de l'île de France, il s'était trouvé contraint de capituler, il l'avait fait avec habileté et honneur, et avait obtenu des conditions avantageuses. Il connaissait le pays, ses ressources, ses habitants, et y était lui-même connu et apprécié. Le choix du gouvernement français n'eut donc pu être meilleur quant à l'homme à qui il accordait sa confiance. En ce qui concerne l'île Sainte-Marie, le choix n'était pas moins judicieux.

Sainte-Marie, en effet, est la clef de Tintingue, et Tintingue est, depuis la baie d'Antongil jusqu'au Fort-Dauphin, le seul port sur la côte orientale de Madagascar qui puisse abriter ou recevoir des vaisseaux.

Le but du nouvel établissement était 1° d'assurer à la France la possession du port de Tintingue ; 2° de créer à Sainte-Marie des cultures libres à l'aide de colons militaires que l'on y transporterait et de travailleurs noirs qui seraient loués à des chefs malgaches et au besoin même achetés, auquel cas ils devaient être immédiatement déclarés libres et considérés comme de simples engagés à temps ; 3° d'encourager la culture des denrées coloniales par les indigènes, en leur assurant des débouchés faciles et rémunérateurs ; 4° enfin d'attirer et d'utiliser à Sainte-Marie le trop plein de la population libre de Bourbon.

Mais pendant la période qui venait de s'écouler, l'Europe n'avait pas gardé pour elle seule le monopole des révolutions et des guerres de conquête. Un pouvoir nouveau, on pourrait presque dire, en tenant compte des différences de population et de mœurs, un empire puissant, avait pour ainsi dire surgi dans l'intérieur de la Grande-Terre au profit d'un peuple jusqu'alors peu connu, si ce n'est par son industrie et le peu de fertilité de son territoire, d'ailleurs resserré dans des limites fort étroites.

Nous voulons parler des Hovas, qui, sous leur roi conquérant, *Dianamponine*, avaient tout à coup pris une célébrité redoutable, et à qui leur nouveau souverain, *Radama* (1), fils et successeur, depuis 1810, de Dianamponine, avait promis la domination de l'île entière, promesse qu'il avait déjà réalisée en partie.

Ce prince, ami et allié des Anglais, avait sans doute puisé dans leur antipathie nationale — antipathie que les guerres de la révolution et de l'empire avaient élevée à son comble, — la haine qu'il portait à la France.

Dès notre arrivée, nous le trouvâmes disposé à se mettre à la traverse de tous nos projets. Il commença par faire valoir des préténtions à la souveraineté de l'île Sainte-Marie. Bientôt après ses troupes attaquèrent nos alliés, incendièrent leurs villages et vinrent nous menacer jusque dans notre colonie naissante.

(1) *Radama* signifie *poli*, *habile*, voire même *rusé* et *fourbe*.

Or, il ne s'agissait plus cette fois d'une lutte contre un chef de sauvages dont quelques décharges de mousqueterie devaient suffire à mettre en fuite l'armée. Radama, à l'époque dont nous parlons, commandait à plus de quinze cent mille âmes ; sa capitale, *Tananarive*, située à quatre-vingts lieues dans les terres, était à l'abri de toutes tentatives de notre part ; il possédait personnellement toutes les qualités et tous les défauts nécessaires pour continuer et développer l'œuvre de son père. Ambitieux, actif, d'un caractère à la fois ferme, résolu et astucieux, il ne se laissait décourager par aucune difficulté. Tout en cherchant à façonner ses peuples à la civilisation européenne que ses rapports avec les Anglais lui avaient permis d'apprécier, il ménageait leurs superstitions et flattait leurs préjugés. Il avait, en un mot, tout ce qu'il fallait pour jouer le rôle d'un conquérant barbare, d'un chef puissant, et même, dans une certaine mesure, celui d'initiateur à la lumière d'un peuple plongé dans l'ignorance.

Il avait envoyé ses deux frères à Maurice pour y faire leur éducation, et à leur retour il avait gardé auprès de lui Hastie, leur précepteur.

Malheureusement pour l'avancement du peuple malgache, et nous ne saurions dire heureusement pour nous, puisque l'esprit d'hostilité contre la France dont il avait en quelque sorte fait la base de sa politique lui survécut, il mourut jeune encore, en 1828.

Trois ans avant sa mort, il avait complètement ruiné le Fort-Dauphin, et depuis ce moment ses vexations, ses agressions même contre les traitants français avaient pris un caractère de plus en plus marqué.

Une faction militaire, très puissante parmi les Hovas, lui donna pour successeur une de ses femmes, la reine Ranavalo-Majaka, après lui avoir au préalable fait jurer de ne jamais consentir à céder à aucune puissance étrangère la moindre parcelle du territoire malgache.

Avant de quitter entièrement Radama, dont les funérailles se firent avec la plus grande pompe et dont le tombeau est encore aujourd'hui un objet de grande vénération pour les Malgaches, nous croyons devoir rapporter ici le portrait qu'en a tracé le prince Coroller, ancien ouvrier orfèvre de Maurice, naturalisé Malgache et devenu un des principaux personnages de la cour de Radama d'abord, de Ranavalo ensuite.

« Radama, dit-il, était de petite taille; il avait cinq pieds au plus, et c'eût été, pour un chef à demi barbare, un défaut radical, s'il n'eût eu l'âme aussi grande et aussi énergique. Il était bien fait, et sa physionomie était agréable; ses yeux, vifs et brillants, étaient surmontés de beaux sourcils et bordés de cils très longs; sa peau, de couleur olive clair, était très fine; ses mains et ses pieds, petits et bien faits. Ses manières étaient douces et affables, sa conversation agréable, son éloquence persuasive. Il avait l'esprit prompt, subtil, méfiant et rusé. Excessivement orgueilleux et vain, il aimait à déployer en public une grande ostentation, et se montrait si accessible à la flatterie, que son peuple finit par lui rendre les honneurs dus à un dieu sans qu'il en manifestât ni surprise, ni déplaisir. Brave, intrépide, impétueux, il devait à ces qualités mêmes la violence de caractère qui lui fit trop souvent commettre des actes injustes et sanguinaires.

» .... C'était, après tout, un homme d'une intelligence élevée, et qui cherchait avidement les moyens d'accroître son instruction et celle de ses peuples (1). »

Les premiers actes du gouvernement de Ranavalo furent inspirés par cette politique orientale que l'on trouve en vigueur à tous les temps chez les peuples asiatiques et africains : tout ce qui peut porter ombrage à la nouvelle reine, tous ceux qui pourraient, à un moment donné, revendiquer quelques droits, soulever quelques compétitions à l'autorité, sont froidement massacrés : la reine-mère, le frère de Radama, le neveu de ce roi, le jeune Rakotobe sont les principales victimes de ce drame sanglant.

(1) M. Eugène de Froberville.

Tout cela, cependant, ne se passa point sans provoquer des oppositions, des résistances, des mécontentements secrets ou avoués. Il était regrettable que la France ne pût profiter de ce moment de troubles pour reprendre ses droits sur la Grande-Terre.

On le comprit si bien à Bourbon, que le conseil colonial agita le projet d'une attaque immédiate dirigée contre les Hovas; mais quand il s'agit d'organiser l'expédition, on reconnut la nécessité d'attendre des renforts.

Ces renforts sont sur-le-champ demandés à la mère-patrie, où, dès les premiers mois de 1829, on s'occupa de préparer une expédition. « Le capitaine de vaisseau Gourbeyre reçoit le commandement d'une flottille et de quelques centaines d'hommes de troupes; de l'avis du conseil de Bourbon, il doit se présenter sur la côte de Madagascar d'une façon amicale et ne rien tenter avant d'avoir une réponse à la notification qui sera faite à la reine de l'intention du roi de France de faire occuper Tintingue, d'exiger la reconnaissance de nos droits sur le Fort-Dauphin et sur toute la partie de la côte orientale comprise entre Yvondrou et la baie d'Antongil, enfin de lier des relations de commerce et d'amitié avec les peuples de Madagascar. Une députation, envoyée près de Ranavalo, portera ces réclamations en même temps que des robes et des cachemires dignes d'une souveraine civilisée, sans compter divers présents pour les principaux officiers.

» Le 9 juillet, le commandant Gourbeyre arrive en rade de Tamatave; le lendemain, entouré d'un brillant état-major, il descend sur la Grande-Terre et va visiter le chef de la province, à qui il annonce une mission de paix de la part de la France et des cadeaux pour la reine. »

On ne le reçoit point avec une hostilité déclarée, mais il n'a pas de peine à reconnaître des indices de malveillance qui lui imposent le devoir d'être prudent. Des préparatifs de défense, qui, évidemment, ne peuvent avoir pour but que le dessein de repousser les avances amicales des Français, lui sont signalés, et, renonçant à envoyer des officiers à Tananarive, comme il en avait le dessein, il se borne à transmettre par écrit les réclamations de la France, fixant à vingt jours le délai dans lequel une réponse doit y être faite.

Ensuite, et afin d'utiliser cette période de trois semaines, il porte sa division à Tintingue, et, sur ce point, fait élever des fortifications et placer des canons en batterie. Les Hovas prennent ombrage de cette prise de possession; leur général en chef envoye un de ses officiers auprès de M. Gourbeyre pour lui demander des explications.

M. Gourbeyre se contente de rappeler les droits de la France et d'insister sur les réparations qui nous sont dues.

Le matin du jour fixé comme dernier délai à la réponse de Ranavalo, M. Gourbeyre rentre à Tamatave, après avoir pris toutes ses mesures pour ouvrir, s'il y a lieu, les hostilités.

Comme il le prévoyait, Ranavalo n'avait donné au commandant de la ville aucun ordre pour traiter. En échange de cette réponse, l'officier français qui était venu à terre la chercher remit au prince Coroller une déclaration de guerre accompagnée d'une lettre annonçant l'ouverture immédiate des hostilités.

A peine, en effet, la chaloupe française avait-elle rejoint la flottille que le feu commençait. Les Malgaches y répondirent d'abord avec une énergie à laquelle on ne s'était point attendu, mais qui ne put que retarder de quelques heures la destruction du fort. Les Hovas abandonnent alors les positions qu'ils occupent; un détachement de troupes mis à terre les poursuit et achève le succès.

Nous prions nos lecteurs de nous permettre d'ouvrir ici une large parenthèse, consacrée à la description de ce fort de Tamatave qui a joué et qui est appelé à jouer encore un rôle considérable dans l'histoire de Madagascar et surtout dans celle de nos rapports avec les souverains de ce pays; nous empruntons ces détails à un intéressant article publié, il y a quelques années, par la *Revue algérienne*.

« Tamatave, avec son port, sa forteresse bâtie en sable et en chaux, ses deux mille hommes de garnison, dont toujours les deux

Vue de la rivière de Tamatave.

tiers au moins sont malades, est le poste des Hovas où il se fait le plus de commerce et où il y a le plus de blancs. On y compte une quinzaine de traitants, de nationalités différentes, qui font le commerce avec les produits qui ne leur viennent pas seulement de la Réunion, de Maurice, mais encore de l'Amérique. Trois à quatre navires américains viennent, en effet, chaque année, jeter sur ce principal marché de la Grande-Terre pour sept à huit cent mille francs de toile, laquelle, plus forte que celle de France et d'Angleterre, est préférée par les Hovas. Tous les produits de la côte est, depuis Manoura, sont portés à Tamatave, où cinq à six navires, faisant chacun trois ou quatre voyages et plus depuis le mois de mai jusqu'en décembre, viennent les prendre pour les livrer au commerce de la Réunion et de Maurice.

» Tamatave est un grand village bâti sur le sable. Il se compose d'un millier de cases et se divise en deux parties: le village malgache et blanc, sur le bord de la mer, et le village hova, placé derrière le fort.

» La température de Tamatave varie entre 15° et 36° centigrades, et cet écart se produit quelquefois dans les vingt-quatre heures. Vers midi la chaleur est si forte, qu'il est impossible de sortir sans parasol, et quelquefois on peut à peine marcher sur le sable tant il est brûlant. Par bonheur les grains de pluie y sont fréquents, surtout pendant la nuit. La brise, qui s'élève d'habitude au coucher du soleil, est fraîche et fortifiante quand elle vient du sud-est; mais quand elle souffle du nord-est, elle apporte un air lourd et humide qui ajoute encore à la chaleur et provoque ces terribles fièvres intermittentes qui, non seulement sont fatales aux étrangers qui ne sont point acclimatés, mais qui déciment chaque année les Hovas eux-mêmes, tandis que les Européens établis dans le pays y deviennent à peu près insensibles. Et cependant cette brise est chargée de miasmes délétères qui devraient exercer les mêmes ravages sur tous les êtres organisés qui la respirent.

» D'où vient donc cette différence? Evidemment elle est causée par la manière de vivre, par les mesures préventives que prennent les Européens et qui sont inconnues aux indigènes; ce qui prouve qu'avec une bonne hygiène, une grande régularité de mœurs, des soins administrés à propos, ce pays ne serait ni plus malsain, ni plus funeste que nos landes d'Europe. La fièvre sévit avec son maximum d'intensité de décembre jusqu'en juin, c'est-à-dire pendant la période des grandes pluies et pendant celle du desséchement des marais formés par l'inondation. C'est une fièvre intermittente, à forme bilieuse, révélant souvent un caractère pernicieux. Les vomitifs et le sulfate de quinine, employés à peu d'intervalle, sont les moyens héroïques qui ont jusqu'ici donné les meilleurs résultats. »

Ce tableau de la ville et du climat de Tamatave, tracé par un praticien de mérite (1), ne nous a pas autant éloigné qu'on pourrait le croire de l'expédition Gourbeyre.

Le moment, en effet, était peu propice à un long séjour sous ce ciel inclément, et l'effet du coup porté à l'ennemi étant obtenu, le plus pressé était de se rembarquer.

Les Bestimessaras, il est vrai, proposaient de se soulever contre les Hovas, ce qui eût complètement changé la face des choses; mais, de même que dans d'autres circonstances analogues, le chef de l'expédition était dans l'impossibilité de disposer d'une force assez considérable pour mettre à profit ces bonnes dispositions.

Il importait, d'ailleurs, d'appuyer par une nouvelle action l'effet produit par notre première victoire. M. Gourbeyre se dirigea sur Foulpointe, qu'il ne put enlever; mais à la Pointe-à-Larrée, les Hovas, qui menaçaient Tintingue et Sainte-Marie, furent battus et dispersés.

A la suite de ces actes de vigueur, notre situation à Madagascar changea complètement; ce ne furent plus les Français qui proposèrent la paix, mais bien la reine qui la sollicita: « Deux de ses grands officiers, accompagnés du prince Coroller et du général qui commandait les Hovas sur la côte orientale, vinrent trouver M. Gourbeyre. Ils étaient porteurs de lettres de la reine et témoignaient de leur désir de conclure la paix. Ils se dirent autorisés à promettre

(1) M. le docteur Milhet-Fontarabie.

que l'on accorderait les réparations dues à la France, et s'en allèrent emportant un traité dont la ratification ne paraissait pas douteuse. »

Cette ratification cependant fut refusée, à l'instigation sans doute des missionnaires anglais qui exerçaient à cette époque sur l'esprit de la reine un ascendant qu'ils ne devaient pas tarder à perdre.

Bientôt, en effet, fidèle au système qui était devenu chez elle une idée fixe, de soustraire ses sujets à l'influence européenne, Ranavalo commença à se préoccuper de la propagande faite par les missionnaires anglais. En 1835, elle ordonna que toutes les bibles qui se trouvaient dans l'île lui fussent remises et défendit d'observer le dimanche, alléguant que les nouvelles coutumes ne pouvaient que corrompre le peuple et faire fondre sur lui toute espèce de malheurs.

« La foi de ces pauvres populations n'était point encore assez robuste pour affronter le martyre; la plupart des chrétiens renoncèrent à leur religion; et les ministres anglais, peu soucieux ici comme dans toutes leurs missions en pays barbares, de lutter contre le mauvais vouloir qui les menaçait dans leur fortune et peut-être dans leur vie, s'empressèrent de quitter Tananarive.

» Désormais aucune influence ne faisant plus contre-poids à la tyrannie de Ranavalo, cette femme cruelle et capricieuse put s'abandonner à toute la violence, à toute la perfidie de sa nature. »

Le refus qu'avait fait la reine de ratifier le traité consenti par ses mandataires, avait produit en France une vive sensation; l'opinion publique, d'accord sur ce point avec le gouvernement, estimait qu'une leçon exemplaire devait être donnée à ce manque de loyauté.

Huit cents hommes de troupe légère, deux compagnies de Sénégalais, un matériel de guerre proportionné à ces forces et quelques artilleurs furent dirigés sur Madagascar.

A l'arrivée de ce renfort considérable, au lieu d'agir on passa le temps à faire de la diplomatie et, disons-le à la gloire de la civilisation, les Hovas se montrèrent bien supérieurs à nous en matière de ruse et d'intrigue. Et au milieu de tout cela la question s'embrouilla si bien que le commandant Gourbeyre crut devoir faire un voyage en France pour se concerter avec le ministre.

Quand il y arriva, un grand événement venait de changer la face des affaires : la révolution de juillet, après avoir enlevé la couronne à la branche aînée des Bourbons, avait placé sur le trône le roi Louis-Philippe.

Dans de telles circonstances, la nécessité de la paix et de l'économie devait primer toute autre considération. En conséquence, le conseil de l'amirauté décida que, dans l'impossibilité où l'on se trouvait de continuer les dépenses exigées par les affaires de Madagascar, on rappellerait immédiatement en France les quatre bâtiments de guerre affectés à l'expédition et tout ce qui, en infanterie et en artillerie, excéderait l'effectif ordinaire des garnisons de Bourbon et de Sainte-Marie. Le gouverneur de Bourbon restait seul chargé de négocier avec la reine Ranavalo un traité où au besoin il devait s'abstenir de discuter la question de souveraineté, le but essentiel à atteindre étant de régler les rapports commerciaux entre la France et la Grande-Terre.

Ce traité ne fut pas conclu : la reine se refusait formellement à rien entendre.

Il ne resta plus alors qu'à évacuer Tintingue (1831). Cette évacuation fut précédée de la destruction des forts et de la dispersion des matériaux amassés sur ce point.

Quant à Sainte-Marie, on jugea que l'abandonner ce serait méconnaître l'intérêt des colons qui s'y étaient établis sur la foi des promesses du gouvernement français, et surtout compromettre la vie et l'avenir des indigènes qui, après avoir pris parti pour nous, y avaient trouvé asile et protection.

La grande utilité qu'avait pour nous la possession de ce point important de la côte malgache était d'ailleurs indiscutable : c'était le seul moyen que nous eussions de protéger dans ces parages notre commerce et notre pavillon, en même temps que la seule marque constatant que nous ne renoncions nullement à revendiquer en temps opportun nos anciens privilèges et nos droits sur Madagascar. Aussi, et bien qu'il fût devenu évident, par le mauvais résultat des essais de colonisation agricole qui avaient été faits, que le sol de l'île Sainte-Marie était tout à fait impropre à la culture, la France y conserva son établissement, se bornant à en réduire les dépenses et le personnel au strict nécessaire.

Le climat de Sainte-Marie est généralement humide ; on peut compter par an cent vingt jours troublés par des grains d'une pluie souvent très forte et parfois diluviale ; au bord de la mer, le sol est marécageux, et c'est de ces lagunes, alternativement couvertes et abandonnées par les eaux de la mer, que s'élèvent les émanations pestilentielles, origine pour cette île de la terrible maladie que nous désignons sous le nom de fièvre malgache. Les nuits surtout sont funestes à cause de la stagnation des vapeurs marécageuses à la surface de la terre. « Dans l'intérieur, le terrain est très inégal, coupé de vallons abrupts, de collines à arêtes tranchantes, à faces presque droites, où sont tracés d'étroits sentiers à peine praticables pour un mulet.

» D'épaisses herbes, un fouillis presque inextricable de *ravinalos*, de lianes, de fougères, tapissent les croupes des coteaux ; le fond des vallons est marécageux ; le riz y croît en abondance. Ce n'est pas une terre à proprement parler féconde, mais les scènes de la nature et l'aspect de la population y frappent l'Européen par leur caractère étrange et nouveau.

» Le ravinalo, arbre du voyageur, déploie de tous côtés ses feuilles en éventail, tantôt isolé, tantôt par buissons et par masses. Les bois sont silencieux ; on n'y entend guère résonner que les deux notes du *tolou*, oiseau qui, pour la taille, la voix et le plumage, ressemble fort au coucou. Çà et là, on rencontre un tanghin

Sainte-Marie.

dont le jus venimeux joue un rôle si important dans la justice sommaire de Madagascar. Les indigènes ne passent jamais sous son ombre sans ressentir un respect mystérieux. Il y a aussi un palmier à crins, au tronc élégant et aussi élancé que celui du palmiste, un arbre à résine, et enfin la liane à caoutchouc, d'où jaillit à l'incision un suc laiteux, blanc et abondant.

» On ne s'habitue pas tout de suite aux têtes des femmes indigènes : leur chevelure laineuse, dont elles ont le plus grand soin, ébouriffée par paquets et leurs grands yeux fixes, dont le blanc ressort vivement sur leurs faces noires et luisantes, donnent à leur aspect quelque chose de diabolique ; le soir surtout, quand on les rencontre redressant leurs hautes tailles et glissant silencieusement à travers les grandes herbes, on en reçoit une impression singulière.

» Hommes et femmes ont beaucoup de douceur, leur simplicité charme, leur gaieté enchante ; ils obéissent avec une docilité admirable. Malheureusement, sous l'influence des liqueurs fortes, tout cela change ; il faut les avoir vus en présence de l'arack pour comprendre l'affreuse action que *l'eau de feu* a sur les peuples sauvages. Dès que ces pauvres créatures ont avalé quelques gouttes de la boisson ardente, elles sont embrasées du plus violent désir d'en boire encore ; on dirait qu'elles veulent s'y plonger ; nulle éducation ne leur ayant appris à refréner leurs ardeurs, elles s'y livrent sans réserve, avec une impétuosité, avec une violence qui surprennent ; rien ne les arrête, rien ne leur coûte pour les satisfaire. Ce n'est presque pas abuser de la comparaison que de dire qu'un tigre alléché par le sang chaud n'est pas entraîné par un instinct plus féroce, plus irrésistible que celui qui anime ces gens dès qu'ils ont goûté à l'arack. Les suites les plus graves de l'ivresse, loin de les effrayer, de les arrêter, les animent, les excitent ; ils sont à la fois heureux et fiers de se les procurer.

» C'est ainsi qu'un jour, dans une réunion de fête, un jeune homme, ayant bu sous nos yeux, coup sur coup, quelques verres d'arack, tomba comme frappé par la foudre et roula dans la poussière.

On le ramassa. Au premier état d'insensibilité succéda une crise nerveuse qui ressemblait à une attaque d'épilepsie et était épouvantable à voir. Le père le prit dans ses bras, calmant ses membres crispés, et tous disaient : « Est-il heureux ! » et les femmes qui l'enviaient de crier, de supplier : « Donnez, donnez de l'arack ! » Dès que la brûlante liqueur coule, elles ne se connaissent plus ; elles dédaignent l'or et les bijoux, elles ne tiennent plus compte d'aucune espèce de sentiments ; elles jetteraient leurs enfants pour s'en procurer.

» C'est dans une fête du pays, dans un *ralouba*, où quelque particulier fait largesse d'arack, qu'il faut les voir ! A l'annonce du *ralouba*, elles accourent en foule ; elles se forment en rond, accroupies sur le sable, et commencent à frapper des mains et à chanter sur un ton bas et monotone. D'abord leur attitude est modeste, leur chant mesuré, leurs battements de mains sont doux ; elles se balancent mollement sur les hanches. L'arack circule, elles s'échauffent, la mesure s'accélère, le ton s'élève ; quelques-unes se détachent et exécutent une danse du pays qui consiste principalement en poses, en mouvements expressifs du corps. On verse de nouveau l'arack ; le groupe sombre semble agité de secousses électriques ; les mains frappent plus fort, à coups plus précipités, les voix éclatent par intervalles ; toutes ces têtes, hérissées de tire-bouchons laineux, se secouent vivement ; le blanc de leurs yeux étincelle comme des flocons de neige sur une masse de cyprès. L'arack coule encore ; tout le cercle s'émeut et crépite comme un vaste bol de punch.... Versez toujours ! Chants et battements de mains montent par explosions ; puis soudain toutes ces femmes bondissent d'un élan spontané, tourbillonnent en chantant, se précipitent en colonnes serrées, coude à coude, front à front, vont, reviennent, comme le flux et le reflux des vagues. L'odeur de l'arack s'exhale de toutes les poitrines, mêlée à la forte senteur du Malgache. L'air s'emplit d'exhalaisons enivrantes ; les cris, les battements de mains, les trépignements redoublent, l'ivresse et la joie sont au comble, les chants deviennent frénétiques. Malheur à l'homme assez malavisé pour se mêler à ce groupe en fureur ! Vrai frelon au milieu d'une ruche d'abeilles, il s'exposerait au sort d'Orphée tombé aux mains des Bacchantes !... Aucune limite naturelle ou d'usage ne marque la fin de la fête : tant que l'arack dure, le soleil se lève et se couche sur ces éclats de joie furibonde. Parfois quelque danseuse tombe d'épuisement ; elle se retrempe dans une léthargie passagère : au moment où ses yeux se rouvrent, un verre d'arack la remet sur ses pieds et lui rend la voix.

» Enfin, quand la barrique d'arack est desséchée, les chants s'éteignent, les membres s'affaissent, un sommeil profond couvre le champ de fête, devenu silencieux et morne et tout jonché de corps immobiles (1). »

(1) M. Th. Page.

IV

Cependant, tandis que Ranavalo s'efforçait d'écarter systématiquement toute influence européenne de ses Etats ; pendant qu'elle expulsait les missionnaires anglais et se refusait à signer aucun traité de commerce avec la France, elle se trouvait amenée, par les circonstances et par l'ardent désir que semblait lui avoir légué Radama de doter ses peuples des bienfaits de notre civilisation, tout en nous tenant nous-mêmes à l'écart, à accueillir un de nos compatriotes et à lui donner en quelque sorte droit de cité dans sa capitale. Cet épisode de la vie de Ranavalo et de l'histoire de Madagascar offre tout l'imprévu et tout l'attrait d'un roman.

En voici, d'après M. Grandidier, dont les renseignements ont été puisés à la source la plus sûre, les principaux traits : « M. Jean Laborde, né à Auch, vers 1810, partit tout jeune encore pour un voyage au long cours. Au retour de l'Inde, le navire, surpris par un ouragan furieux, se trouve jeté sur la côte de Madagascar, près d'Ampasimélake, par 22° 18' de latitude sud. Accueilli avec bienveillance par le commandant hova du fort d'Ambohinero, sur les bords du Matitanane, le jeune Français montra une énergie, une intelligence, un esprit d'invention, une gaieté inépuisable qui émerveillèrent les indigènes.

» La reine, promptement instruite, selon la coutume, du naufrage du navire, apprit en même temps la présence du jeune et remarquable étranger. Sur les merveilles qu'on lui en racontait elle voulut le voir et le fit inviter à se rendre à Tananarive.

» Avoir vingt et un ans et se trouver appelé par une reine, l'aventure était charmante ; M. Laborde ne se fit pas prier deux fois pour aller à Tananarive. Reçu avec enthousiasme, il gagna toutes les sympathies par une complète droiture de caractère, par un esprit conciliant et avisé, par une conduite digne, ferme et inspirant en toutes circonstances le respect.

» Les missionnaires anglais avaient donné aux Hovas quelques leçons sur l'art de forger le fer ; un Français, M. Legros, leur avait fourni quelques instructions sur l'art du charpentier ; mais ces enseignements étaient tout à fait rudimentaires ; M. Laborde les reprit en sous-œuvre et les compléta. Il fit plus : il apprit aux Malgaches à tailler la pierre ; il fit construire les premiers édifices en granit qu'ait possédés la Grande-Terre, des tombeaux dont l'architecture serait remarquable en Europe, d'immenses bâtiments pour des usines ayant une longueur de quatre-vingts mètres sur vingt-cinq mètres de largeur, de hauts-fourneaux, etc.

» Un peu à l'est de Tananarive, dans le désert, il créa une ville, Soatsimananpiovana, qui eut dix mille ouvriers chaque jour au travail et que seul il dirigeait. S'occupant à la fois de tous les arts industriels de la vieille Europe, il recherchait avec un soin extrême les produits naturels du pays qui pouvaient être utilisés. Il produisait de la fonte et de l'acier ; il fabriquait des canons, des mortiers, des bombes, des grenades, de la poudre, des fusées à la congrève, des pièces d'artifice, des sabres, des épées, des fusils. La fabrication du verre, des briques, des tuiles, de la faïence, des poteries, du savon, de la chaux, du charbon de bois par la méthode européenne, du charbon animal pour la rafinerie, de l'alun, du sulfate de fer, de l'acide sulfurique, de l'acide nitrique, de la potasse, de l'indigo par les procédés en usage dans l'Inde, du bleu de Prusse, s'exécutait sous son habile et puissante direction. On élevait des vers à soie de Chine, on blanchissait la cire, on rafinait le sucre dans la ville industrielle de Madagascar où M. Laborde avait introduit les paratonnerres après en avoir fait comprendre l'utilité à la reine.

» L'esprit demeure confondu en présence de pareils résultats obtenus à l'aide de sauvages naturellement indolents et paresseux, mais convertis, par l'exemple et par une volonté inébranlable, en ouvriers actifs et habiles.

» Certes, si la France du XVIIe ou du XVIIIe siècle avait eu à la tête de quelqu'un de ses essais de colonisation à Madagascar un chef comme M. Laborde, il est permis de croire que le succès aurait été grand. Et cependant notre compatriote ne s'est pas signalé seulement par ses travaux industriels ; choisi comme parrain de l'héritier de Ranavalo, lors de la cérémonie de la circoncision, il fit l'éducation morale du jeune prince, et les qualités que l'on remarqua plus tard chez Radama II venaient en partie des leçons et des excellents conseils de M. Laborde.

» Malheureusement, la faveur de cet homme d'intelligence et de bien portait ombrage à un des favoris de la reine qui, après avoir creusé sous les pas de l'éminent civilisateur français un travail souterrain pour le moins aussi compliqué que celui de la taupe, parvint enfin à le faire tomber dans le piège. Profitant d'un moment où Ranavalo, circonvenue par lui et ses amis, était sous le coup d'un de ces accès de défiance et de fureur qui ont fait tant de victimes sous son règne, il lui fit signer un décret d'exil (1856). Après avoir héroïquement et laborieusement travaillé pour son pays d'adoption pendant vingt-six ans, M. Laborde dut ainsi abandonner subitement la tâche qu'il s'était imposée. Lorsqu'après quatre ans d'exil, il put revenir à Madagascar, tout était anéanti : il ne restait que le souvenir de l'œuvre gigantesque à laquelle son nom restera néanmoins à jamais attaché dans les traditions malgaches. Aujourd'hui, lorsque le voyageur qui traverse Soatsimananpiovana contemple des ruines, sous l'impression du plus triste sentiment, il se dit que la vie et le mouvement social s'arrêtent dès que l'intelligence a disparu. »

.... Mais l'épisode de M. Laborde à Madagascar nous a entraînés à une époque de beaucoup postérieure à celle où s'est arrêté notre récit; remontons donc de plus de vingt années en arrière, et voyons quelle est, sous le règne de Louis-Philippe, l'attitude respective de la France et de Madagascar.

L'amiral de Rigny, appelé au ministère de la marine, envoya, en 1833, dans la baie de Diego-Suarez, une corvette et des commissaires chargés d'examiner le littoral et de préparer un plan d'expédition et de débarquement. Cette mission n'eut d'autre résultat pratique que de procurer à l'Europe un plan exact de cette admirable baie, levé par M. L. Bigeauts, lieutenant de vaisseau; mais en présentant aux regards de nos marins un magnifique pays et une merveilleuse végétation, elle donna lieu à des descriptions et à des articles de journaux qui réveillèrent l'enthousiasme général que tout ce qui touche à la Grande-Terre a toujours eu le don de provoquer en France.

Quelques années s'écoulèrent ensuite, pendant lesquelles la métropole, non seulement ne tenta rien de nouveau sur Madagascar, mais où, dans les vues d'économie qui présidait alors à notre politique gouvernementale, fut même réduite la subvention attribuée à notre établissement de l'île Sainte-Marie.

Le gouvernement colonial de la Réunion semblait avoir abandonné lui-même tout espoir de reprendre, à propos de la Grande-Terre, les traditions constantes de la France, lorsqu'une proposition inattendue, et qui eût pu avoir les suites les plus avantageuses, lui fut faite par les Sakalaves de l'ouest, qui, fatigués du joug despotique et cruel que la main de fer de Ranavalo appesantissait chaque jour plus lourdement sur eux, demandèrent au contre-amiral de Hell, gouverneur de la Réunion, la protection de la France, en échange de laquelle ils offraient la cession de leur territoire. M. de Hell accepta, mais en réservant, bien entendu, d'en référer à la France. Ceci se passait en 1839-1840. Les chefs sakalaves abandonnaient à la France, par des conventions formelles, les provinces et les îles qui leur appartenaient, notamment *Nossi-Bé* (1) et *Mayotte*. Le roi Louis-Philippe, ratifiant les actes de M. de Hell, déclara possessions françaises Nossi-Bé et Mayotte, et, par un sentiment d'humanité et de bonne politique, il y offrit un asile aux chefs sakalaves qui repoussaient le joug de Ranavalo.

« *Nossi-Bé* est pour nous, sur la côte occidentale de Madagascar, ce que Sainte-Marie est sur la côte orientale. Voulons-nous tenter une expédition contre la Grande-Terre, attaquer corps à corps la puissance des Hovas ou seulement la tenir en échec? Il y a là une rade excellente ; on ne peut choisir un lieu de rendez-vous plus commode ; c'est un camp retranché naturel.... » Et c'est à ce point de vue, c'est-à-dire comme port militaire, qu'il importe de garder cette île, malgré les fièvres qui chaque année y déciment nos soldats.

Du reste, le sol, composé de détritus volcaniques, est fécond ; les vallées sont verdoyantes, et les montagnes, toutes couvertes de forêts, renferment des bois de construction faciles à exploiter et en quantités presque inépuisables. Il n'est malheureusement pas possible d'y établir un arsenal de guerre, les côtes n'étant pas favorables à la défense et n'ayant point de port.

Sous ce dernier rapport, *Mayotte* est mieux partagée. « Une ceinture de récifs à fleur d'eau l'enveloppe de toutes parts : on dirait une muraille de coraux élevée du fond de l'Océan, à travers la succession des âges, par les polypes, ces habiles maçons de la mer. Cette muraille, heureusement, n'est pas continue ; elle est coupée d'ouvertures profondes, de passes qui, comme autant de portes, permettent aux plus grands vaisseaux d'entrer dans la mer intérieure, vaste rade qu'abrite le récif, et où l'on trouve mouillage partout.

(1) *Nos, nosé, nossi*, en langue malgache, signifient *île*.

» Les découpures de la côte et les flots compris dans l'enceinte forment des anses, des rades et même une crique où l'on pourrait fonder un port de carénage. »

Comme centre commercial, Mayotte pourrait acquérir une certaine importance et créer à la France un marché avantageux, si le commerce « ne s'y trouvait déjà tout entier aux mains des Arabes, dont le souverain de Mascate, sultan de Zanzibar et du littoral jusqu'au détroit de Bab-el-Mandeb, est le chef titulaire. Il est en partie aussi aux mains des Portugais, possesseurs de Sofala, Mozambique et autres lieux, qui repoussent notre pavillon de leurs ports; il est encore aux mains des Anglais, maîtres du cap de Bonne-Espérance jusqu'à la frontière portugaise, et qui, par esprit national, par rivalité intéressée, se ligueraient pour nous entraver ; il est enfin aux mains des Américains, devenus nos maîtres dans l'art des spéculations et dans les secrets du négoce. »

Que nous reste-t-il donc comme système rémunérateur de colonisation à appliquer à Mayotte, « île qui n'a que 30,000 hectares de superficie, c'est-à-dire tout au plus l'espace que couvrent à elles seules les forêts de Sainte-Marie, et dont la surface est hérissée de pics et de montagnes ? Les volcans l'ont sillonnée, en tous sens, par de vastes plaines, par de grands plateaux où l'on ne pourrait fonder des exploitations agricoles importantes, à l'exception d'une langue de terre de quelques kilomètres qui forme la presqu'île de *Choa* en face de *Zaondzi*. Point de grands cours d'eau; çà et là seulement, dans quelques vallons qu'ils fertilisent, de petits ruisseaux qui se perdent bientôt dans les sables du rivage.

» Les hauteurs sont couvertes d'épaisses herbes et d'arbustes rabougris ; une seule forêt nourrit de grands arbres, au pied du pic d'*Ouchangui*, dans le sud de l'île. La terre ici n'est point exubérante; on y chercherait en vain ce sol riche et puissant de Madagascar, dont le moindre labeur fait sortir en abondance et la nourriture de ses travailleurs et des produits nombreux pour l'exportation.

» La population, clairsemée, livrée à tous les vices qu'engendre la paresse, vit de bananes et de cocos.

» Comme à Madagascar, comme à Bourbon, c'est de l'Inde qu'il faut tirer les travailleurs pour la culture. Des fièvres de même nature que celles de Madagascar y règnent une partie de l'année.... Ni par sa position, ni par la pauvreté de son sol, Mayotte ne justifie, il faut bien l'avouer, les merveilles que notre imagination y avait rêvées. Cependant, si l'on veut bien se tenir dans la réalité, cette île, au milieu des Comores, nous assure, dans le canal de Mozambique, une influence que nous devons nous garder de dédaigner (1). »

Tels étaient les deux nouveaux établissements qui, dans la pensée du gouvernement français, devaient servir en même temps de point de départ et d'appui à une expédition sérieuse à Madagascar. Mais une fois encore de graves préoccupations politiques surgirent en France, et on dut remettre à un moment plus opportun l'exécution de ces projets.

Cependant les Hovas, « entièrement dépourvus de marine, ne pouvaient rien contre les petites îles où s'étaient réfugiés, à l'abri de notre pavillon, les Sakalaves vaincus ; mais, libres désormais de toute crainte sur leur pouvoir à l'intérieur, ils ne devaient pas tarder à étendre leur tyrannie sur toutes les tribus malgaches. »

Malgré sa haine farouche contre les Européens et sa politique d'isolement à leur égard, Ranavalo, influencée par son désir de pourvoir ses sujets, et surtout de se pourvoir elle-même, des objets manufacturés, dont l'usage commençait à se transformer en habitude et en besoin pour les Malgaches, avait jusque-là hautement autorisé le fonctionnement de quelques comptoirs européens dans ses Etats, et un certain nombre de négociants étaient ainsi parvenus à s'établir et à se maintenir sur la côte orientale.

Evitant avec soin de prendre part à aucune espèce de mouvement politique, « ils se croyaient à l'abri des défiances et des

(1) M. Th. Page, *Une station dans l'Océan Indien.*

soupçons incessants du gouvernement hova, lorsqu'en 1845, ceux d'entre eux qui habitaient Tamatave furent brusquement sommés, par ordre de la reine, ou d'adopter immédiatement la nationalité malgache, en renonçant légalement à la leur, ou de quitter l'île dans le délai maximum de quinze jours.

» L'ordre était péremptoire; ni les réclamations, ni les demandes de prolongation ne furent écoutées.

» Les navires français le *Berceau* et la *Zélie*, sous le commandement de M. Romain Desfossés, et la corvette anglaise le *Conway* étaient en rade. Leur présence n'imposa nullement aux Hovas, qui, n'attendant même pas le temps fixé par la reine, forcèrent les Européens à s'embarquer, bon gré, mal gré, et sans délai, et, aussitôt après, mirent leurs propriétés au pillage. »

C'était plus qu'il n'en fallait pour faire bondir dans le cœur de nos marins la vieille et noble fibre de notre orgueil national : sans délibérer, sans demander et attendre des ordres qu'ils ne pouvaient recevoir en temps opportun pour frapper un de ces coups tels que notre marine sait les porter aux audacieux qui manquent d'égards pour son pavillon, les commandants français, auxquels se joignirent les anglais, canonnèrent la ville et y mirent le feu. Trois cents marins furent ensuite débarqués; ils repoussèrent l'ennemi en lui tuant plusieurs centaines d'hommes, et n'eurent que quelques tués et blessés. « Mais ici comme à Foulpointe, trop peu nombreux pour poursuivre l'ennemi et le détruire, et même pour occuper longtemps le rivage, il fallut se retirer à bord des vaisseaux. Le lendemain, Anglais et Français pouvaient contempler, du haut des bastingages, les têtes des Européens, morts ou blessés la veille, que les Hovas avaient plantées sur le rivage !... »

L'Europe accueillit avec un cri d'indignation furieuse la nouvelle de cet attentat. En France, M. Guizot, de concert avec l'amiral de Mackau, ministre de la marine, résolut d'en finir avec les demi-mesures et d'envoyer à Madagascar une expédition sérieuse sous les ordres du général Duvivier, que des aptitudes spéciales et le plus brillant courage désignaient au choix du gouvernement. Des ordres furent donnés en conséquence ; les premières mesures furent prises ; tout semblait devoir marcher à souhait. L'enthousiasme était si grand, que de toutes parts, aussi bien dans l'armée de terre que dans l'armée de mer, était brigué l'honneur d'être attaché à l'expédition.

Mais, avant de mettre la dernière main à l'œuvre, il manquait une adhésion indispensable, celle des Chambres ! Or, le parlement, en veine en ce moment d'économie, refusa les fonds qui lui étaient demandés.

L'expédition fut remise « à un temps plus opportun, » c'est-à-dire abandonnée, et l'omnipotence de Ranavalo et des Hovas grandit de toute la hauteur de laquelle tombaient notre légitime désir de vengeance et nos brillantes espérances de colonisation.

Lorsque ce résultat, si tristement négatif, fut connu à la Réunion, le conseil colonial de l'île « envoya au roi une adresse fort énergique, suivie d'une seconde où les représentants de notre dernière possession dans ces mers lointaines, plus compétents que personne pour apprécier et juger la question, exposaient et démontraient non seulement la haute importance, mais l'urgence de la colonisation de Madagascar. Ces documents étaient plus que de simples adresses, c'étaient d'excellents mémoires, capables, à tous les points de vue, de faire entrer la conviction dans les esprits les moins bien disposés. »

Un revirement d'opinion semblait donc devoir se produire inévitablement dans les régions gouvernementales, d'autant plus que les sympathies personnelles de Louis-Philippe avaient été acquises à l'expédition qu'il avait fallu abandonner et restaient attachées à tout ce qui concernait l'avenir de la colonisation de Madagascar.

Mais, pour la troisième fois, les événements politiques de la métropole devaient, sinon arrêter, du moins suspendre indéfiniment la solution de la question malgache : la révolution de février éclata avant que rien de définitif eût été fait à cet égard.

L'opiniâtreté de Ranavalo, touchant l'exclusion des étrangers, s'accentuait au lieu de diminuer, et son despotisme pesait chaque jour plus lourdement sur les malheureuses populations soumises à son autorité. Les Hovas triomphants affectaient un mépris croissant, non seulement pour l'Europe et les Européens, mais pour toutes les autres peuplades de leur île.

Les événements qui se succédaient en Europe; les guerres qui fixaient forcément les regards et l'attention sur d'autres points du globe, ne permettaient pas au gouvernement français de s'occuper de Madagascar, et l'administration coloniale de la Réunion semblait elle-même oublier ses récentes préoccupations à ce sujet.

Seuls des individus isolés — Français et Anglais, — poussés par le génie du commerce ou le besoin d'aventures, s'efforçaient, toujours sans succès, de prendre pied sur cette terre, d'autant plus désirée qu'elle était soigneusement fermée et gardée.

Vers 1856, cependant, « vaincue par l'opiniâtreté britannique, Ranavalo permit à un certain nombre d'Anglais de s'établir à Tamatave. « Ainsi se trouvèrent renoués les rapports commerciaux de l'Europe avec la Grande-Terre, mais cette fois tout à fait à notre détriment.

» D'autant plus heureux de ce mince succès qu'il l'avait longtemps désiré en vain, le gouverneur de l'île Maurice lança alors une proclamation dans laquelle il se déclarait l'ami des Hovas et interdisait à ses nationaux de s'emparer d'aucun point de Madagascar, et cela non pas seulement par respect pour les droits de la souveraine de l'île, mais *parce que*, disait-il, *des tentatives de ce genre pourraient donner de l'ombrage au gouvernement d'une nation amie.* » Il y a dans ces paroles une allusion très claire à nos droits imprescriptibles sur Madagascar, dont il importe de prendre note.

Bien que nos intérêts nationaux pussent être considérés comme lésés au point de vue de l'influence morale par la suprématie commerciale ainsi conquise à notre détriment sur la Grande-Terre, nous ne pouvions cependant qu'applaudir à ce triomphe de l'influence européenne qui, en prenant un plus grand développement, ne pouvait manquer, semblait-il, de modifier le caractère despotiquement cruel du gouvernement, et, par suite, contribuer à relever le niveau intellectuel et moral des peuples malgaches.

Il n'en devait pas être ainsi, du moins en ce qui concernait la reine Ranavalo, dont les caprices et la cruauté augmentaient avec l'âge ; mais par bonheur, à côté de ce trône dont la base avait été si souvent cimentée par le sang, vivait un prince, héritier présomptif de la couronne, dont les principes de sagesse et d'humanité faisaient espérer une rénovation complète quand il serait au pouvoir. C'était le prince Rakotô, dont nous avons eu occasion de parler en racontant l'histoire de M. Laborde.

En attendant, deux Européens, de nationalités différentes, M. Ellis, missionnaire anglais, et M. Lambert, d'origine française, mais qui, marié à une créole de Maurice où il était établi, avait pu, grâce à ce dernier fait, pénétrer à Madagascar en qualité de sujet de l'empire britannique ; deux Européens, disons-nous, jouissaient à Tamatave d'un grand crédit et y exerçaient une influence contradictoire.

« Le révérend William Ellis, » qui avait déjà, quelques années auparavant, habité la Grande-Terre, croyait représenter dignement l'Angleterre, lorsque l'occasion se présentait — et il savait la faire naître souvent, — en décriant les mœurs, le caractère, la religion et surtout les prétentions des Français à l'endroit de Madagascar.

Il ne se faisait pas faute davantage de nuire au prince Rakotô dans l'esprit de la reine, et par ses incessantes intrigues il prouvait malheureusement « que les missionnaires anglais, quand il s'agit d'arriver à leurs fins, s'entendent parfaitement à fausser la vérité et à se servir de toute espèce d'artifices.... Ainsi, continue Mme Ida Pfeiffer, qui eut l'occasion de se trouver à Tananarive à cette époque, au lieu d'arriver à Tananarive avec la branche d'olivier, M. Ellis y avait apporté, sinon le glaive, du moins un brandon de discorde, oubliant que si la mission du prédicateur de l'Evangile est la plus belle qu'un homme puisse remplir, c'est à la condition de laisser de côté les intérêts mondains pour ne s'occuper que de l'amélioration des hommes, pour leur enseigner la douceur, la bonté, la tolérance. »

M. Lambert était d'un caractère tout différent et poursuivait un but mille fois plus noble et plus désintéressé. Frère de sang de Rakotô, il était sincèrement dévoué aux intérêts de ce prince, dans lesquels il voyait en même temps et ceux du peuple malgache, et ceux de la France. Rakotô, payant son dévouement d'un juste retour, lui avait donné, dans son affection et dans sa confiance, la place que M. Laborde y avait si justement occupée.

Né à Redon (Ile-et-Villaine) en 1824, M. Lambert, après avoir passé sa première jeunesse à Nantes, avait été conduit, par des affaires de commerce, à la Réunion d'abord et ensuite à Maurice où il s'était marié. Il s'y fixa d'abord, et grâce à son activité et à sa rare aptitude aux affaires, il y créa une maison de commerce de premier ordre, et c'est sur son propre navire, le *Mascareigne*, qu'il vint pour la première fois à Madagascar.

Il y fut bien accueilli par le prince Rakotô à cause de son titre de Français et aux liens d'amitié qui existaient déjà entre M. Laborde et lui. Ces mêmes motifs lui eussent sans doute valu la défiance et peut-être les persécutions de la reine, si une circonstance favorable ne lui avait offert le moyen de conquérir d'un seul coup la confiance et les bonnes grâces de l'irascible souveraine : « Une garnison de Hovas était assiégée à Fort-Dauphin par des tribus révoltées. Les vivres manquaient ; le péril était pressant ; la reine se trouvait dans l'impossibilité absolue de faire parvenir ni vivres, ni secours à ses troupes. M. Lambert offrit son navire pour porter aux assiégés le ravitaillement dont ils avaient un extrême besoin. Son offre fut acceptée, et il amena ainsi le succès de l'œuvre de Ranavalo. Celle-ci, touchée de ce service signalé, fit donner à M. Lambert l'autorisation de monter à la capitale, autorisation dont, nous l'avons dit, son système politique la rendait excessivement avare.

» M. Lambert accepta avec d'autant plus d'empressement, qu'il désirait connaître l'opinion de la reine sur un établissement qu'il avait fondé depuis environ un an à la baie de Bavatoubé, port magnifique dans la partie nord-ouest de Madagascar, que des chefs sakalaves, ainsi que nous l'avons mentionné plus haut, avaient cédée à la France à l'époque de l'occupation de Nossi-Bé et de Mayotte. Il y faisait exploiter une mine de houille par M. d'Arvoy, ancien consul de France à Maurice, et y avait même fait construire un fort, défendu par des canons. »

Une réception presque royale attendait M. Lambert à Tananarive. Aussitôt qu'il fut arrivé, la reine, dans son costume d'apparat et couronne en tête, lui accorda une audience solennelle. Après l'avoir reçu seul et s'être entretenue quelques moments avec lui, elle le conduisit au *palais d'argent* où se trouvait réuni le grand conseil, composé des princes et des principaux officiers de la nation.

« Ceux-ci, par ordre de leur souveraine, demandèrent à M. Lambert ce qu'il désirait en récompense du service qu'il avait rendu; et lui, toujours fortement préoccupé des intérêts de son pays, exprima le vœu que le gouvernement hova donnât cours légal à la monnaie française, ce qui fut accordé. C'était un avantage immense pour notre commerce. »

La visite de M. Lambert à la reine, c'est-à-dire son séjour à Tananarive, dura six semaines, pendant lesquelles il fut reçu souvent à la cour et plus souvent encore par le prince Rakotô, heureux de trouver en lui comme un écho de M. Laborde, et de pouvoir parler de la France et des missionnaires catholiques qu'on lui avait appris à apprécier et à aimer.

Il va sans dire que notre compatriote n'était point arrivé à Tananarive les mains vides. Il avait apporté de riches présents à la reine et aux principaux personnages; le prince héritier n'avait pas été oublié, et parmi les objets d'art qu'il savait devoir lui plaire, il avait placé les portraits de l'empereur et de l'impératrice des Français. Ces portraits devinrent bientôt l'objet de la curiosité générale : on venait en foule les admirer dans le palais du prince, qui, ne se lassant pas lui-même de les contempler, se plaisait à répéter : « Voilà donc le grand souverain qui doit m'aider à régénérer mon peuple !... »

Ces sentiments, qui avaient été inculqués presque dès le berceau au prince et avaient grandi avec lui, avaient résisté à toutes les influences qui l'entouraient. Plus la reine faisait d'efforts pour les détruire en lui, plus son absolutisme repoussait et cherchait à annihiler les progrès de civilisation ébauchés par Radama, plus, sous cette impulsion, les peuples malgaches rétrogradaient vers la barbarie, plus son esprit généreux se rattachait avec force à l'espoir de chercher et de trouver, dans l'alliance française et le dévouement de nos missionnaires, un remède aux maux qu'il se désolait de voir s'accumuler autour de lui.

Pendant ce temps, la vieille reine — elle était née en 1780, — dominée plus que jamais par son favori privilégié, un ministre infâme que secondait un complaisant collègue, se rendait de plus en plus exécrable. « Les ordres les plus barbares, les mesures les plus cruelles, les plus capricieuses se succédaient sans interruption ; c'étaient perpétuellement les Obis et la divination qui ordonnaient le tanghin, la réduction en esclavage, les condamnations à mort, sous les plus futiles prétextes et même sans motifs apparents. »

Le prince Rakotò, navré de la misère et des souffrances du peuple et craignant que l'odieuse tyrannie exercée par sa mère poussât les populations à quelque révolte qui rendrait impossible plus tard le relèvement qu'il rêvait pour elles, s'arrêta enfin à un parti décisif, que ses amis lui conseillaient depuis longtemps, mais dont le respect filial l'avait jusqu'alors détourné : il chargea M. Lambert de solliciter le secours et le protectorat de la France, ce qui lui permettrait d'exiger l'abdication de Ranavalo.

M. Lambert fit, dans ce but, le voyage de Paris, mais sa démarche resta sans résultats. Persuadé qu'il ne fallait compter que sur soi-même, M. Lambert revint à Madagascar, et, sous prétexte de remettre à la reine les présents qu'il lui rapportait de France, il demanda et obtint l'autorisation d'aller à Tananarive et d'y faire un nouveau séjour. Il lui fut même permis d'y amener avec lui Mme Ida Pfeiffer, qui venait d'arriver à Tamatave et qui, sous ses auspices, fut fort bien accueillie par Ranavalo.

Mais le but réel de M. Lambert n'était point de faire sa cour à la reine et de lui offrir des cadeaux ; ce qu'il voulait, c'était décider Rakotô à laisser agir ses amis et ses partisans, « afin de perdre l'homme qui était devenu le fléau de son pays et d'obtenir l'abdication de Ranavalo. »

Rakotô se laissa convaincre, et un complot, dans lequel entrèrent plusieurs Européens, s'organisa à Tamatave et à Tananarive même (1857). Le jour où le palais de la reine devait être envahi et sa déchéance proclamée fut fixé, et toutes les mesures étaient si bien prises que le succès semblait ne pouvoir être douteux.

L'intervention de M. Ellis, qui, averti à Maurice où il se trouvait alors, accourut à Madagascar prévenir la reine, fit tout manquer. La double haine qu'en sa qualité d'Anglais et de méthodiste il portait à la France et au catholicisme, domina en lui la juste aversion que devait inspirer à un Européen et à un chrétien les vices et les fureurs sanglantes de Ranavalo ; l'espoir de retarder le triomphe de l'influence française qui ne pouvait manquer de se produire avec l'avènement au trône de Rakotô, et peut-être même la pensée secrète de perdre sans retour ce prince, au risque d'éteindre avec lui tout germe de régénération pour les Malgaches, l'emporta dans la conscience et dans le cœur du révérend Ellis sur toute autre considération. Il prit résolument le parti de la barbarie contre celui de la civilisation ; il fit plus : aggravant sciemment les faits, interprétant astucieusement les intentions des conspirateurs, il ajouta la calomnie à la dénonciation ; de cruelles représailles eurent lieu, plusieurs personnages considérables furent exécutés ; un instant le prince Rakotô et ses amis européens se crurent sur le point d'avoir le même sort, mais, soit que Ranavalo se crût suffisamment vengée par le sang qui avait déjà coulé, soit qu'elle craignît de s'exposer à de terribles représailles de la part des gouvernements européens dont les nationaux auraient péri, elle se borna à renvoyer à Tamatave, après une assez longue détention à Tananarive, les étrangers compromis dans le complot, et à les faire expulser de l'île.

Quant à Rakotô, la reine feignit d'ignorer la part qu'il avait pu prendre à la conspiration, et il ne fut pas inquiété. Il faut se garder toutefois d'attribuer cette apparente indulgence à la tendresse maternelle, sentiment entièrement inconnu à l'orgueilleuse et égoïste princesse. Si elle ménagea son fils, c'est que ce fils jouissait d'une si grande popularité que s'attaquer à lui eût sûrement provoqué un soulèvement formidable.

Cette politique fut aussi habile qu'avantageuse aux intérêts de la vieille reine : le silence se fit autour de son trône ; elle garda ses favoris et ne changea rien à son tyrannique despotisme.

Lorsqu'elle mourut — le 18 août 1861, — ce qui s'était passé à la mort de Radama se reproduisit : « Deux partis se trouvèrent en présence dans le palais : les amis des anciennes coutumes voulurent donner la couronne au neveu de Ranavalo ; les amis du progrès se prononcèrent pour le prince Rakotô. Ces derniers l'emportèrent. » Rakotô, qui, du reste, quelques années avant le complot dont nous venons de parler, avait été désigné par sa mère comme devant lui succéder, par un acte public et authentique, lequel acte n'avait jamais été révoqué, fut proclamé roi sous le nom de Radama II, que lui avait attribué Ranavalo elle-même.

Un des premiers actes du gouvernement de Radama II fut d'envoyer M. Lambert annoncer son avènement à l'empereur Napoléon III, en lui renouvelant l'expression de ses sentiments de sympathie et d'admiration pour la France.

L'empereur répondit à ce message par des assurances d'une sympathie non moins amicale que celle qui lui était exprimée de la part du prince malgache. Tout concourait donc à faire pressentir

« que les relations des Français avec les habitants de la grande île africaine seraient désormais vraiment cordiales, que les progrès du peuple hova, sous le rapport de l'instruction, du perfectionnement des arts, du développement de l'industrie, allaient recevoir une vive impulsion.

» M. Lambert, porteur de cadeaux pour le roi et pour la jeune reine de Madagascar, devait se trouver à Tananarive pour le couronnement de Radama II.

» Le capitaine Dupré, alors commandant de la division navale des côtes d'Afrique, devait représenter la France à cette cérémonie. Ce digne officier s'entoura de quelques hommes distingués et rendit sa mission profitable à la science (1) ; enfin le Père Jouen, de la Compagnie de Jésus, en traçant un portrait flatteur de Radama II et de la reine, annonçait déjà les progrès de la mission catholique.

Cinq ans avant l'avènement au trône de Radama II, c'est-à-dire en 1857, Mme Ida Pfeiffer, qui le voyait à Tananarive fréquemment et dans l'intimité chez MM. Lambert et Laborde, avec qui elle demeurait, traçait ainsi le portrait de ce prince :

« Le prince Rakotò, ou, pour l'appeler de son nom entier, Rakodond-Radama, est un jeune homme de vingt-sept ans. Je ne lui trouvai, contre mon attente, rien de désagréable. Sa taille est courte et ramassée, sa figure et son teint ne répondent à aucune des quatre races qui habitent à Madagascar. Il a tout à fait le type des Grecs de Moldavie. Ses cheveux noirs sont crépus mais non cotonneux, ses yeux foncés sont pleins de feu et de résolution ; il a la bouche bien dessinée et les dents fort belles, ses traits expriment une bonté si candide, qu'on se sent de suite attiré vers lui. Il est tantôt vêtu du costume national et tantôt de vêtements européens, qu'il porte avec beaucoup d'aisance, et pour lesquels il semble, au rebours de ses concitoyens de toute condition, avoir une prédilection marquée.

(1) Le docteur Vinson, qui était du nombre, a rapporté de ce voyage une série d'observations pleines d'intérêt sur le pays, sur les végétaux, sur plusieurs espèces d'animaux.

» Ce prince est universellement aimé et estimé, et il mérite entièrement cette estime et cet amour. Autant la reine est cruelle et implacable, autant son fils est bon ; autant elle aime à verser le sang, autant il a les supplices en horreur. Aussi tous ses efforts tendent-ils à empêcher le plus possible les exécutions sanglantes et à adoucir les châtiments rigoureux que sa mère inflige à tout propos à ses sujets.

» A toute heure il est prêt à écouter les malheureux qui accourent à lui pour invoquer sa protection ; il a défendu à ses esclaves de la façon la plus formelle de renvoyer qui que ce soit sous prétexte qu'il dormait ou prenait ses repas. Le peuple le sait, et on vient souvent, au milieu de la nuit, le réveiller et implorer son secours en faveur de parents, d'amis qui doivent être exécutés le lendemain de grand matin.

» Si le prince ne peut obtenir de sa mère la grâce des condamnés — ce qui arrive souvent, — il prend comme par hasard le chemin que doit suivre le sinistre cortège, et au moment où les malheureux, garrottés au moyen de courroies, passent près de lui, il coupe leurs liens et les engage soit à fuir, soit à rentrer paisiblement chez eux, selon les circonstances. Il arrive quelquefois que la reine les fait reprendre, mais le plus fréquemment elle feint d'ignorer ce qui s'est passé, et ils sont ainsi sauvés.

» Ranavalo, du reste, ne fait jamais à ce sujet d'observations à son fils ; seulement elle cherche à garder le plus secrètes possible les condamnations et à en hâter l'exécution, de manière à rendre toute intervention impossible. Le jugement et le supplice se succèdent si rapidement, que c'est à peine si la famille du condamné a le temps d'être prévenue.

» Il est étrange qu'avec la complète différence de caractère qui existe entre la mère et le fils, ils aient cependant l'un pour l'autre une réelle affection. Le prince porte le plus tendre respect à sa mère ; il fait tous ses efforts pour excuser ses cruautés, et rien ne l'afflige davantage que la pensée que la reine peut ne pas être aimée.

» Le noble caractère de Rakotô est d'autant plus digne d'admiration et d'éloges que, dès sa plus tendre enfance, il a toujours eu devant les yeux l'exemple de sa mère et qu'on n'a jamais pris aucune espèce de soin de son éducation. A part, en effet, quelques mots d'anglais, on n'a cherché à lui rien enseigner. Ce qu'il est et ce qu'il sait, c'est à lui seul qu'il en est redevable. Que n'aurait-on pu faire d'une aussi parfaite nature si on avait pris la peine de travailler à son développement?

» Je pourrais multiplier les preuves de sa bonté, de sa générosité, de la noblesse de son âme, si ce que je vais rapporter ne suffisait à le juger.

» Il arrive souvent que la reine ordonne à des centaines de ses sujets d'exécuter, pour tel ou tel grand seigneur du pays, de très rudes travaux; comme, par exemple, d'abattre et d'équarrir du bois de construction, de le traîner à trente ou même quarante milles de là, de tailler des pierres, sans que ces malheureux corvéables aient le droit de réclamer la moindre indemnité. Quand le prince est informé d'un de ces faits, il va visiter l'endroit où a lieu le travail, et, entrant en conversation avec les ouvriers, il s'informe, comme accidentellement, si ceux-ci sont suffisamment bien nourris. — Il n'est jamais ici question de salaire. — Les ouvriers répondent invariablement que, non seulement on ne leur fait aucune distribution de vivres, mais que les provisions qu'ils avaient apportées sont ou vont être incessamment épuisées, et que la seule ressource qui leur reste est ou sera alors de chercher des racines et des herbes pour apaiser leur faim. Alors Rakotô, qui semble avoir pressenti cette vérité économique que nous formulons par cette espèce d'axiome : *Tant vaut l'homme, tant vaut la terre*, et qui sait que l'homme ne *vaut* qu'autant que, par une alimentation convenable, il renouvelle ses forces à mesure qu'il les dépense, intervient à la fois dans l'intérêt des travailleurs et dans celui du maître, mais sans toutefois que celui-ci estime lui en devoir aucune reconnaissance. Il donne l'ordre de tuer, selon le nombre des ouvriers, un ou plusieurs bœufs et d'apporter plusieurs quintaux de riz, le tout aux frais du seigneur pour qui s'exécutent les travaux. Et si celui-ci hasarde quelque observation : « Puisque vous ne songez pas aux besoins de vos ouvriers, répond le prince avec ce mélange de douceur et de fermeté qui lui est propre, il faut bien que moi, qui suis votre maître à tous, je me fasse l'intendant de vos dépenses ! »

» Pour nous résumer, on peut affirmer sans crainte qu'il ne se passe pas de jour qu'il ne sauve la vie à quelque malheureux ou qu'il ne répande quelque bienfait signalé sur de pauvres gens. Et comme il est rare qu'il ait beaucoup d'argent, toute sa richesse consistant en esclaves, en rizières et en bœufs que lui donne sa mère, il lui arrive de sacrifier son dernier écu et de distribuer toutes ses provisions de riz et de vivres. Il est, dans ces circonstances, aussi fier et heureux de sa pauvreté que le peut être le plus fervent religieux, et sa joie redouble quand celui en faveur de qui il s'est ainsi dépouillé ignore quelle est la main qui s'est ouverte pour lui. »

Tel était le prince qui venait de monter sur le trône de Ranavalo, et l'on peut se rendre compte de tout ce que ceux qui le connaissaient et l'appréciaient fondaient d'espérances sur son règne.

Mme Ida Pfeiffer, que nous avons souvent citée, et qui s'était trouvée, sinon mêlée de fait et d'intention, du moins singulièrement compromise dans la conspiration dont nous avons parlé, puisque, commensale, à Tananarive, de MM. Lambert et Laborde, qui en étaient les chefs au moment où elle éclata, elle partagea le sort de ces Messieurs et des autres Européens qui y furent mêlés, c'est-à-dire que, prisonnière à Tananarive et menacée de mort comme eux, elle fut en même temps qu'eux chassée de la ville royale, conduite à Tamatave et expulsée de l'île ; — Mme Pfeiffer ne devait pas avoir la satisfaction de partager l'allégresse de tous les amis de Rakotô, en assistant, par la pensée au moins, aux fêtes de son couronnement, les plus belles et les plus glorieuses fêtes qui aient jamais réjoui la terre malgache ! L'intrépide voyageuse avait puisé à Madagascar le germe de la maladie fatale qui devait la mener au tombeau quelques mois après son retour en Europe. La fièvre malgache, aggravée par toutes les anxiétés, toutes les incertitudes de sa captivité à Tananarive, avait déterminé un cancer au foie qui la fit cruellement souffrir. Elle mourut à Vienne, dans la maison de son frère, M. Reyer, et dans les bras de son fils aîné, le 28 octobre 1858. Elle était née dans la même ville, le 14 octobre 1797.

Le résumé suivant, fait par elle-même, de son voyage et de son séjour à Madagascar, mérite d'être cité : « Nous fûmes, dit-elle, assez heureux pour ne rester que trois jours à Tamatave. Le 16 septembre, un navire partit pour Maurice, et je me sentis le cœur singulièrement léger et heureux en mettant le pied sur ce navire, où nous avait escorté une escouade de soldats commandés par un officier de la reine.... Je ne me repentirai cependant jamais d'avoir entrepris ce voyage, surtout si je dois avoir le bonheur de recouvrer la santé.

» J'ai vu et appris à Madagascar plus de choses curieuses et extraordinaires qu'en aucun autre pays, et quoiqu'il y ait certainement peu de bien à dire de cette île, il faut songer qu'avec un gouvernement aussi déraisonnable et aussi barbare que celui de Ranavalo, avec l'absence complète de moralité et de religion, il ne saurait en être autrement.

» Si Madagascar obtient un jour un gouvernement régulier et moral, si l'île est visitée par des missionnaires qui, au lieu de se mêler d'intrigues comme le révérend Ellis, appliquent leurs facultés et leur zèle à inculquer au peuple le véritable esprit du christianisme, il s'y constituera, j'en ai la conviction, un royaume heureux et florissant. »

Ce royaume heureux et florissant entrevu par Mme Pfeiffer, Radama II avait toutes les qualités, et semblait devoir réunir tous les appuis nécessaires, pour en être l'heureux fondateur.

Nous ne reproduirons pas ici les récits circonstanciés des fêtes du couronnement de Radama II et de la jeune reine son épouse, qui parurent dans tous les journaux du temps et donnèrent lieu à plusieurs volumes fort intéressants : les usages européens se mêlèrent aux usages malgaches pour mieux célébrer *le joyeux avènement* d'un prince sur qui reposaient de si grandes espérances. Il y eut des discours, des banquets, des illuminations ; des largesses furent faites au peuple, qui lui prouvèrent qu'une ère toute autre que celle à laquelle avait présidé la froide et égoïste avarice de Ranavalo, venait de s'ouvrir. Toute l'île était littéralement en liesse.

A peine sur le trône, Radama II conclut des traités de commerce et d'amitié avec la France et l'Angleterre. Non seulement il accueillit les étrangers avec bienveillance, mais il prit toutes les mesures possibles pour les attirer ; il proclama la liberté des cultes, et demanda à la France des missionnaires ; il abolit la peine de mort et l'épreuve par le tanghin.

La santé du prince était excellente, son tempérament robuste ; sa passion de bien faire infatigable ; ses sujets l'entouraient d'une sorte de vénération ; l'Europe lui était reconnaissante et favorable ; tout faisait donc présager un règne long, paisible et vraiment régénérateur pour la race malgache, lorsque tout à coup, en mai 1863, se répandit une nouvelle aussi douloureuse qu'imprévue : Radama II venait de mourir assassiné !

Sa veuve lui succéda sous le nom de Rasoherina. Elle avait partagé les idées de son mari, et elle poursuivit le même but : c'en était assez pour lui susciter, dans le parti de ce que nous appellerons *les vieux Malgaches*, d'irréconciliables ennemis. En 1867, elle tombait à son tour, victime d'une mort mystérieuse, dans tout l'éclat et la force de la jeunesse, laissant la couronne à sa cousine, Ranavalo II.

La nouvelle reine sembla d'abord favorable à l'alliance française ; elle consentit à un traité dont nous ne reproduirons ici que le seul article dont la violation flagrante a amené, en 1883, une rupture ouverte entre la France et le gouvernement malgache.

Cet article, le quatrième du traité, porte textuellement : « *Les Français jouiront à Madagascar, du droit de s'établir là où ils le jugeront convenable, de prendre à bail, d'acquérir des meubles et des immeubles.* »

Sous la foi de ce traité, nos missionnaires purent étendre le cercle de leur apostolat, nos commerçants rétablirent et augmentèrent leurs comptoirs à Tamatave et sur divers points de la côte ; nos alliés les Sakalaves se crurent en droit d'espérer la fin de la malveillance et des hostilités des Hovas.

Ces derniers, de leur côté, mirent cette période à profit pour multiplier parmi eux les écoles et autres moyens d'instruction, que, grâce à l'impulsion donnée par leurs princes depuis Radama Ier, ils se montrent fort désireux d'acquérir.

Les missionnaires anglais surent, avec l'habileté qui leur est propre, mettre à profit cette passion de fonder des écoles, pour s'insinuer dans les bonnes grâces de la reine, et l'influence qu'ils prirent sur son esprit et que partagent avec eux les ministres protestants envoyés par divers Etats de l'Europe et d'Amérique, n'a point été étrangère à la crise violente qui, après dix ans de paix apparente, s'est produite en 1878, et a amené la guerre actuelle.

Cette influence, acquise au détriment, on ne saurait le nier, de celle qu'il appartenait aux missions catholiques et françaises d'exercer sur cette terre soumise à notre protectorat, s'est affirmée dans le couronnement de la reine Ranavalo-Menjaka qui a succédé récemment à Ranavalo II, d'une façon si précise, que nous croyons devoir arrêter l'attention de nos lecteurs sur cet épisode de l'histoire malgache contemporaine.

Aussi bien, le compte-rendu que nous allons reproduire donnera-t-il la mesure du mouvement qui s'est produit dans les mœurs et les usages malgaches depuis la mort de la reine Ranavalo Ire.

Une lettre écrite le **27 novembre 1883**, de Tananarive, en fait le récit suivant :

C'est dans la grande plaine de Mahamasina, que domine le palais et située à l'ouest de la ville, que cette grande cérémonie a eu lieu. Des députations des provinces centrales, appelées dans la capitale pour assister au couronnement, étaient campées, depuis une semaine, dans différents quartiers de la ville. Le 22 novembre, par les huit routes qui convergent vers la pierre sainte qui se trouve au milieu de la plaine et autour de laquelle était élevée l'estrade, les différents groupes sont venus prendre les places qui leur étaient assignées. Afin d'encourager les écoles et de montrer l'intérêt qu'elle porte aux questions scolaires, la reine avait fait remplacer sa garde militaire par cinq cents garçons et quatre cents filles appartenant aux diverses écoles de la capitale. La veille, on avait fait manœuvrer devant la reine les élèves de toutes les écoles, auxquels on enseigne le maniement des armes.

Le 22 novembre, à cinq heures du matin, une salve de vingt et un coups de canon a donné le signal de la cérémonie. A huit heures, au bruit de toute l'artillerie, la reine a quitté son palais et s'est dirigée vers Andohalo, espace libre au milieu de la ville, où l'attendaient un assez grand nombre d'indigènes et quelques étrangers spécialement invités. Au-dessus de sa tête était tenue la grande ombrelle rouge, emblème de la souveraineté; elle était portée dans un palanquin. Lorsque le cortège fut arrivé à Andohalo, le premier ministre, avançant d'une douzaine de pas, proclama Ranavalo-Menjaka souveraine de Madagascar et se mit à genoux quelques secondes; le canon tonna de nouveau, la musique joua l'air national, et le cortège reprit sa route vers Mahamasina.

Là se trouvaient réunis environ 150,000 à 200,000 Hovas venus de divers points de la contrée. La reine, montant sur la plate-forme, se plaça sous un dais dont la face portait les mots : « Dieu est avec nous. » Près d'elle, sur une table, on voyait une bible richement ornée. Elle était vêtue d'une robe de soie blanche brochée d'or dont la traîne, en velours cramoisi, était chargée de broderies d'or ; sur sa tête était une lourde couronne du même métal. Au bruit du canon et des acclamations, le premier ministre proclama de nouveau Ranavalo-Menjaka reine de Madagascar, et celle-ci prononça d'une voix haute et distincte un court discours dont les principaux points étaient qu'elle se lèverait comme un homme (*mitsangan-kolehilchy*) avec son peuple pour résister à quiconque essayerait d'enlever l'épaisseur d'un cheveu du territoire, et qu'elle désirait qu'on continuât d'enseigner dans les écoles et les églises. Là-dessus eut lieu un long et fatigant défilé de la population qui offrit à la reine son allégeance et un présent en argent (*hasina*). Puis la reine, le premier ministre et leur suite descendirent dans la plaine ; la reine monta dans une légère voiture découverte traînée par des hommes, les chevaux n'étant pas assez tranquilles, et passa dans les rangs du peuple, dont la grande masse n'avait jamais vu sa souveraine de si près.

Le lendemain, tous les maîtres d'école venus à Tananarive furent appelés auprès de la reine, qui les engagea à continuer leur œuvre, et leur annonça que l'exercice de la lance et du bouclier, qui avait lieu tous les jours depuis le commencement de la guerre, n'aurait plus lieu désormais qu'une fois par mois.

Le 24 novembre, une grande fête fut donnée au palais royal de Manjakaniadana. Les chefs de la province d'Imerina, les représentants des districts éloignés et vingt-quatre étrangers, Anglais, Norvégiens et Américains y assistaient. La reine était vêtue de soie verte brochée d'or et portait une autre couronne que celle de l'avant-veille. Le repas consistait en viande de bœuf, dindons, oies, poulets, plats sucrés et dessert, et était servi à l'européenne.

Parmi les nombreux toasts portés, voici celui du révérend Cousins, qui a pris la parole au nom de la communauté européenne.

« Que Sa Majesté permette aux Européens invités à ce banquet de lui adresser quelques mots. Nous sommes vraiment très heureux d'être ici, car, bien qu'étrangers, nous pouvons affirmer que les intérêts que nous avons dans notre patrie ne diminuent en rien l'affection que nous portons à Madagascar, notre patrie d'adoption.

» Nous te donnons, Reine, notre bénédiction; nous t'offrons une pièce d'argent et un anneau sacré; nous y joignons l'expression de notre reconnaissance et nos prières, afin que le Tout-Puissant te donne une longue vie. »

On voit que rien ne pouvait être plus ouvertement anglais et méthodiste que cette cérémonie.

V

Quels sont les motifs qui ont amené, dans ces dernières années, une démonstration de nos forces sur les côtes de Madagascar?

Telle est la question que nous entendons chaque jour répéter autour de nous sans que, pour la plupart du temps, personne puisse la résoudre. Et cependant, sans remonter aux droits imprescriptibles que la France possède depuis plus de deux siècles sur la Grande-Terre et que les Hovas refusent de reconnaître; sans parler des traités intervenus, en 1840 et 1841, entre nous et les chefs sakalaves, nos amis et alliés, non plus que des conventions signées en 1863 et 1868 par la reine des Hovas — faits que nous avons successivement rapportés à leur date respective, — le déni de justice qui a privé, en 1878, les héritiers de M. Laborde, en même temps notre compatriote et représentant de la France à Tananarive, l'initiateur des Malgaches à plusieurs des arts de l'Europe, en un mot le bienfaiteur de la population entière de la Grande-Terre par suite des réformes heureuses que son influence a inspirées au roi Radama II, n'est-il pas un fait dont le sentiment national de la France doit conserver la mémoire.

M. Laborde, dont nous venons de rappeler le souvenir et dont nous avons raconté en détail les efforts en faveur de la civilisation des Malgaches, laissait, en mourant, en 1878, à Tananarive, où il avait été rappelé et où il était accrédité en qualité de consul de France, une fortune évaluée à plusieurs millions de francs. Son testament désignait comme héritiers, par part égale, ses deux neveux, MM. Laborde et Campon, ce dernier remplissant, dans la capitale des Hovas, les fonctions de chancelier du consulat de France. Tous les biens immeubles dépendants de la succession Laborde, étaient appuyés sur des titres de propriété parfaitement en règle et incontestables.

Il semblait donc que les héritiers n'eussent qu'à remplir les prescriptions légales pour entrer en jouissance. Mais la politique des Hovas a mille ressources quand il s'agit de spoliation.

Le premier acte de propriétaire de MM. Laborde et Campon fut de faire construire une maison de rapport sur un grand terrain possédé par leur oncle à Ambahitsorihitra, faubourg de Tamatave. Le gouvernement hova leur laissa commencer les constructions, puis, tout à coup, il leur fit défense de continuer les travaux, et cela sous prétexte que des étrangers n'avaient pas droit de bâtir dans la grande île.

Notre consul protesta contre cette prétention, qui était en opposition flagrante avec le traité de 1868. « En réponse à cette protestation, on publia devant la porte du consulat le décret qui suit, décret daté de 1881 et édicté uniquement en vue de frustrer les héritiers de M. Laborde : « La terre, à Madagascar, ne peut être » vendue ou donnée en garantie qu'entre sujets du gouvernement » de Madagascar. Si quelqu'un la vend ou la donne en garantie à » d'autres personnes, il sera mis aux fers à perpétuité. L'argent » de l'acheteur ou du prêteur sur cette garantie ne pourra être » réclamé, et la terre fera retour au gouvernement. » Il n'était pas possible d'annuler plus ouvertement l'article quatre du traité de 1868, et cet acte d'inique mauvaise foi, ce vol audacieux de l'héritage d'un de nos nationaux, eût assurément suffi à provoquer de la part de la France une déclaration de guerre.

Là cependant ne devaient pas se borner les provocations du gouvernement hova. Un ordre de la reine convoque un jour à Tananarive les chefs de ces mêmes Sakalaves avec lesquels nous avons traité en 1840-1841, et qui, depuis ce temps, se considèrent comme placés sous notre protection. Malgré leur bonne envie de protester de leur indépendance en refusant de se rendre à cet appel, les chefs sakalaves, qui ne se sentaient pas en état de résister par la force aux suites qu'aurait sûrement provoquées leur refus, se rendent à Tananarive. Dès leur arrivée, on leur distribue des drapeaux hovas en leur ordonnant de les substituer aux drapeaux français qui, depuis vingt ans, flottaient sur leurs villages. Et en cela encore les Sakalaves sont obligés de se soumettre.

Mais cette fois enfin l'audace du gouvernement hova avait dépassé les bornes; et comme le célèbre coup d'éventail du dey d'Alger qui nous a valu une « nouvelle France » au nord de l'Afrique, la distribution de drapeaux aux Sakalaves nous conduira à la domination de la grande île africaine orientale.

A la nouvelle de l'outrage fait à notre drapeau, la France s'émut; notre consul à Madagascar fut autorisé à s'entendre avec les autorités de Nossi-Bé afin de prendre « les mesures qu'il jugerait nécessaires pour réserver avec efficacité les droits que nos traités antérieurs avec les chefs indigènes nous assuraient, tant sur les îles dépendant de notre établissement de Nossi-Bé que sur la partie de la côte de Madagascar comprise dans les mêmes arrangements. »

Cependant les événements marchaient, les griefs s'accumulaient; un Français massacré par une populace ivre de fureur, des menaces de mort proférées contre nos nationaux, tels furent les nouveaux motifs qui vinrent s'ajouter à ceux que nous avons mentionnés, avant que notre consul eût encore amené son pavillon.

Les hostilités furent enfin ouvertes, en juillet 1882, par le *Forfait*, commandant le Timbre, dont les marins enlevèrent deux des pavillons hovas qui avaient été substitués au drapeau français dans

les villages sakalaves. En même temps M. Baudais, consul de France à Tananarive, et M. Gambon, son chancelier, quittaient leur poste et se rendaient à Tamatave, d'où ils écrivaient au premier ministre hova que, « faute de représentants de puissances étrangères dans la
» capitale malgache à qui ils pussent confier le soin de protéger
» leurs nationaux, ils rendaient le gouvernement hova responsable
» de tout attentat qui pourrait se produire contre leurs personnes,
» leurs biens, leurs familles et leur liberté. »

Le *Forfait* se disposait à continuer sa mission le long des côtes, lorsque se renouvela cette tactique des Hovas — tactique, on ne saurait trop s'en bien pénétrer en Europe, commune à tous les peuples orientaux, qui consiste à user le temps en pourparlers diplomatiques, afin de fatiguer l'ennemi, de le décourager, d'user ses forces en attentes vaines, en espérances sans cesse renaissantes et toujours déçues d'obtenir satisfaction.

Cette fois la reine de Madagascar annonça l'envoi à Paris d'une ambassade, avec mission, disait-elle, de resserrer les bonnes relations existantes entre les deux gouvernements et qu'avaient seulement en apparence troublées des événements mal interprétés. L'idée de recevoir les envoyés de Madagascar et d'obtenir d'eux une solution pacifique et satisfaisante pour notre dignité nationale, ne pouvait manquer, ainsi que l'avait pressenti la reine Ranavalo-Menjaka, de plaire aux Français et à leur gouvernement : M. Baudais reçut ordre aussitôt de se tenir sur la réserve, de favoriser le départ des ambassadeurs et de ménager autant que faire se pourrait la cour de Tananarive.

Or, pendant que les représentants de la France, pendant que nos marins restaient ainsi dans l'inaction, les envoyés de la reine faisaient effectivement route vers la France. Mais à Madagascar que voyait-on ? « Les Français étaient menacés, conspués, leurs propriétés livrées au pillage et leurs industries détruites. »

L'ambassade cependant arriva à Paris, où elle fut accueillie avec cet empressement et cette curiosité bienveillante propres au caractère parisien. On négocia longuement et dans toutes les formes voulues ; il y eut beaucoup de protestations et de vagues assurances de bons sentiments, mais aucune satisfaction positive ne fut accordée. Enfin, le 24 janvier, les négociations furent rompues : « Les ambassadeurs quittèrent les appartements qu'ils occupaient au grand hôtel sans même payer leurs dépenses. Ils se rendirent en Angleterre, avec l'espoir, sans aucun doute, d'y trouver les consolations et les secours que leur avaient fait espérer les missionnaires méthodistes, mais leur attente fut déçue. »

Pendant ce temps le gouvernement de Tananarive ne restait pas inactif. De grands préparatifs de guerre étaient faits sur tous les points de l'île où on pouvait prévoir une attaque de notre part : l'ardeur guerrière des Hovas était animée par tous les moyens possibles, et en particulier par une surexcitation de haine contre la France et tout ce qui s'y rapporte.

Nous n'avions que trop perdu de temps déjà ; il importait d'agir sans retard : l'œuvre commencée par le *Forfait* fut reprise, et l'amiral Pierre reçut l'ordre de faire disparaître tous les drapeaux hovas qui flottaient sur les côtes nord et nord-ouest de Madagascar.

Il fut chargé en outre de présenter au gouvernement de Ranavalo-Menjaka l'ultimatum suivant : 1° reconnaissance effective des droits de souveraineté ou de protectorat que nous possédons sur la côte nord ; 2° garanties immédiates destinées à assurer l'observation du traité de 1868 ; 3° paiement des indemnités dues à nos nationaux.

Cet ultimatum ayant été repoussé, comme il y avait d'ailleurs lieu de s'y attendre, après l'issue de l'ambassade envoyée en France, l'amiral Pierre, et, après lui, l'amiral Galiber, apportèrent une rare énergie dans l'exécution des ordres qu'ils avaient reçus. Ils s'emparèrent de Tamatave et de Majunga, bombardèrent les principaux villages du littoral : Foulpointe, Manambo, Vohemar, Antombouk, Mahila, Bemazorenama et Fort-Dauphin, où se trouvaient des partis hovas, et vengèrent ainsi, autant qu'il fut en leur pouvoir, les meurtres de nos nationaux et les insultes faites à notre drapeau.

Et, le croira-t-on, « ces faits d'armes si brillants et d'une si haute importance, puisqu'ils décidèrent les Hovas à ouvrir de nouveaux pourparlers de paix, ne nous coûtèrent qu'un seul tué et un blessé, et si, après l'occupation de Tamatave et de Majunga, une maladie cruelle n'eût mortellement frappé l'héroïque amiral Pierre, pas une ombre de tristesse ne se fût mêlée à la joie patriotique éprouvée en France à la nouvelle de ces succès, lesquels méritaient d'autant plus l'attention de la France, que la possession des deux points dont il s'agit a une importance capitale.

La concentration du commerce fait à Tamatave par les traitants de la Réunion et de Maurice a fini par assainir cette ville encore très malsaine à une époque rapprochée de nous. Toutefois les Européens doivent se garder soigneusement de faire de longues excursions dans les environs, car il y a encore de nombreux marais dont les exhalaisons sont pernicieuses. Le plus sage, au dire des voyageurs, est de ne sortir de la ville que lorsqu'on y est contraint.

Ainsi que nous l'avons dit précédemment, il n'y a qu'une voie à Tamatave qui mérite le nom de rue. Elle conduit à l'église des Pères jésuites et aux consulats anglais et américain. L'église est en bois, elle est assez grande. La résidence des Pères donne heureusement par un de ses côtés sur la mer, qui lui envoie un air toujours frais et dégagé des miasmes de la terre. Le couvent des Dames de Saint-Joseph de Cluny, qui, de la Réunion, sont venues s'établir à Tamatave pour y fonder une école et un pensionnat au profit des petites filles malgaches, est de même très favorablement situé. Les jeunes Malgaches appartenant aux familles riches, accompagnées de leurs esclaves, fréquentent le pensionnat et y puisent, en même temps que l'instruction proprement dite dont les habitants de Madagascar de tout sexe et de tout âge sont si avides, un enseignement bien plus important encore : sans leur imposer aucun dogme religieux, les dignes Sœurs, par leurs leçons de morale, par l'exemple surtout de leur charité et de leur abnégation, préparent ces jeunes âmes à exercer plus tard autour d'elles le plus précieux et le plus puissant des apostolats : celui de l'épouse et de la mère de famille.

Et ainsi se forme, sous la double égide de la religion et de l'amour de la France, un noyau de civilisation qui fera plus pour l'avenir de la Grande-Terre que toutes les autres influences européennes réunies.

Qui ne se souvient, en effet, que la foi chrétienne et la civilisation qui en découle ont été apportées à toutes les nations du monde moderne sans exception, par l'action directe ou au moins avec l'aide et le concours de femmes pieuses? Le vieux proverbe : *les hommes font les lois, les femmes font les mœurs*, aura éternellement raison.

Les Frères des écoles chrétiennes, qui viennent de fonder à Tamatave un établissement similaire de celui des Dames de Saint-Joseph, pour les jeunes garçons indigènes, ajouteront encore à l'influence toujours croissante que nous exerçons sur la population indigène, laquelle s'élève à environ 4,000 âmes.

Une douane est établie à Tamatave, « et il doit être d'autant plus pénible à la reine des Hovas de la voir entre nos mains, que son revenu le plus fort y était perçu. C'est là qu'on embarque les dix ou douze mille bœufs que Maurice et la Réunion consomment annuellement, et que les Américains apportent leurs toiles, leurs farines, leurs meubles et leurs conserves.

« Comment en sont-ils payés? — En fort belles et bonnes pièces d'or, celles que, ainsi que nous l'avons déjà dit, nous donnons aux Malgaches en échange de leurs bœufs, de leur bois et de leur riz.

» Les Anglais de Maurice, il est vrai, y apportent leur arack, et les Français de la Réunion de la bimbeloterie, des vins et des boissons alcooliques, mais jamais en quantités suffisantes pour balancer ce que Français et Anglais achètent. »

Quant à *Majunga*, ou *Mazangaye*, car, malheureusement pour l'intelligence des descriptions géographiques et pour la clarté des récits de faits de guerres, les voyageurs européens continuent la vieille tradition de leurs devanciers, qui consiste à avoir chacun, pour les noms propres, une orthographe particulière; — Majunga fut autrefois le centre d'action des Arabes. Grâce à l'aide naturelle que leur prêtaient les moussons, ou vents réguliers, leurs barques, incapables de lutter contre des vents contraires, quittaient Zanzibar, les Comores, la côte d'Afrique et même Bombay, pour venir trafiquer à Majunga de toute espèce d'objets de commerce : « esclaves, argent, perles, étaient échangés par eux contre des gommes, de la cire, des peaux de bœufs, du caoutchouc, etc., en général tout ce qui était admis à l'exportation par les autorités malgaches. On n'estime pas à moins de dix millions de francs le mouvement d'échange qui s'opérait ainsi à Majunga. Aujourd'hui les Américains y envoient encore régulièrement deux ou trois de leurs navires.

» La *Betsibouka*, rivière qui coule près de Majunga et dont les rives sont couvertes de huttes, de cases formant de nombreux villages, est défendue à son embouchure par un fort spacieux que nous occupons » et dont la possesion nous donne non seulement la clef de la ville, mais celle du cours du fleuve; or, ce fleuve prend sa source près des remparts de Tananarive, et sauf quelques rapides échelonnés à de grandes distances et qui forment barrage, il est, dit M. Ad. Le Rey, dans sa notice sur Madagascar publiée à Saint-Denis (île de la Réunion), navigable sur tout son parcours jusqu'à la base même des vallons dont les étages superposés forment, si l'on peut ainsi parler, le piédestal sur lequel est bâtie l'altière capitale des Hovas.

Jusqu'au moment de notre arrivée, les indigènes ont su utiliser pour leur trafic « cette route qui marche » et que couvraient leurs pirogues. Il est à présumer que nous emploierons à notre tour la même voie, non seulement pour les besoins de notre commerce, mais pour nos relations militaires et politiques avec le gouvernement hova, et comme nos moyens de navigation fluviale sont infiniment supérieurs à ceux des Malgaches, il n'est pas douteux que la Betsibouka ne nous offre, aussitôt que nous le voudrons, une route plus rapide, plus sûre et surtout moins facile à obstruer que celle que les naturels y ont jusqu'ici trouvée, laquelle nous conduira presque aux portes de la capitale de Ranavalo-Menjaka.

La route de Majunga à Tananarive a déjà été suivie par quatre voyageurs européens, dont trois Français ; ce sont le commandant Guillain, le R. P. de la Vaissière et MM. Grandidier et Mullens.

VI

Ainsi que nous le disions plus haut, les négociations furent reprises (1er février 1884) après les succès des amiraux Pierre et Galiber. Comme précédemment, elles traînèrent en longueur, donnant ainsi le temps aux fameux auxiliaires des rois malgaches contre les Européens, le général *la fièvre* et le général *la dyssenterie*, de décimer nos soldats, et n'aboutirent pas.

C'est alors que fut soumis au Parlement français et voté à l'unanimité le projet d'expédition actuellement en voie d'exécution.

Le théâtre actuel de la guerre à Madagascar est limité à la partie septentrionale de l'île, aux pays d'Iboina et d'Ankaranà, sur lesquels doit s'étendre notre protectorat tel qu'il a été accepté par les naturels il y a vingt ans.

Bien que nous ayons précédemment décrit non seulement l'aspect général de la Grande-Terre, mais celui de ses côtes, nous croyons néanmoins devoir revenir sur cette partie du littoral où se passent en ce moment des événements si importants et si intéressants pour la France.

Un rapport, lu à ce sujet par M. Grandidier, en avril 1884, à la séance des sociétés savantes, va nous fournir les traits principaux de ce tableau, et si l'on se souvient que M. Grandidier a été un des explorateurs les plus récents et les plus heureux de l'île de Madagascar, on comprendra que nous ne pouvions avoir recours à un peintre plus exact et plus habile.

« Je dois, tout d'abord, dit-il, rappeler que Madagascar est divisée en deux parties bien distinctes : la région orientale et septentrionale qui est toute montagneuse, et la région occidentale et méridionale qui est plate.

» Le grand massif dont la base baigne dans l'Océan Indien du côté de l'est et qui couvre environ les trois cinquièmes de l'île, s'élève assez rapidement jusqu'à une hauteur de quinze cents mètres; au delà, c'est un mur de montagnes essentiellement granitiques dont l'altitude moyenne est de mille mètres environ et qui finit au nord, vers le 13° parallèle, entre Vohemar et Louquez; la partie septentrionale est traversée par de nombreux filons de quartz, et sur ses limites orientales on trouve en beaucoup de points des marnes, des grès, des calcaires qui reposent directement sur elle et qui ont été plus tard soulevés et métamorphosés par l'éruption basaltique dont on trouve les traces puissantes presque partout dans l'est et dans le nord.

» Les roches sédimentaires de Madagascar, qui sont de formation secondaire dans l'ouest, entre le cap Sainte-Marie et le cap Saint-André, semblent être de formation tertiaire dans l'est et dans le nord-ouest; elles se montrent de plus en plus abondantes sur la côte orientale à mesure qu'on avance vers le nord jusqu'à la baie de Vohemar, au delà de laquelle, plus ou moins soulevées par les basaltes, elles forment la base du sol de l'extrémité septentrionale, encaissant, entre le cap Saint-Sébastien et Morontsangana, une assez vaste étendue de terrains de transition et de terrain houiller.

» Cette extrémité septentrionale, tout en étant encore fort accidentée, ne présente plus la succession ininterrompue de hautes montagnes arides et nues avec vallons étroits et le plus souvent stériles qui caractérisent le plus grand massif central; ce sont des coteaux plus ou moins abruptes et rocheux qui ont leurs flancs dénudés ou recouverts de mauvaises graminées, mais entre lesquels se trouvent des vallées assez larges, avec une végétation herbacée puissante.

» Ainsi, si nous considérons la surface triangulaire dont le gouvernement français réclame le protectorat dans l'ultimatum qu'il a posé aux Hovas, surface qui comprend plus de 100,000 kilomètres carrés, soit environ le sixième de l'île, et qui a pour base le 16° parallèle passant par le cap Saint-André dans l'ouest et le cap Bellone à l'entrée de la baie d'Antongil dans l'est, nous verrons qu'elle se divise naturellement dans l'est et dans l'ouest.

» A l'est, elle a un aspect tout différent; elle est généralement basse et sablonneuse, sur une largeur variable, suivant les endroits, mais toujours assez petite, avec, çà et là, des bouquets de bois et de maigres pâturages; les sables qu'y accumulent incessamment le grand courant équatorial de l'Océan Indien et les vagues de la mer, barrent les embouchures des innombrables rivières qui descendent du grand massif et sont cause que les eaux, au lieu de s'écouler librement, forment tout le long de la côte des marais et des lagunes où croissent en abondance des palétuviers, vrais foyers de fièvres.

» A une très petite distance, quelquefois même au bord de la mer, commencent les montagnes dont le versant est couvert, jusqu'au haut des premiers contreforts, soit de petits bois, soit de belles plantes herbacées; il semble que cette région est la plus fertile de Madagascar; c'est, en effet, dans l'ouest de la baie d'Antongil que se trouve la plus grande forêt de toute l'île, qui a une largeur de cinquante à soixante kilomètres.

» L'extrémité nord entre le 13° parallèle et le cap d'Ambre est accidentée, comme je l'ai dit plus haut, et contient des herbages propres à l'élevage du bétail, mais il n'y a que très peu d'arbres.

» Le littoral du nord-ouest, entre la baie de Morontsangana et le cap Saint-André, a un caractère tout autre; il est plat jusqu'à une assez grande distance dans l'intérieur, et le sol n'y est point gras ni argileux comme dans l'est, mais sec et sablonneux; la végétation y est moins verte et semble moins vigoureuse.

» Le climat, en effet, n'est pas le même des deux côtés de l'île; tandis que la région orientale est arrosée fréquemment par les pluies dues aux nuages que forme l'air humide venant du large et s'élevant le long du versant du grand massif, la région occidentale ne reçoit d'eau que pendant les quelques mois de l'hivernage, de décembre à avril, et encore n'y tombe-t-elle pas partout en abondance ni d'une manière régulière.

» Le nord de Madagascar est peu peuplé; il n'y a certainement pas à beaucoup près 100,000 habitants pour une surface supérieure à 100,000 kilomètres carrés, et mon avis personnel est qu'il n'y en a même pas 43,000, soit moins de un habitant par deux kilomètres carrés; c'est surtout entre le parallèle de Vohemar et le cap d'Ambre que le pays est désert.

» Il nous faudra donc tâcher, par tous les moyens possibles, d'appeler dans cette région, qui nous appartient aujourd'hui, une population de travailleurs, et ce sont les Betsimisaraks qu'il nous importe d'y faire venir en masse, car bien que nous devions nous attendre à de grandes difficultés pour civiliser les Malgaches, à quelque race qu'ils appartiennent, il n'en est pas moins certain qu'il y aura plus de chances d'obtenir un travail régulier des habitants de la côte orientale, qui sont d'un caractère doux et apathique, que des Sahalavâs dont la nature turbulente et paresseuse est et sera longtemps encore incompatible avec nos usages : ces derniers sont en effet plutôt habitués à compter sur les ressources naturelles du pays, étant surtout pasteurs ou pêcheurs, tandis que les Betsimisaraks sont essentiellement sédentaires et agriculteurs.

» Quant au climat, il est, de l'avis général, plus sain au nord de Vohemar qu'au sud, bien que pendant l'hivernage les moustiques y rendent la vie insupportable. La baie d'Antongil et les districts environnants sont, au contraire, la partie, de toute l'île, la

Forêt de palétuviers.

plus dangereuse; on leur donne, non sans quelque raison, le nom de Tombeau des Européens.

» Il résulte, de la description sommaire que je viens de faire de la région septentrionale de Madagascar, que la majeure partie de sa surface est inculte et ne pourra être en aucun cas utilisée, surtout par des Européens, et que les bois y sont rares. Les vallées étroites dans lesquelles coulent les nombreux cours d'eau qui arrosent la région orientale et celles plus larges qui se trouvent entre le parallèle de Louquez et le cap d'Ambre pourront certainement être mises en valeur, et il sera possible d'y cultiver avec succès en un certain nombre de points la canne à sucre, le café, le coton, le cacao, l'indigo, des épices, des graines oléagineuses, diverses plantes textiles, lorsqu'on y aura attiré des travailleurs, sans toutefois que l'on doive espérer trouver dans toutes un sol fertile, soit que ses éléments constitutifs ne soient pas favorables à la végétation, la terre due à la décomposition des roches basaltiques y étant seule bonne, soit que sa disposition ne permette pas facilement aux eaux de s'écouler et les transforme en marécages improductifs. Mais, quoi qu'il advienne dans l'avenir, toute cette vaste région est pour ainsi dire aujourd'hui sans culture d'aucune sorte, ce qui n'est pas étonnant puisqu'elle est à peu près déserte; la principale occupation de ses rares habitants est l'élevage des bœufs, auxquels les pâturages de certains districts conviennent parfaitement et qui sont beaucoup plus beaux que ceux de Tamatave. »

Si le règne animal et le règne végétal de cette partie de la Grande-Terre sont aujourd'hui à peu près connus, il n'en est pas de même du règne minéral. Le pays est encore, sous ce rapport, à peu près inexploré.

« On ne connaît d'une manière sûre que l'existence de minerais de fer oligiste non loin de Vohemar et celle du bassin houiller qui a été reconnu par un ingénieur, M. Guillemin, et qui s'étend depuis le cap Saint-Sébastien jusqu'au milieu de la baie de Morontsangana, sur une longueur de cent quatre-vingts kilomètres et sur une largeur évaluée à quarante kilomètres, mais que je crois beaucoup moindre ; j'ai, du reste, constaté la présence, au milieu de ce terrain houiller, de lambeaux de terrain silurien, qui doivent en diminuer notablement la surface. Dans l'étage de plus de huit cents mètres d'épaisseur que M. Guillemin a étudié dans la baie d'Ambavatoly et où alternent toutes les roches, schistes, grès, grès schisteux ou ferrugineux, qui constituent la formation houillère, cet ingénieur n'a trouvé que de minces filets de houille dont l'ensemble atteint à peine quelques centimètres ; cet étage est donc stérile, quoique les échantillons retirés de ces couches soient de bonne qualité.

» Il y a toutefois lieu d'espérer que la houille existe en plus grande abondance dans les couches inférieures, et il me semble probable que sur une étendue aussi considérable, qui ne mesure pas moins de plusieurs milliers de kilomètres carrés, on trouvera des gisements exploitables, mais les recherches seront forcément longues et difficiles (1).

(1) « Les baies de *Passandava* et de *Bavatoube*, dont les derniers faits de guerre nous ont rendus maîtres, sont pour nous d'une grande importance, en raison des bassins houillers qui les avoisinent.

» Ces deux baies ont été visitées en 1863 par M. Guillemin, ingénieur de la Compagnie de Madagascar. D'après lui, la position de la partie du bassin houiller, matériellement constatée, est comprise entre le cap Saint-Sébastien, situé par 12° 20' et le cap Bernahomal, par 18° 37' de latitude.

» La projection rectiligne des côtes est de cent quatre-vingts kilomètres entre ces deux points ; mais leur développement est beaucoup plus considérable en suivant toutes les sinuosités des baies. Dans l'intérieur des baies, le terrain houiller paraît occuper, à peu de chose près, toute la profondeur de la Grande-Terre, jusqu'à la chaîne granitique ancienne qui forme l'axe de Madagascar.

» Il se peut qu'il existe, entre la chaîne centrale et le terrain houiller, des terrains de transition, ce qui limiterait à une moyenne de quarante kilomètres la largeur du bassin dans sa partie reconnue.

» La partie du bassin houiller recouverte par les eaux de la mer, depuis les côtes jusqu'à la ligne de soulèvement basaltique qui met au jour sur des îles des lambeaux de terrain houiller, est tout aussi considérable, mais cette dernière partie ne peut être considérée comme utilisable.

» Sur la terre ferme, de nombreux massifs de roches éruptives diminuent la surface exploitable, non seulement par l'espace qu'elles y occupent, mais surtout par l'action qu'elles ont eue sur les roches du terrain houiller et particulièrement sur la houille.

» Par ces considérations, la surface *réellement utile*, quoique fortement réduite,

» Tel est en quelques mots un aperçu de l'aspect physique et des productions naturelles de la partie de Madagascar que les traités de 1840 et 1841 ont placée sous notre protectorat, et qui, si elle ne répond pas, au point de vue de ses richesses, aux espérances que beaucoup de personnes pouvaient s'en faire, au moins dans son extrémité nord-est présente cependant pour nous un grand intérêt à cause des ports excellents qui commandent l'Océan Indien, et qui, placés à proximité de l'Afrique et sur la route de l'Extrême-Orient, sont d'une utilité incontestable pour une grande nation maritime comme la France. »

A la suite du vote des Chambres, une armée expéditionnaire, aux ordres de l'amiral Miot, fut envoyée à Madagascar.

Les opérations commencèrent, le 27 novembre, par l'occupation de l'important et populeux village d'Amboanio.

Après avoir expulsé les Hovas d'Amboanio, l'amiral Miot fit fortifier soigneusement ce point stratégique afin d'en faire un centre d'action d'où devaient rayonner des corps expéditionnaires pour chasser l'ennemi du nord de l'île.

peut être encore évaluée à trois mille kilomètres carrés, surface supérieure à celle de tous les bassins houillers de la France, qui n'est que de deux mille huit cents kilomètres carrés.

» Cinq affleurements de houille ont été trouvés sur les bords de la baie de Bavatoube. La qualité de ces houilles offre à peu près toutes les variétés : houille riche, houille grasse, ou houille à gaz; analysés à l'école des mines, à Paris, les échantillons ont donné des résultats satisfaisants. » (*Documents sur la Compagnie de Madagascar*)

Lorsque, continue dans son remarquable article publié, en juin 1884, par la *Revue des Deux Mondes*, M. Edmond Planchut, à qui nous avons emprunté cette citation des documents de *la Compagnie de Madagascar*, « lorsque la Grande-Terre sera devenue le trait d'union entre nos colonies de l'Indo-Chine et nos colonies africaines, de quelle utilité ne sera pas pour nous, pour nos flottes, cet inépuisable dépôt de charbon, placé tel qu'il est entre Toulon et la mer des Indes; nous pourrions même un jour défier, grâce à lui, les ennemis qui nous fermeraient le canal de Suez.

» A elle seule, cette considération suffirait pour nous obliger à ne jamais abandonner les baies de Passandava et de Bavatoube. Il ne doit plus être question, pour aucune des vingt-quatre tribus qui peuplent Madagascar, de nous en déloger, et c'est pour cela encore que, par tous les moyens qui sont en notre pouvoir, il faut que le protectorat de la France — un protectorat sérieux — s'étende de la baie de Baly, au nord-ouest, à la baie de Diego-Suarez, au nord, et de la baie de Diego-Suarez à la baie d'Antongil, sur la côte occidentale. » (M. Ed. PLANCHUT, *France et Madagascar*.)

Le 5 décembre, à une heure du matin, on se mit en marche. La colonne expéditionnaire se composait de deux cent quatre-vingts hommes, appartenant à l'équipage du *Beautemps-Beaupré*, à la 5ᵉ compagnie de fusiliers de marine et à la 20ᵉ compagnie d'infanterie de marine. On ne laissait à Amboanio qu'une petite garnison composée de vingt-sept militaires, plus ou moins éprouvés par la fièvre et impropres à fournir une longue marche. Douze cents indigènes Antaukares, ennemis des Hovas, accompagnaient en qualité d'auxiliaires la petite colonne française.

Après une marche longue et pénible, nos soldats arrivèrent au pied d'un plateau qui porte le nom d'*Andraparany*, ce qui veut dire, en langage malgache, *le point qu'il faut défendre à tout prix* et qui est en effet une position formidable, ainsi que pourront en juger nos lecteurs par la description qu'en donne le capitaine Brun dans son rapport (1).

« Dominant la vallée du Fanamba à plus de deux cents mètres de hauteur, il est protégé, dit-il, à l'est par une chaîne de montagnes couvertes de bois impénétrables, au nord et à l'ouest par des pentes raides, ravinées, coupées de bouquets de bois très propres à la guerre d'embuscade.

» Au pied même de ces pentes, un ruisseau profondément encaissé rend encore les abords de la position plus difficiles. Il résulte d'une reconnaissance rapide que l'artillerie ne pourra franchir ce ruisseau qu'après avoir été démontée; en outre, après avoir dépassé le lit du torrent, il faudra remonter une gorge sauvage, boisée sur un tiers du parcours et resserrée entre des pentes à quarante-cinq degrés.

» Mais nos soldats et nos marins ne sont pas gens à reculer devant de pareils obstacles. D'ailleurs ils ont toute confiance dans leurs officiers, qui vont en avant, l'épée nue au soleil. A une heure de l'après-midi, les clairons sonnent la marche, et la petite colonne française s'élance à l'assaut. Les Hovas cherchent à nous

(1) Ce rapport a été publié par le *Journal officiel* le 18 janvier 1885.

disputer le passage du torrent. Ils sont culbutés ; et les Français commencent à escalader le plateau sous le feu des tirailleurs ennemis embusqués derrière des bouquets d'arbres et des rochers. Malgré la chaleur qui est étouffante, malgré les difficultés du terrain, on avance, à travers les bois semés d'abatis, qu'il faut détruire après en avoir chassé les défenseurs. Enfin, on arrive au sommet du plateau.

» La 5⁰ compagnie de fusiliers-marins parvient la première à couronner la crête du piton qui se dresse brusquement sur notre droite ; elle est suivie à courte distance par les marins du *Beautemps-Beaupré* et enfin par l'infanterie de marine qui continue à suivre le fond du ravin, sous la protection des feux dominants des compagnies de marins.

» Tous ces mouvements s'opèrent méthodiquement, par bonds successifs, chaque section placée en arrière venant prendre la position que vient de quitter la section qui précède.

» Mais nos troupes n'ont terminé que la première partie de leur tâche. Il leur reste à enlever le village hova de Manjakatampo, situé à l'extrême nord-ouest du plateau, et le camp palissadé qui est placé au centre du village.

» Ce camp est un rectangle de soixante-dix mètres de long sur cinquante mètres de large. La palanque de l'enceinte se compose de pieux jointifs d'essence dure, de quinze à vingt centimètres de diamètre et de quatre mètres de hauteur.

» Cette palanque est démunie de créneaux et n'est pas organisée pour fournir des feux de mousqueterie. Quatre tambours de flanquement, armés chacun d'un canon, sont placés en saillie sur les faces et au centre de la palanque, dont ils assurent ainsi le flanquement. Des tirailleurs peuvent prendre place sur une plate-forme ménagée dans les tambours de flanquement, à deux mètres cinquante au-dessus de l'emplacement réservé à l'artillerie.

» Le village hova de Manjakatampo est, en outre, protégé au nord et à l'est par un ravin étroit et profond, formant un fossé naturel d'autant plus dangereux qu'il faut arriver tout auprès pour l'apercevoir.

» C'est dans ce large fossé et sur le bord qui forme contrescarpe que l'ennemi a dissimulé et cherché à défendre des feux de l'attaque ses troupes les plus solides. A chaque extrémité de ce ravin, deux canons sont placés en batterie.

» L'attaque commence à quatre heures trente, après un court repos accordé aux troupes. A cinq heures, nos soldats sont maîtres du ravin. Les Hovas ne songent pas à se rendre. Ils tombent les uns après les autres sous une grêle de balles tirées presque à bout portant, et, en un clin d'œil, le fond et les talus du ravin sont jonchés de leurs cadavres. La victoire est complète. Tous les chefs hovas sont restés sur le champ de bataille. Le reste n'est qu'une cohue qui se débande et se précipite par les pentes escarpées de l'ouest, sur la seule route qui reste libre.

» Alors nos alliés, les Antaukares, qui jusque-là s'étaient tenus prudemment à distance, attendant « que les dieux eussent prononcé, » entrent en scène à leur tour. La bataille est terminée ; ils se précipitent à la curée! Ils se ruent sur le village hova, en poussant des cris sauvages. Nos soldats et nos marins sont obligés d'intervenir pour les empêcher de mutiler les cadavres des Hovas et de sagayer les blessés qui gisent à terre.

« L'ennemi, dit le rapport du capitaine Brun, n'est pas seulement vaincu, il est presque anéanti : le plateau d'Andraparany, les rues du village de Manjakatampo, sont jonchés de plus de deux cents cadavres, parmi lesquels ceux de Rainimarosahanina, 12° honneur, commandant en chef, et celui de son fils, Rafojia. Le chef sakalave, l'allié fidèle des Hovas qui l'avaient récompensé en le nommant 11° honneur, est également au nombre des morts. L'ennemi a laissé entre nos mains un immense butin, ses troupeaux et les cinq canons de la reine dont les défenseurs se sont fait tuer bravement.

» On voit que les Hovas ne sont pas des adversaires méprisables. Ils sont assez mal armés, et leur organisation militaire est très rudimentaire ; mais ils sont braves et savent se faire tuer. On sait que les Hovas sont originaires de la Malaisie. Arrivés en réfugiés et en suppliants à Madagascar, il y a une dizaine de siècles, ils ont soumis peu à peu à leur domination les indigènes, d'origine africaine, qui furent les premiers possesseurs du pays, Sakalaves, Antaukares, etc. En réalité, les Hovas sont trois à quatre cent mille contre trois à quatre millions de Malgaches. Les Malgaches exècrent les Hovas, qui sont des étrangers et qui ont toujours employé la terreur comme principal moyen de gouvernement. Si l'on pouvait expulser en masse la population hova, nous ne rencontrerions plus dans l'île aucune résistance. Les Malgaches, à l'exception de quelques chefs sakalaves, dont les Hovas ont fait leurs « chiens de chasse », sont tout disposés à nous accueillir en libérateurs. La crainte seule et l'habitude d'un long esclavage les empêchent de manifester ouvertement leurs sentiments. Malheureusement, il n'y a pas à compter sur un appui efficace de leur part. Les Antaukares, comme les Sakalaves, sont très inférieurs, comme intelligence, aux Hovas, et n'ont pas les qualités militaires de ces derniers. Ces auxiliaires suivront nos soldats — de loin — pour mutiler les morts et achever les blessés, comme ils l'ont fait dans l'affaire du plateau d'Andraparany. Mais, pour conquérir l'île, il ne faut compter que sur l'intelligence de nos officiers et le courage de nos soldats. »

LES ILES MASCAREIGNES

I

ILE DE LA RÉUNION

I

Après avoir navigué pendant cent quarante-cinq lieues, en se dirigeant à l'est de Madagascar, on arrive aux îles MASCA-REIGNES, nom collectif donné aux îles de la *Réunion*, de *France*, *Rodrigue* et *Cargados*, en mémoire du navigateur portugais *Mascarenhas*, qui découvrit cet archipel en 1545.

L'île de la *Réunion*, qui est la *Mascareigne* proprement dite et que l'on a appelée longtemps *île Bourbon*, semble composée tout entière de deux montagnes volcaniques, dont l'origine, selon l'opinion de M. Bory de Saint-Vincent, remonte à deux époques éloignées l'une de l'autre.

Dans la partie méridionale qui est la plus petite, les feux souterrains exercent encore leurs ravages. Celle du nord est beaucoup plus vaste, et les éruptions volcaniques qui l'ont bouleversée jadis ne s'y font plus sentir. Des espèces de bassins ou de vallons, des rivières rapides cernées par des remparts perpendiculaires, des monticules jetés dans ces vallons dont ils embarrassent le développement ; des prismes basaltiques, souvent disposés, comme dans l'île de Staffa, en colonnes régulières ; des couches de laves les plus variées, des fissures profondes, des indices d'un fracassement général, tout rappelle d'anciennes et terribles révolutions physiques.

« La plage étroite, continue Malte-Brun — à qui nous empruntons non seulement ce tableau, mais beaucoup de nos descriptions géographiques, — la plage étroite, interrompue en quelques endroits, n'est, comme celle de Ténériffe, que de galets basaltiques ou d'autres laves roulées. Ces galets sont entraînés à la mer par les pluies ; on ne trouve nulle part de vrais sables ; ce qu'on désigne improprement par ce nom est composé de débris calcaires et de corps marins jetés au rivage par les vagues, ou présente en petit la collection de toutes les laves de l'île que le roulement des flots a réduites en parcelles arrondies très petites, d'un aspect bleuâtre et ardoisé. »

L'île est de forme elliptique ; elle s'allonge du nord-ouest au sud-est, et elle a deux centres principaux, le piton des *Neiges*, volcan depuis longtemps éteint, et le piton de la *Fournaise*, toujours en activité. Le piton des Neiges est le plus considérable, il s'élève à 3,250 mètres au-dessus du niveau de la mer, et forme le point culminant de l'île ; celui de la Fournaise n'atteint que 2,200 mètres.

La partie de l'île que domine le premier n'est pas seulement la plus étendue, elle est encore la plus fertile. Aussi est-ce là que s'est surtout développée la colonie agricole. C'est là également que nous trouverons tout à l'heure la ville de *Saint-Denis*, chef-lieu de la Réunion.

Bien que placée dans la zone torride, l'île de la Réunion est, en même temps qu'un des plus jolis et charmants points de l'univers, un des plus sains. On n'y connaît ni la fièvre malgache, ni la fièvre jaune, ni ce scorbut ou ce typhus si redoutés des Européens dans ces chaudes régions.

C'est donc en toute sécurité que le visiteur charmé peut s'abandonner à l'admiration de ce beau ciel, de ces eaux limpides et abondantes qui semblent s'animer sous les rayons du soleil et qui cependant, dans leur cours rapide, gardent pour la plupart, jusqu'au moment où elles se jettent dans la mer, la plus fraîche saveur. Que dire encore de cette verdure qui paraît éternelle et de ces nuits si merveilleuses que, à moins d'avoir vécu sur quelques points privilégiés des pays méridionaux, il est impossible de s'en former une idée, « nuits bleues aux étoiles étincelantes, aux flots pailletés de diamants; nuits aux douces et rêveuses clartés qu'embaument mille suaves parfums, que récréent mille bruits divers apportés par les douces émanations de la brise et qui semblent à l'oreille attentive le frémissement d'innombrables harpes éoliennes, ou encore le mouvement mystérieux de tout un monde invisible.... L'esprit le plus calme, l'imagination la plus froide s'animent et s'exaltent au souffle de cet air embaumé, à la délicieuse magie de tous ces enchantements réunis, enchantements que chacun peut varier d'ailleurs selon les besoins de son tempérament ou le caprice de ses goûts. »

Rien de plus facile, en effet, que de se procurer à la Réunion non seulement le climat le plus favorable à sa santé, mais les sites et les points de vue les mieux en rapport avec la disposition d'humeur du moment. Il suffit pour cela de se placer à une plus ou moins grande hauteur, et de choisir telle ou telle exposition particulière. Car ici, comme dans tous les pays de montagnes, et surtout dans les pays de montagnes situés sous les tropiques, la température et le climat varient sensiblement, à mesure que l'on gravit ou que l'on descend les pentes des montagnes.

Ainsi et pour faire comprendre cette théorie par des faits soigneusement observés et par des chiffres qu'on peut appeler officiels, « en gravissant les principaux sommets de l'île qui nous occupe, on arrive à n'avoir que huit degrés le même jour et à la même heure où, sur le littoral, à Saint-Denis par exemple, le thermomètre en marque vingt-six.

Le climat des Mascareignes est celui de toutes les contrées tropicales; l'année s'y divise en deux saisons bien marquées; l'été, qu'on appelle hivernage, commence en novembre et finit en avril; l'hiver commence en avril et finit en novembre. Les saisons se produisent ainsi en raison inverse de ce qui se passe chez nous, et ce phénomène est dû au changement d'hémisphère. L'écart dans la température est d'environ dix degrés en moins pendant l'hiver, et plus pendant l'été.

C'est dans cette dernière saison que se produisent d'abord les pluies torrentielles et souvent continues qui font, de l'été, sous les tropiques, la saison la plus désagréable et la plus malsaine de l'année, et ensuite les coups de vent, les ouragans, les cyclones qui en font la période la plus incertaine et souvent la plus désastreuse.

Chaque année, en effet, vers la fin de l'hivernage, c'est-à-dire au moment où commence pour nous à s'ouvrir le printemps, une préoccupation domine à la Réunion toute autre pensée : l'ouragan!

Comme le sombre dieu des druides, il plane dans les imaginations et remplit les âmes de vagues terreurs. C'est le sujet de tous les entretiens.

Ecoutons à ce sujet un marin dont le navire avait jeté l'ancre à Saint-Denis, le 20 mars 1848 (1) : « Quelques jours avant notre arrivée, dit-il, l'île avait été ravagée par un de ces tourbillons; la trace en était visible dans de longues traînées de débris : les arbres déracinés, le maïs foulé dans les champs et comme réduit en fumier, les cannes à sucre brisées et couchées par terre, semaient la surface du sol de nombreuses scènes de désolation. La

(1) M. le capitaine de vaisseau Th. Page.

verdure des forêts était flétrie ; de larges sillons jaunis marquaient, au flanc des monts, l'empreinte de la tempête. L'île entière semblait s'envelopper d'un voile ; d'épais nuages, amoncelés en pyramides, nous en dérobaient les hautes cimes, et la brume descendait comme un long manteau jusque sur ces tristes plages de galets noirs, où la mer en mugissant déroulait ses nappes d'écume étincelante.

» Entre la terre et les navires au mouillage il se fait un continuel échange de signaux : phrases laconiques et le plus souvent alarmantes. Trois fois par jour le port signale la hauteur du baromètre : un simple pavillon bleu veut dire que la mer est trop grosse au rivage, et que toute communication avec la terre est interdite ; un nouveau signe enjoint aux navires de se tenir prêts à appareiller ; un autre, enfin, de fuir au plus vite, parce que l'ouragan menace.

» Pendant la nuit ces ordres sont exprimés par des feux et des coups de canon dont les sinistres retentissements, renvoyés par les échos de la montagne, ressemblent aux explosions de la foudre.

» Ces ouragans n'éclatent guère qu'une fois au plus par hivernage ; des années entières s'écoulent, souvent plusieurs de suite, sans que l'on ait à déplorer leurs fureurs destructives. Peut-être même n'égalent-ils, en violence ou en durée, les tempêtes qui ravagent nos côtes de Normandie et de Bretagne à l'époque des équinoxes ou du solstice d'hiver ; cependant telle est la terreur qu'ils inspirent qu'on dirait une menace perpétuellement suspendue sur l'île.

» Peut-être cette terreur serait-elle moindre si quelque symptôme certain, si quelque indice assuré annonçaient leur approche. Mais, l'expérience n'enseignant rien de précis à cet égard, on croit voir partout et sans cesse ses signes précurseurs, lesquels n'existent le plus souvent que dans les imaginations surmenées. Ainsi les calmes, les petits temps prouvent, dit-on, la tourmente. L'air devient, ajoute-t-on, ardent avant l'explosion de cette tourmente. L'atmosphère est-elle lourde, moite, sans élasticité, signe d'ouragan. Et sous l'action de tant de mystérieuses alarmes, l'imagination dresse le tableau de tous les sinistres qui ont désolé ces mers.

» La mémoire des habitants est impitoyable; ils concentrent en un seul point les désastres de tout un siècle. Ils refont le naufrage du *Saint-Geran*, qui arrachera d'éternelles larmes à l'enfance sur les malheurs de Virginie; puis c'est l'histoire de ces deux frégates qui appareillent ensemble de Bourbon pour se rendre à l'île de France; l'une n'arrive que démâtée, brisée, désemparée, dans un état à faire pitié, et l'autre, le génie des tempêtes seul peut en redire la déplorable fin !

» Enfin, dans la bordée du large, vers Madagascar, se déroule le drame terrible de la corvette le *Berceau* (1), dont le nom seul réveille dans tous les esprits les sourds grondements de l'abîme. Aussi chaque vague semble avoir englouti un navire; toute cette mer se déroule comme un vaste champ de mort qui, à terre, serait hérissé de croix funèbres, mais dont la lugubre impression ne frappe l'âme qu'aux récits des vieux habitants du rivage, ou dans les veillées des marins qui le parcourent.

» Et depuis le naufrage du *Berceau* plusieurs autres désastres sont venus s'ajouter à ceux du passé ! La Réunion a été, à différentes reprises, éprouvée par la fureur des éléments, mais avec cette différence toutefois que, plus nous avançons dans l'étude des sciences naturelles, plus les moyens de prévoir les divers phénomènes météorologiques, et, par suite, de se mettre, dans une certaine mesure, à l'abri de leurs terribles effets, se multiplient de telle sorte que l'imagination, en présence de faits dont les causes lui sont connues, s'impressionne beaucoup moins et laisse plus de sang-froid et d'énergie pour les combattre, plus de résignation pour en subir les conséquences, plus de courage et de persévérance enfin pour en effacer les traces.

» Autrefois, quand un navire était surpris par l'ouragan, il fuyait au hasard; son capitaine éperdu n'avait aucune règle qui lui

(1) Détruite en 1861.

indiquât la voie à suivre pour échapper au danger; jusqu'alors la science, muette devant ces redoutables tourmentes, n'avait osé ni les interroger, ni chercher leur raison d'être, soit pour lutter contre elles corps à corps, soit pour se soustraire à leur rage.

» Aujourd'hui nous croyons avoir saisi la loi des tempêtes; pour nous un ouragan n'est plus qu'un simple tourbillon de vent qui pivote sur lui-même et se meut rapidement dans une direction connue, mais variable selon l'hémisphère où l'on se trouve; sa plus grande violence est concentrée au foyer. Là, le plus puissant vaisseau, vaincu par les éléments, sombre ou se brise, victime de leur fureur. Tout notre art consiste donc à nous écarter de son axe de rotation, à nous maintenir à la circonférence où la brise est maniable et régulière. Ces trombes, dont les flancs renferment la destruction et la mort, peuvent ainsi, sous une main habile, se transformer en un moyen de transport rapide, de même que la vapeur, dont la force d'expansion semblait n'être qu'un fléau pour l'humanité, est devenue, dans une locomotive, le coursier le plus rapide que jamais les hommes aient eu à leur service (1). »

Cette théorie applicable à la navigation pourra rendre les sinistres maritimes de plus en plus rares dans les trois mers qui, sur la surface du globe, sont sujettes aux phénomènes que nous venons de décrire, la mer des Indes, celle de Chine et celle des Antilles; mais que pourra-t-elle pour protéger les plantations? Cela est si vrai que, pendant l'année 1884, plusieurs plantations ont été ravagées par des coups de vent.

Au fléau s'en est ajouté un autre sinon plus terrible du moins plus effrayant encore : « Vers la fin de février s'est produit une coulée du volcan de la Fournaise qui a duré plusieurs jours et ne s'est arrêtée qu'à quelques centaines de mètres de la route nationale. »

Les beaux travaux du capitaine anglais Pidington, président de la Cour de marine à Calcutta, qui ont récemment achevé de recon-

(1) M. Th. Page.

naître et de fixer la marche des ouragans, n'en marquent pas moins un des progrès les plus remarquables de la science maritime à notre époque. Grâce à ces travaux, « la courbe que les ouragans décrivent peut toujours être tracée avec une régularité mathématique : de là, le nom de cyclone qu'on leur a donné à cause de leur direction curviligne. »

Or, le baromètre indiquant avec une très grande précision la venue d'un cyclone, il est aisé de donner à temps le signal d'alarme qui permet de faire les manœuvres commandées par la circonstance.

« A Bourbon, où aucun port n'existe encore, où aucune rade n'est sûre, tous les navires sont tenus de prendre le large dès que l'ouragan s'annonce. On a vu ainsi s'en aller des bâtiments non chargés qui ne sont jamais revenus ; d'autres ont dû emporter, jusque sur les rives de Madagascar, des personnes qui étaient à bord pour les visiter. »

A terre, pendant que se déchaîne le fléau dévastateur, pendant que le vent balaie tout sur son passage « et que la pluie tombe à torrents, on ne voit personne dans les rues, hormis les voleurs qui flairent les occasions. Du reste, toutes les maisons sont hermétiquement fermées, et l'on tient la lampe éclairée dans les appartements. Pour manger on se contente de ce qu'on peut trouver au logis ; aussi est-il bon, pendant la saison où ces phénomènes peuvent se produire, d'avoir des provisions chez soi, car se hasarda-t-on, pressé par le besoin, à sortir, tentative qui serait souvent impossible et jamais sans péril, on trouverait toutes les boutiques closes.... Qu'on se figure tous les vents du ciel déchaînés et courant quelquefois pendant plusieurs jours avec une vitesse de cinquante mètres par seconde, c'est-à-dire trois fois plus forte que celle d'une locomotive lancée à toute vapeur, et l'on s'expliquera les désastres que ce déplacement violent de l'air atmosphérique ne peut manquer de produire. »

Vu en mer d'une certaine distance, l'aspect général de la

Réunion fait penser à une ravissante corbeille de fleurs dont le centre serait occupé par un immense bosquet d'une splendide verdure, tandis que les bords sont nuancés des teintes différentes, appropriées aux différentes cultures, qui, disposées en gradins sur les flancs des montagnes, s'étalent tout autour en amphithéâtre.

Au temps où l'île fut découverte, et même pendant la première période de notre colonisation, son aspect était tout autre : les forêts, partant des hauteurs, descendaient jusqu'à la mer; tout était boisé.

Le défrichement des zones inférieures a singulièrement enrichi notre commerce maritime, et contribué à assurer à la Réunion le haut degré de civilisation dont elle jouit. Il a eu néanmoins un désavantage : son influence sur le climat et sur la puissance végétative du sol a été fâcheuse. C'est cette double observation qui a fait conserver le massif de forêts que nous montrions tout à l'heure comme occupant le centre de l'île.

Quand nous parlons d'un décroissement de fertilité, il ne faut point entendre ce mot que dans un sens relatif à ce qui existait avant la mise en culture du sol par les Français. Tel qu'il est encore, il serait impossible, croyons-nous, de trouver dans l'ancien monde un sol plus riche et plus productif que celui-ci, surtout sur le littoral, où on trouve, au pied de certains escarpements, des couches très profondes de terres d'alluvion formées de débris volcaniques et revêtues d'un humus éminemment fertile.

Ces alluvions, peu élevés au-dessus de la mer, se sont graduellement augmentés et améliorés; leur pente s'est adoucie et régularisée de telle sorte qu'ils forment maintenant des plaines assez étendues et propres aux cultures les plus variées.

Au sud de l'île, ainsi que nous l'avons tout d'abord indiqué, le sol change complètement. Ici, point de verdure, point de végétation, mais un prolongement de terres incultes formées de cailloux roulés par le vent et, pour ce motif, appelée la *Pointe des galets*.

En tirant un peu vers l'est, on est arrêté par des masses de sable, qui forment une plage stérile de plusieurs lieues d'étendue.

Une autre espèce de petit désert s'étend à droite du piton de la Fournaise sur un développement de plusieurs lieues ; c'est ce qu'on appelle dans l'île, le *grand pays brûlé*, recouvert de laves encore fumantes, envahi et pénétré par elles, et, par elles encore, rendu impropre à toute végétation. Ce triste canton justifie amplement le nom qu'il a reçu.

L'île forme deux arrondissements dont la circonscription est déterminée par la division naturelle de *partie du vent* et de *partie sous le vent*.

Ce qu'on nomme la *partie du vent* s'offre aux regards, lorsqu'on approche de Saint-Denis par mer ; c'est la plus riante. Celle dite *sous le vent* passe pour la plus riche ; mais elle est un peu sèche ; les sources y sont rares. La première, plus égale, s'élevant de la mer au faîte de l'île en pente douce, tempérée par des brises continuelles et cultivée avec soin, rappelle souvent l'Europe et en particulier le Languedoc, lorsque de loin on ne distingue pas la nature de la végétation. Des plantations de girofliers qui ressemblent à des bosquets d'agrément, des caféières immenses et des champs couverts d'épis dorés, agités par un mouvement de fluctuation continuel, parent cette terre dont ils sont la richesse.

Parmi les cours d'eau qui, dans l'une et dans l'autre partie, entretiennent la fraîcheur et l'éclat de cette végétation puissante, sont au nombre de dix-sept, quatre méritent une mention spéciale ; ce sont les rivières de *Saint-Denis*, des *Pluies*, de *Sainte-Suzanne* et du *Mât*.

Seule celle de Sainte-Suzanne est navigable près de son embouchure, et encore pour de très petites embarcations. Leur parcours, nous avons eu occasion de le faire remarquer, n'est pas considérable, mais en revanche, leur rapidité est extrême ; et à cet égard ils mériteraient plutôt le nom de torrents que celui de rivières, d'autant que les pluies exercent sur leur volume et leur impétuosité une action très sensible. Leur encaissement profond les rend peu propres, ce semble, aux irrigations agricoles et, en effet, au début de la colonisation, on ne parvenait pas à les utiliser sous ce rapport ; leur seul avantage était alors de maintenir l'atmosphère fraîche et légèrement humide. C'était déjà, sous ce soleil ardent, un grand bienfait ; le génie de l'homme ne trouva cependant pas que ce fut assez : avec un art infini, des percées furent pratiquées dans la bordure rocheuse qui formait leurs encaissements ; de petits canaux, partant de ces saignées, furent dirigés dans tous les sens, et une foule de ruisselets artificiels, disposés comme les mailles d'un immense filet, couvrirent l'île d'une sorte de réseau fécondant.

Nous avons dit qu'une seule des rivières de la Réunion formait, en se jetant dans la mer, un estuaire de quelque importance. Cet estuaire est assez considérable pour procurer aux navires une bonne aiguade, mais il ne s'avance pas assez profondément dans les terres pour constituer un mouillage sûr. Aussi bien, le manque de ports et de rades est-il l'inconvénient réel, au point de vue maritime, de l'île de la Réunion.

Sur cette côte régulière comme découpure des contours, on ne compte pas un seul port, et quant aux douze rades et aux sept anses qui s'y trouvent, non seulement elles sont peu sûres, mais leur accès est incommode, difficile et parfois même fort dangereux.

La configuration physique de l'île de France, appelée longtemps l'*île Sœur*, est toute autre. La nature y a creusé plusieurs ports, faciles d'accès et de sûr mouillage, et c'est ce qui a rendu si regrettable, comme station dans la mer des Indes, la perte de cette colonie, et ce qui nous impose la nécessité absolue de conserver nos établissements de Madagascar et d'y développer, par tous les moyens en notre pouvoir, notre influence.

Chacun des arrondissements de la Réunion forme trois cantons, subdivisés eux-mêmes en treize communes.

Le premier de ces arrondissements, celui de *Saint-Denis*, comprend le canton de *Saint-Denis* (commune *Saint-Denis*), le canton de *Sainte-Suzanne* (commune *Sainte-Marie, Sainte-Suzanne, Saint-André de Salazie*), le canton de *Saint-Benoît* (commune *Saint-Benoît* et *Sainte-Rose*).

L'arrondissement de *Saint-Paul*, le canton de *Saint-Paul* (commune *Saint-Paul*), le canton de *Saint-Louis* (commune *Saint-Leu* et *Saint-Louis*), le canton de *Saint-Pierre* (commune *Saint-Pierre, Saint-Joseph* et *Saint-Philippe*).

La Réunion a, sur son territoire, trois villes : *Saint-Denis, Saint-Paul* et *Saint-Pierre*, sept bourgs ou villages, tous situés sur le littoral et portant chacun le nom de sa commune respective.

Saint-Denis, chef-lieu de la colonie, siège du gouvernement et la plus commerçante des trois villes que nous avons nommées, est situé dans la partie du vent au bord de la mer ; l'air y est pur et sain, les eaux abondantes et très bonnes.

La rade de Saint-Denis est limitée, plutôt que protégée, par deux caps ; à gauche, c'est-à-dire à l'est, la *Pointe des Jardins ;* à droite, c'est-à-dire à l'ouest, le cap *Bernard*. Entre ces deux points, on a devant les yeux, quand on entre dans la rade, la ville dont les maisons en bois, mais fort élégantes, sont comme semées au milieu de charmants jardins. Elle compte environ 30,000 âmes et s'élève en pente douce à partir du rivage, presque toutes les rues se coupant à angles droits. Saint-Denis « présente l'aspect d'un vaste damier, mais d'un damier dont chaque case porterait un bouquet de verdure et de fleurs. C'est du milieu de ces bouquets que jaillissent les maisons élevées d'un ou deux étages au plus sur un rez-de-chaussée ordinairement muni d'une vérandah.

» La principale rue, autrefois rue Royale, aujourd'hui rue de Paris, part presque du rivage pour aller jusque dans la partie haute de la ville ; on la voit se développer devant soi lorsqu'on est en rade.

» C'est le long de cette voie que sont groupés la plupart des édifices publics : près du rivage, à droite de la rue de Paris, l'hôtel du gouverneur, sur une place d'une certaine étendue ; un peu plus loin, à gauche, et également sur une place, la vieille église qui sert de cathédrale en attendant l'achèvement de l'édifice plus considérable qui est en voie de construction ; en face de l'église, à droite de la rue par conséquent, la caserne de la compagnie disciplinaire ; un peu plus loin, l'hôpital militaire, puis l'hôtel de ville ; encore et toujours sur la droite, vers le milieu de la rue, la Direction de l'Intérieur. Tout à l'extrémité de la rue de Paris se trouve le Jardin des Plantes, et à peu de distance de là, le lycée. Le collège des Jésuites occupe une situation beaucoup plus excentrique, au milieu d'un quartier de création récente, appelé le Butor. L'établissement de la Providence, qui renferme à la fois des écoles primaires et une école professionnelle, est tout à fait en dehors de la ville ; au delà, commencent les premières assises d'un massif de montagnes qui, s'élevant rapidement d'étage en étage jusqu'aux régions des neiges éternelles, borne la vue et ferme l'horizon. Parfois seulement, derrière cette barrière de plus de 3,000 mètres de haut, le ciel s'illumine, le soir, de la lueur rougeâtre d'un volcan en activité ; c'est le piton de la *Fournaise* qui est placé, ainsi que nous l'avons dit, à l'autre extrémité de l'île. »

Saint-Paul, chef-lieu de l'arrondissement sous le vent, est située à trente kilomètres de Saint-Denis, ville avec laquelle elle rivalise. C'était, avant la suppression de l'esclavage, une charmante bourgade. « La grande rue surtout, qui borde le canal, offrait une succession des plus délicieux cottages ; » l'aspect en a changé aujourd'hui, et si « le pittoresque y a perdu, » nous devons avouer que l'importance de la ville y a gagné. C'est à Saint-Paul que les voyageurs qui abordent dans l'île vont visiter l'habitation de la famille Parny, dont la famille Lefort, héritière et descendante du chevalier-poète, fait les honneurs « avec cette aménité pleine de charme qui distingue à un si haut point les créoles français et surtout ceux de Bourbon. »

L'habitation appelée *le Berceau*, est située à l'embouchure même de la gorge, en avant de laquelle se blottit coquettement et paresseusement la villa. « Trois bassins successifs et comme échelonnés l'un au-dessus de l'autre, mènent au fond de la rivière ; on les franchit en pirogue. Le dernier est circulaire, entouré d'un cirque de rochers à pics ; la sonde y rapporte jusqu'à cinquante mètres d'eau ; un vaisseau à trois ponts y flotterait ; c'est là que tombe, d'une hauteur d'environ trente-cinq mètres, la cascade qui se fait jour par une crevasse au centre d'une muraille verticale.

» Comment se refuser à l'idée que c'est un ancien cratère de volcan, aujourd'hui éteint et comblé par les eaux ? On est là comme au fond d'un gouffre ; le spectacle est grandiose, mêlé de grâce et d'horreur. Quand on s'arrête à contempler d'un côté ces montagnes déchirées, ces noires parois de rocs qui vous serrent et vous compriment, — de l'autre, à l'issue de la gorge, le soleil couchant derrière un rideau de dattiers et de cocotiers et le calme qui semble descendre doucement du ciel sous la forme d'un voile azuré ; quand on prête l'oreille au murmure des cascades qui semblent vouloir rendre l'air harmonieux, on oublie bien vite les soins et les préoccupations de la vie ! Il semble que le sol que l'on foule n'appartient déjà plus à la terre.... Mais l'ombre, qui s'épaissit vite au fond du ravin, nous rappelle qu'il est temps de regagner Saint-Paul.... »

Dans la rade de cette ville, se trouve le seul point peut-être de la côte de Bourbon où la mer ne brise pas constamment ; ce point est formé par une espèce de facette de rocher, large au plus d'une vingtaine de mètres, qui plonge verticalement dans l'eau à près de dix brasses de profondeur. Un homme d'une intelligence peu commune, d'une grande persévérance contre la mauvaise fortune, dont toute la vie a été occupée de travaux utiles, à qui Bourbon doit la plus grande partie des établissements de marine destinés à faciliter les chargements et les déchargements de navires sur divers points de la côte, a conçu le projet hardi de couper dans ce rocher une cale de halage.

A propos de cet industrieux colon, l'honorable officier de marine (1), qui nous sert de guide, rapporte un épisode de la vie de M. Crémasy, que nous demandons au lecteur la permission de reproduire dans toute son originalité romanesque et instructive.

Ce sera, il est vrai, une assez longue parenthèse ouverte dans notre récit, mais cette interruption donnera place à la curieuse odyssée d'un nouveau Robinson, et mettra en lumière ce qu'avait d'aventureux, il y a à peine un demi-siècle, l'existence des hommes qui allaient recruter des travailleurs pour la Réunion.

« M. Crémasy commandait un navire chargé pour la côte. Il voulut relâcher à l'île de la Providence, située au nord du canal de Mozambique, à l'effet d'y prendre des cocos germés pour la nourriture des noirs. En ce temps-là, les moyens de navigation le long de la côte d'Afrique étaient encore très simples. On ne connaissait pas les câbles-chaînes ; on ne se servait guère que de câbles en *bastan* ou crin de palmier, si abondant aux Célèbes sous le nom de *goumontou*, et, comme ces câbles se rompent souvent sur les récifs et les bas-fonds de coraux, pour ménager les ancres on mouillait ce qu'on appelait une *pégase*, espèce de cadre en bois chargé de pierres.

» A peine mouillé près de la Providence, le capitaine se rendit à terre pour reconnaître les ressources de l'île et renvoya à bord son canot. Il parcourait le rivage depuis quelque temps, quand la *pégase* de son câble se rompit, et le navire fut envoyé au large par les courants très violents dans ces parages. Le lieutenant mit sous voile pour regagner le rivage, mais il ne put refouler le courant assez vite, et la nuit tomba avant qu'il eût repris son poste. Le capitaine, resté à terre, n'avait pour tout vêtement qu'une veste et un pantalon de toile blanche, pour arme qu'une *manchette*, espèce de sabre de bord qu'on trouve aux mains de tous les Indiens du Mexique. Sa première pensée, quand il se vit condamné à passer la nuit dans cette île déserte, fut de se faire un abri : avec des feuilles

(1) M. Page.

de cocotier, il se construisit un *ajoupa*, et il se désaltéra avec l'eau des cocos dont l'amande lui fournit un sobre souper.

» Il dormit mal ; une inquiétude vague sur le sort de son navire, les maringouins, des bandes de rats qui vinrent l'assaillir, l'anxiété même de la solitude le tinrent éveillé. Au point du jour, il était sur la plage, cherchant dans la brume du matin une voile à l'horizon. Il ne vit rien. Il attendit le soleil ; le soleil se leva, dissipa le brouillard, répandit sur la mer un azur argenté, mais point de navire.

» Le capitaine s'assit et plongea de longs regards dans le vague de l'air. Ses réflexions, tout le monde peut les deviner. Il prit sa manchette et partit. Il n'eut pour déjeuner que du coco. Dans ses courses, il rencontra des concombres sauvages ; mais il eût fallu les faire cuire, et le feu lui manquait.

» Un sauvage, en moins de rien, lui en eût allumé en frottant l'un contre l'autre deux morceaux de bois d'inégale dureté, mais il n'était point un sauvage, et son éducation d'homme civilisé n'avait point prévu le cas qui se présentait. Il eut recours cependant au procédé du sauvage : il fit un trou dans un morceau de bois léger, y plaça un bâton pointu d'un bois plus dur qu'il fit tourner entre ses mains le plus rapidement qu'il put ; mais, soit maladresse, soit accident, il ne parvint pas ce jour-là à se procurer du feu.

» Le lendemain, point de navire. Il se remit à l'œuvre pour le feu. Il s'y prit mal encore, puis un peu mieux, et enfin il vit le bois noircir et se charbonner. Il redoubla d'efforts ; une légère fumée sortit du contact des morceaux de bois ; il y plaça les fibres desséchées de cocotier ; enfin, vers le soir, une étincelle jaillit, la fumée devint brillante ; les fibres de cocotier s'étaient allumées. Il souffla le feu, l'accrut et poussa un cri de joie quand la flamme embrasa son bûcher !

» Alors il se procura un morceau de bois assez gros pour garder le feu pendant la nuit, entassa des branches et des feuilles sèches, et, accroupi devant le foyer, il passa presque toute la nuit à l'entretenir et à l'admirer. Cependant ses yeux se fermaient, un bruit singulier le réveilla, il lui sembla qu'on marchait auprès de lui.

» Il écoute, il regarde, et voit, en effet, une tortue de mer qui montait à la plage pour y déterrer ses œufs et emmener ses petits éclos. Tel est l'instinct de ces animaux qu'ils vont déposer leurs œufs dans le sable, non au bord même de la mer, mais au delà de la limite extrême qu'atteignent les vagues, dans une exposition favorable pour recevoir les rayons du soleil. Cinquante jours après, sans le moindre retard, ils viennent les déterrer ; à mesure que la couche de sable qui les couvrait se soulève, grâce à leurs efforts, les jeunes tortues rompent leurs coquilles et marchent en file à la suite de leur mère qui les conduit à l'eau. Dès qu'elles ont touché le flot, elles s'attachent au ventre de leur mère qui les porte au large.

» Le capitaine s'approcha à pas de loup de la tortue, la retourna sur le dos et se tint en sentinelle à ses côtés pour la garder. Au jour, il se mit en devoir de la dépecer. Elle était énorme; il lui fallut de grands efforts ; enfin il y parvint, la trouva fort grasse et bien à point. Il fit cuire la chair qui lui parut excellente, et conserva la graisse qui, mise dans les écailles des petites tortues, avec des fibres de cocotier en guise de mèche, le fournit amplement de lampions, de veilleuses et même de lustres. Il eut facilement du sel par l'évaporation de l'eau de mer ; l'écaille de la grosse tortue lui servit de marmite. L'eau de coco le fatiguant, il creusa un puits dans le sable et se procura de l'eau douce. Bientôt il lui fallut laver son linge, mais jamais il ne put se décider à rester un seul instant sans aucun vêtement. Il ne lavait les différentes pièces de son costume que les unes après les autres.

» Restait à écarter de son ajoupa les rats et les moustiques ; il y parvint en grande partie en brûlant et défrichant l'espace qui l'entourait ; il y fit ainsi une enceinte que tout animal immonde respecta.

» Il avait rencontré, dans ses promenades, un grand nombre de tourterelles qui se laissaient facilement approcher. Il leur donna la chasse à coups de gaule, et ce fut un nouveau mets pour sa table. Il les suspendait, pour les faire rôtir, à un fil de cocotier qu'il tournait entre les doigts de manière à les présenter successivement de tous les côtés à une flamme pétillante. Il les trouva tendres, grasses, exquises!...

» Dans le sud de l'île s'étend un banc de coraux qui n'a pas moins de quarante-quatre kilomètres de longueur et que le flot couvre et découvre à chaque marée. Quand la mer se retire, le poisson se réfugie par masses considérables dans les creux où l'eau séjourne. Ce fut pour notre solitaire une nouvelle source de jouissances et d'occupations. Chaque jour, à marée basse, il se rendait au récif, cherchait les réservoirs où le poisson était le plus entassé, et, armé de sa *manchette*, il choisissait les plus délicats et les harponnait. Il fit sécher les plus convenables et eut, de la sorte, un approvisionnement qui le rassura sur sa subsistance.

» Mais ce qui préoccupait surtout notre solitaire, c'était l'idée de sortir de son île. Chaque matin, il passait de longues heures sur le rivage, près du lieu où son navire avait disparu. Mille appréhensions douloureuses traversaient son esprit; parfois il pensait que peut-être ses compagnons avaient fait naufrage sur quelque écueil inconnu de ce dangereux archipel, et, sans perdre cependant tout espoir de les voir arriver enfin à son secours, il songeait à appeler l'attention des navigateurs que le hasard pourrait faire passer en vue de l'île. A cet effet, il réunit, non sans peine, une quantité de bois assez considérable pour dresser un grand bûcher; un amas de feuilles sèches occupait la partie supérieure; des lits de feuilles de cocotier alternaient avec les troncs d'arbres qu'il avait empilés les uns sur les autres. Il guettait l'occasion d'y mettre le feu et de révéler, par l'éclat d'une flamme immense, et sa présence et sa détresse.

» Ses yeux parcouraient chaque soir l'horizon avec la plus vive anxiété. Et ainsi, les jours succédant aux jours, sa solitude lui paraissait de plus en plus profonde. Son seul plaisir était de regarder les frégates lorsqu'elles dîmaient et taillaient les goélands quand ceux-ci venaient par bandes chercher dans l'île un asile pour la nuit. Par un secret instinct du danger qui les menaçait, les goélands regardaient d'abord si quelque frégate ne planait pas au haut des airs. Ils portaient dans leur bec la pitance du soir, destinée sans doute à leurs petits et qu'ils avaient choisie avec soin dans leur pêche sur le récif. Ne découvrant aucun ennemi, ils abaissaient leur vol, rasaient la surface de la mer, de manière à se confondre pour ainsi dire avec son écume et accouraient à la plage; mais là, l'ennemi en embuscade les attendait, fondait sur eux et, de son aile dure, immense, rapide, les frappait à coups redoublés jusqu'à ce qu'ils eussent lâché leur proie.

» Le goéland, battu et dépouillé, regagnait, en poussant des cris de douleur et de détresse, son nid, où l'attendaient ses petits affamés. Là, c'était une scène de désolation, des cris confus, des lamentations, jusqu'à ce que la nuit vint tout ensevelir dans le sommeil, ou qu'un voisin moins maltraité, jetant hors de son nid le surplus d'un souper copieux, laissât tomber ainsi une consolation sur le logis désespéré. Monde des oiseaux, n'es-tu pas l'image de la société des hommes!

» Arriva bientôt le moment où l'inquiétude du capitaine se tourna du côté de ses vêtements. Comment couvrirait-il sa nudité lorsque les trois pièces qui en constituaient l'ensemble tomberaient en lambeaux? En prévision de cette détresse, il se mit à tisser une sorte de natte avec des fils de palmier; l'arête d'une feuille de cocotier, qu'il tailla et polit, lui servit de navette; c'était un tissu grossier, mais qui, du moins, lui fournirait un abri contre le soleil et le contact direct de l'air. Il admira son industrie, et son esprit y puisa une sorte d'exaltation qui remonta son courage et raviva son espoir. Il ménagea sa chaussure à l'aide de sandales faites d'écorce de cocotier; enfin il entreprit l'exploration détaillée de son refuge.

» L'île de la Providence est plate, sablonneuse et n'occupe pas, en circonférence, plus de huit kilomètres. Le tiers seulement de sa superficie est couvert de cocotiers ; c'est la partie du vent, où les courants et les brises régnantes de l'est ont porté des cocos qui ont germé, pris racine et, se propageant de proche en proche, ont formé, dans la succession des âges, une forêt. Tout le reste de l'île n'est qu'une plaine de sable, semée, çà et là, d'arbustes rabougris, d'herbe dure et saline et de maigre gazon.

» Un soir que le capitaine regagnait pensif son ajoupa, suivant le bord de la mer et ramassant des coquillages pour son souper, il crut voir poindre à l'horizon les voiles d'un navire. Le soleil venait de se coucher. L'atmosphère semblait encore embrasée de ses rayons mourants, les nuages du crépuscule étincelaient des feux des plus riches couleurs ; mais ce point qui brillait au sein des vapeurs dorées du soir, était-ce bien une voile ? Les nuages tant de fois avaient pris cette apparence à ses yeux ! La brise poussait le bâtiment de son côté ; toutes les formes variaient à l'entour : ce point seul conservait son aspect. Il n'en douta plus, c'était un navire !

» Son cœur alors s'émut d'espérance et de crainte ; était-ce son propre navire ou un bâtiment étranger qui passait par hasard ? Devait-il mettre le feu sur-le-champ à son bûcher au risque de consumer en pure perte le résultat de tant d'efforts ?

» Cependant la voile grandissait. Quand la nuit fut sombre, le capitaine se décida et approcha du bûcher une torche enflammée ; le feu s'éleva dans les airs en une immense pyramide ; le navire sembla comprendre le signal donné par ce phare improvisé et s'approcha du mouillage. C'était bien le lieutenant qui venait chercher son capitaine. Emporté par le courant, manquant d'eau et de vivres, il avait été contraint d'aller se ravitailler à *Anjouan*, près de Mayotte.

» L'exilé écrivit l'histoire de ses trente-deux jours d'apparent abandon et la mit dans une bouteille qu'il suspendit à l'arbre le plus en vue de la forêt. Il fit débarquer un coq et quatre poules qui ont multiplié et couvert l'île de volailles ; un sentiment d'humanité lui inspira cette pensée, et ensuite il fit ses adieux à son île.... »

Ainsi que nous l'avons dit, tous les centres de population, sauf un dont nous parlons plus loin, sont, à la Réunion, au bord de la mer. Autrefois, les communications entre ces diverses bourgades étaient difficiles et rares ; les voyageurs ne les parcouraient qu'à cheval et avec une extrême fatigue ; des nègres porteurs les accompagnaient chargés de leurs bagages. Aujourd'hui, court tout autour de l'île « une route de ceinture bien macadamisée, qui tantôt suspend ses rampes aux flancs des rochers et tantôt franchit des lits de torrents sur des ponts suspendus du plus bel effet.

» Cette route s'arrête de chaque côté de la vallée du volcan, appelée le *grand pays brûlé*. Pour traverser cette région désolée, il faut suivre un sentier à peine tracé, à travers des rocs plutoniques sur lesquels la lave jette parfois des arcades de matières incandescentes.

» A l'intérieur les communications n'offrent pas moins de difficultés, souvent même elles sont impraticables. Parfois apparaissent les traces les plus irrécusables de la formation volcanique de l'île ; les creuses fissures du sol semblent plonger dans des abîmes où roulent et grondent des torrents ; les rochers, brusquement soulevés par les terribles convulsions de ce sol tourmenté, se dressent verticalement à des centaines de pieds de hauteur ; c'est un chaos de roches aiguës, de pitons effilés, de crêtes découpées et tranchantes, d'où pendent en guirlandes des lianes gigantesques, et tombent d'innombrables cascades qui tracent des filets argentés sur les parois des rochers. »

Mais avant de nous y engager, pour aller visiter le seul centre de population qui existe encore à l'intérieur de l'île, jetons un rapide coup d'œil sur une des petites bourgades qui sont disséminées sur la côte et qui toutes se ressemblent.

Se groupant chacune autour de ce *clocher*, si cher à tout cœur vraiment français, aussi bien dans la mère patrie que sur les rives lointaines où flotte notre drapeau, l'église, le presbytère et l'école forment à la Réunion le vrai centre, on pourrait dire « le cœur » de chaque village ; quelques habitations, un débarcadère, rarement accessible à d'autres embarcations qu'aux petites barques côtières de l'île, une demi-douzaine de boutiques de détail ; autant d'ateliers d'ouvriers appartenant aux professions d'une application indispensable aux besoins journaliers de la vie ; ajoutez à cela les inévitables enseignes de marchands de vin et un groupe, d'ordinaire placé un peu à l'écart, de cabanes de pêcheurs, et vous aurez la photographie, à peu près exacte, de chacun de ces petits centres de population.

Mais ce que la plume ne saurait exprimer, et ce que l'art du photographe lui-même ne saurait rendre, c'est le cadre vraiment féerique que la végétation tropicale, combinée avec les débris volcaniques, les déchirures du sol, les vives arêtes des rochers dénudés et l'âpre aspect des montagnes neigeuses qui couronnent la partie centrale, fait à ces simples tableaux ; le type particulier des divers habitants, types dans lesquels on retrouve des traits appartenant à la plupart des races humaines.

.... Nous avons parlé tout à l'heure d'un village qui, différant des autres et par sa position et par son aspect, offrait un intérêt particulier et demandait une description spéciale. C'est *Salazie*, au pied des montagnes *Salazes*, c'est-à-dire au centre même de l'île.

Au commencement de notre siècle, la vallée où se trouve maintenant la jolie petite ville française, était un point presque inabordable pour les Européens. Ses échos n'avaient jamais été encore frappés que par les plaintes et les blasphèmes de quelques malheureux nègres marrons, ou par le cri de victoire de quelque hardi chasseur, entraîné jusque dans cette solitude presqu'inaccessible par l'ardeur de la poursuite.

Depuis un demi-siècle environ, la civilisation a jeté là un de ses mille bras ; des Français s'y sont établis ; la puissante végétation tropicale a été domptée par la volonté et le travail de l'homme ; des arbres dix fois centenaires y sont tombés sous la hâche des bûcherons ; les lianes envahissantes, sans cesse détachées des troncs puissants qui leur servaient d'appui, se sont desséchées, et de riches cultures ont mis à profit l'étonnante fertilité dont est douée cette partie de l'île.

Pour s'y rendre en quittant Saint-Denis, on prend d'abord la grande route qui longe le bord de la mer. « La première heure de ce chemin, dit M. Th. Page qui va continuer à nous servir de guide (1), a quelque chose d'imposant, mais de singulièrement triste : le vent qui souffle et mugit dans les filaos (espèce de *casuarina*), le grondement de la mer qui se brise sur la plage, les secs retentissements des galets roulés par les vagues, assombrissent l'âme. Dans la saison de l'hivernage, on se hâte de franchir les cinq bras de la *rivière des Pluies* ; un orage soudain pourrait faire déborder le torrent qui tombe alors avec fracas, déracinant les arbres et les rochers.

» Mais dès qu'on approche de Sainte-Suzanne, la nature s'embellit, la végétation s'enrichit, on ne serre plus la mer de si près ; les cultures sont plus soignées, les habitations mieux entretenues, et jusqu'à Saint-André ce n'est plus qu'une route charmante, douce, bien tracée, bien aplanie, bordée de jardins en fleurs, de haies de roses et du plus délicieux feuillage. La poitrine se dilate, le cœur s'épanouit dans cette atmosphère de parfums, aux fraîches brises du matin ; on sent autour de soi le bien-être de l'aisance. »

On quitte à Saint-André la grande route, pour se diriger, non plus parallèlement à la côte, mais droit vers le point central de l'île, vers le *piton des Neiges*, au pied duquel s'abrite l'établissement thermal de Salazie (2). Bientôt des montagnes hautes et continues se dressent devant nous comme une barrière infranchissable. C'est ici que le guide nous est nécessaire : nous faisant tourner la diffi-

(1) *Une station dans l'Océan Indien.*
(2) Le gouvernement de Juillet se proposait de faire de Salazie un lieu de déportation. La république de 1848 se montra favorable à ce projet, qui, heureusement pour le caractère religieux et moral de l'île de la Réunion, a été abandonné depuis.

culté, il nous conduit au nord-est, à un étroit passage qui n'est autre que le lit de la rivière du *Mât*, qui semble s'être ouvert une issue en faisant aux roches de granit une brusque déchirure.

C'est en suivant la route ou plutôt le sentier qui, au bord de la rivière, suit les ondulations de celle-ci, qu'on pénètre dans la vallée. La chaîne de montagnes dont on a longé pendant quelques instants la base extérieure s'étend circulairement tout autour de cette vallée et forme ainsi un immense cirque de près de trois lieues de diamètre.

Cet amphithéâtre, construit par la nature pendant un de ces bouleversements du sol dont les traces, que l'on retrouve sur tous les points du monde, ne sont nulle part peut-être plus nettement accusées que dans le groupe d'îles qui nous occupe ici, élève presque jusque dans les nuages ses cimes verdoyantes et n'a qu'une seule interruption, un seul abaissement, le passage étroit par lequel nous venons d'y pénétrer.

La vallée est, elle-même, élevée de sept à huit cents mètres au-dessus du niveau de la mer ; son climat est délicieux : l'hiver y est un peu plus doux que celui de Toulon, et l'été n'y est jamais plus chaud que celui de Bordeaux. Le site en lui-même est ravissant ; aussi n'est-il pas étonnant que Salazie ait été comparée, par la plupart de ses visiteurs, à un délicieux Eldorado, non moins poétique que la vallée si célèbre de Tempé.

Longerons-nous les capricieux détours du Mât qui sillonnent la vallée ? Essayerons-nous de gravir quelques points de son inaccessible rempart, entreprise difficile que la chèvre agile est seule capable de mener à bien ? Ferons-nous une agréable station dans quelqu'une de ces charmantes demeures, situées chacune dans des espèces de petites îles que forment les sinuosités d'une foule de minces cours d'eau, qui tous, avant de quitter la vallée, se perdent dans la rivière du Mât ? Ou bien, traversant immédiatement la vallée dans sa largeur, irons-nous, pour nous assurer par nous-mêmes des effets salutaires de ses eaux thermales, demander un asile à quelqu'une des familles qui, en s'établissant à l'entour, ont fondé le joli village de Salazie ? Quel que soit le parti auquel s'arrête le visiteur ; qu'il se borne à jeter un coup d'œil d'ensemble sur cette vallée peut-être unique au monde, dont le sol, couvert du plus riche humus, a sûrement pour base le fond d'un cratère, dont les parois, formées autrefois de laves croulantes et désolées, se sont raffermies et revêtues de la plus riche végétation ; soit qu'il en détaille les beautés riantes bien que majestueuses, il en conservera très certainement le souvenir toute sa vie.

II

Comme dans nos colonies des Antilles, la population a été formée à la Réunion, jusqu'en 1848, de trois éléments principaux : les blancs, les hommes de couleur libres et les nègres esclaves.

Ces trois éléments de population parfaitement distincts étaient, et sont probablement encore aujourd'hui, bien que l'esclavage soit aboli et l'égalité civile proclamée pour tous, ainsi caractérisés par les nègres. « *Le blanc*, disent-ils dans leur langage imagé et tout semé d'apophtegmes, *le blanc est l'enfant de Dieu; le noir est l'enfant du diable; le mulâtre n'a pas de père.* »

A la Réunion, comme à la Martinique, comme à la Guadeloupe, les blancs descendent tous de familles françaises ; beaucoup parmi eux portent des noms depuis longtemps connus et honorés dans la métropole.

Les blancs possèdent encore la majeure partie des terres, des capitaux et des propriétés de toute nature. Le haut commerce et l'industrie sont entre leurs mains.

La classe des hommes de couleur est formée d'individus, dits de sang mêlé, et de nègres. En dépit de la loi et de la propagande faite en leur faveur, les hommes de couleur ont jusqu'ici gardé des habitudes, des tendances qui suffiraient à établir une ligne de démarcation entre eux et les blancs, alors même que des préjugés qu'il faudra de grands efforts et beaucoup de temps pour déraciner complètement ne les séparaient pas. La nature, en effet, semble avoir imprimé sur les deux races un sceau différent, et cela non seulement par la couleur de la peau, mais par certains caractères physiques, et surtout par des inclinations et des aptitudes différentes; de plus enfin, les mœurs et l'éducation semblent se réunir pour maintenir entre elles une barrière infranchissable.

Un des plus frappants parmi ces traits caractéristiques différentiels, est la répulsion instinctive de l'homme de couleur pour tout travail et surtout pour le travail agricole. Toute occupation leur semble une dérogation. Passionnés pour la toilette et le clinquant, se souciant peu du reste, et ne travaillant que tout juste pour faire face aux nécessités de leur luxe apparent ou aux besoins les plus impérieux de la vie matérielle, ils mettent leur honneur et leur joie à se reposer aussitôt après.

Cet amour de l'oisiveté, qui est propre aux populations africaines et en général à tous les Orientaux, est d'autant plus regrettable que les gens de couleur sont très adroits et parfaitement aptes aux travaux manuels. Il n'y a pas de doute qu'avec un peu d'ardeur et d'émulation ils arriveraient promptement à porter, dans l'exercice des différents métiers, un perfectionnement remarquable. Et c'est à ce point de vue que l'enseignement primaire et l'enseignement professionnel, fort bien organisés à la Réunion, constituent le plus grand bienfait dont la sollicitude de la mère-patrie ait pu doter cette colonie.

Nous étendre aujourd'hui sur l'état des nègres esclaves serait faire un retour dans le passé tout à fait inutile. Nous devons seulement, ce qui explique certaines nuances encore existantes dans les familles de gens de couleur de nos colonies, où l'ascendant de la mère est plus nettement accusé que dans tout autre milieu, faire observer que la liberté de naissance était transmise par la mère, dont l'état déterminait celui des enfants ; de telle sorte qu'un enfant d'un père libre, pour si haut placé qu'il fût, et d'une mère esclave, naissait esclave et ne pouvait devenir libre que par un affranchissement légal.

A ces trois catégories dont nous venons de déterminer les caractères et qui sont depuis 1848 fondues — du moins de droit — en une seule, s'ajoutaient, à la Réunion, celle d'Indiens engagés par les colons sur la côte d'Erixa, et une subdivision de blancs, classe de prolétaires, les uns sans propriétés, les autres sans propriétés suffisantes qui végétaient dans le dénuement et la misère, à moins qu'ils n'exerçassent quelque état manuel.

On les appelait *petits blancs* ou *petits créoles*. C'est probablement à l'existence de cette classe blanche intermédiaire que l'on doit le rapprochement, beaucoup plus rapide et sensible que partout ailleurs, qui s'est opéré à la Réunion entre les différentes classes d'habitants ; car il est à remarquer que si la barrière, dont nous parlions tout à l'heure, n'a pas été complètement renversée, elle s'est du moins légèrement abaissée. On peut donc considérer les *petits créoles* comme ayant formé, et peut-être comme formant encore, une transition entre le blanc, grand propriétaire colon, riche et puissant, et l'homme de couleur.

Quoi qu'il en soit de cette hypothèse, ce qui est certain, c'est que « lorsque survint pour nos colonies la crise de 1848, l'île de la Réunion se trouvait dans des conditions exceptionnellement favorables pour la supporter.

» Depuis quinze ans, elle avait reçu le bienfait d'une constitution relativement libérale, et elle avait su en profiter. La loi du 24 avril 1833, complétée par l'ordonnance du 22 août de la même année, lui avait donné, sous le nom de conseil colonial, une assemblée élective. L'année suivante, le principe de l'élection avait été étendu aux conseils municipaux. Dans la colonie comme dans la métropole, le cens, à cette époque, était la condition du droit de suffrage. Les conseils municipaux avaient les mêmes attributions que ceux de la métropole. Le conseil colonial votait les budgets coloniaux et surveillait la marche de l'administration, confiée à un gouverneur assisté d'un conseil privé dans lequel siégeaient, à côté des chefs de services, quelques-uns des notables habitants du pays. La population, par l'élection du conseil colonial et des conseils municipaux, prenait donc une certaine part à la gestion des affaires locales. Il lui manquait de prendre part à la gestion des affaires générales de l'Etat. L'île de la Réunion, comme les autres colonies, n'envoyait pas de députés à la Chambre. La création d'une représentation des colonies dans les conseils de la métropole devait être la conséquence et comme le prix de l'abolition de l'esclavage.

» Dans le système que nous venons d'esquisser, l'administration de la colonie fut plus prudente que hardie, plus amie de la conservation que du progrès, mais, en somme, sage et modérée. Les finances étaient conduites avec économie ; la situation budgétaire était satisfaisante, bien que l'île produisît, dans ses meilleures années, à peine ce qu'elle produit aujourd'hui dans ses années de détresse.

» Tout en combattant l'abolition de l'esclavage, projetée par la métropole, la population blanche sentait bien que cette réforme était inévitable, et que, tout au plus, on pouvait espérer de la retarder de quelque temps. On s'y préparait donc, soit par des affranchissements partiels, soit par de louables efforts, pour donner aux nègres esclaves les premiers éléments de l'instruction primaire et de l'éducation religieuse.

» L'esclavage, d'ailleurs, avait toujours été moins rude à la Réunion que partout ailleurs ; les haines de castes y étaient moins vivaces. De jour en jour elles allaient en s'affaiblissant. Déjà la classe des hommes de couleur tenait une place importante dans la colonie. Dans le collège royal de Saint-Denis, des fils de mulâtres et même des fils de nègres affranchis étudiaient à côté des fils de blancs. Il y avait des mulâtres dans le conseil colonial, et il y en eut parfois dans le conseil privé.... Un véritable esprit public se formait, et les mœurs, plus fortes que les lois, avaient créé une liberté de fait avec laquelle il fallait compter.

» Cette éducation politique avait préparé les habitants de la Réunion à envisager sans trop d'effroi la situation nouvelle qui allait être faite aux colonies par la proclamation de la République et par l'abolition de l'esclavage. Le premier moment de surprise une fois passé, on se mit en mesure de faire face aux événements..... Les colons surent éviter d'aggraver, par leur mauvais vouloir et leurs résistances, les difficultés de cette grave révolution sociale, et grâce à cet esprit de sagesse, avant la fin de 1848, l'abolition de l'esclavage à la Réunion était devenu un fait accompli, sans que l'on eût eu aucun malheur à déplorer.

» Une partie des anciens esclaves avait consenti à s'engager comme travailleurs libres pour continuer la culture de la canne à sucre. Le voisinage de l'Inde et de la côte orientale d'Afrique permettait d'ailleurs de recruter sur ces deux points les bras qui pouvaient manquer. Le produit de l'indemnité accordée aux anciens propriétaires d'esclaves leur permit soit d'éteindre leurs dettes hypothécaires, soit de perfectionner leur outillage, soit de se procurer des engrais. Bref, on essaya par tous les moyens possibles de réparer les brèches que l'abolition de l'esclavage avait pu faire à la fortune de la colonie.

» Cette sage et patriotique conduite fut récompensée. A la crise passagère de 1848 succéda une assez longue période de prospérité. La production du sucre, qui ne dépassait pas en moyenne vingt-cinq millions de kilogrammes à la veille de la révolution de 1848, atteignit vingt-neuf millions de kilogrammes en 1852; en 1853, elle était de trente-trois millions; en 1854, de trente-neuf millions; en 1855 et 1856, elle arrivait à cinquante-six millions. Enfin, un peu plus tard, elle atteignait soixante millions de kilogrammes et dépassait même un instant ce chiffre.

» .... Les colons eurent un tort, un tort grave, il faut l'avouer : ils s'exagérèrent la prospérité de l'île; ils considérèrent un certain nombre de récoltes extraordinaires comme des récoltes normales. Les fortunes rapides faites par quelques propriétaires éblouirent les autres, chacun compta pouvoir s'enrichir en cinq ou six ans; toutes les propriétés qui se trouvaient à vendre furent achetées en payant un acompte relativement minime et en comptant sur les récoltes pour payer le surplus du prix d'achat. De mauvaises années survinrent. La terre était épuisée par l'abus des engrais et par une production exagérée. On lui avait demandé plus qu'elle ne pouvait donner, et elle ne voulut même plus donner ce qu'on était en droit d'en attendre.

» Sur ces entrefaites une maladie se jeta sur les cannes à sucre, des coups de vent arrivèrent par dessus. L'ouragan acheva l'œuvre de la maladie; les récoltes furent réduites de la moitié. Les habitants, qui avaient acquis ces propriétés à un prix exagéré, se trouvèrent hors d'état de faire face à leurs engagements. Leur ruine entraîna celle des négociants et des agents de change auprès desquels ils avaient trouvé du crédit. La place de Saint-Denis presque tout entière croula. D'anciennes maisons d'une honorabilité reconnue, d'une solvabilité jusque-là intacte, suspendirent leurs paiements. Le contre-coup de ces désastres se fit sentir jusqu'en France, sur les places avec lesquelles l'île de la Réunion était en relations, et notamment sur la place de Nantes (1). »

Cette crise agricole et financière ne tarda pas à se compliquer d'un mouvement politique; des partis se formèrent, et les questions religieuses, qui ne tardèrent pas à prendre place dans la polémique des journaux, achevèrent de troubler les consciences et d'aigrir les esprits.

(1) M. Edouard Hervé, *Revue des Deux Mondes*, 1er février 1869.

III

Ces mots : « la question religieuse » nous font apercevoir que dans le rapide exposé que nous venons de tracer de la période presque contemporaine de l'histoire de la Réunion, nous avons omis de parler des transformations accomplies pendant la même période dans l'organisation ecclésiastique de cette colonie.

C'est une lacune qu'il importe de combler avant de poursuivre notre récit. Comme il est nécessaire, afin de rendre parfaitement intelligible ce que nous avons à dire, de remonter pour cela à une époque antérieure, nous croyons devoir reprendre, au début même de la colonie, le récit de son histoire.

En 1545, au moment où la nation portugaise, dans toute sa splendeur, voyait avec orgueil ses vaisseaux sillonner toutes les mers du globe et où ses navigateurs étaient savants et célèbres — peut-être pourrait-on ajouter heureux — entre tous; à ce moment, que l'histoire doit circonscrire entre la fin du xve et le commencement du xviie siècle, une de ses flottilles découvrit, en explorant la mer des Indes, une île charmante, véritable oasis jetée dans ce désert sans limites qu'on nomme l'Océan.

Cette île était déserte; avait-elle eu des habitants autrefois? ou avait-elle toujours été exclusivement la propriété des hôtes sauvages de ses bois et de ses vallées ? C'est ce que nul, encore aujourd'hui, ne saurait dire.

Bien que son climat et son aspect fussent enchanteurs, les Portugais qui rêvaient des mondes, s'inquiétèrent peu de s'en assurer la possession.

Ils se bornèrent à lui donner le nom de leur chef *Mascarenhas* et s'éloignèrent sans y former d'établissement.

Ensuite, et pendant plus d'un siècle, chaque jour des vaisseaux d'Europe passèrent avec la même indifférence devant l'île de Mascareigne jusqu'en 1642, époque à laquelle fut tout à coup arboré, sur le point de la côte où s'élève aujourd'hui Saint-Denis, le drapeau de la France : M. de Pronis, agent de la Compagnie française des Indes orientales, venait d'en prendre possession au nom du roi.

Ce n'était plus *Mascareigne*, la dédaignée des Portugais, c'était l'île *Bourbon*, un des plus beaux fleurons de notre couronne coloniale. Cette transformation n'eut pas lieu seulement dans le silence du cabinet de Richelieu ou dans les bureaux de la Marine, elle s'affirma solennellement, à l'éclatant soleil du tropique et sous les regards étonnés de cette nature jusque-là étrangère aux pompes fastueuses de la civilisation. Le nom de Bourbon, gravé sur l'airain, sur le marbre et sur la lave du sol, fut proclamé à son de trompe par un hérault d'armes et longuement répété par tous les échos de l'île.

Sept ans plus tard, une seconde prise de possession eut lieu par les soins de M. de Flacourt, successeur de M. de Pronis, au nom du jeune roi Louis XIV.

Ce n'était pas cependant, comme on pourrait le croire, la richesse de végétation de cette île et la salubrité de son climat qui lui avaient valu cette persistance de la France à s'y établir. L'idée d'en faire, ce qu'elle est devenue plus tard, une colonie agricole, ne s'était probablement même présentée à l'esprit de personne ; on en avait pris possession sans autre but que de se procurer un point de relâche en ces parages, et sans projets ultérieurs pour sa colonisation.

Il en résulta que Bourbon ne peut être considéré, dans cette première partie de son histoire, que comme un refuge de flibustiers, un nid de corsaires et de pirates dont les déprédations s'étendaient au loin.

Cet état de choses dura jusqu'en 1665, époque à laquelle la Compagnie des Indes orientales, qui avait obtenu l'année précédente la cession de Madagascar et de ses dépendances, envoya à Bourbon vingt ouvriers français sous les ordres d'un chef nommé Régnault.

Ce faible noyau grossit rapidement; la salubrité du climat, les charmes du séjour engagèrent un bon nombre de matelots des navires qui y relâchaient à s'y établir. Quelques flibustiers suivirent cet exemple, et lorsque, en 1673, nous eûmes à déplorer les désastres de nos établissements de Madagascar, un certain nombre de colons, échappés au massacre du Fort-Dauphin, trouvèrent à Bourbon non seulement secours et aide, mais encore toutes les ressources que peut offrir une colonie en bonne voie de progrès.

La sollicitude de la métropole n'avait pas été étrangère à ce rapide développement; au milieu de ses préoccupations continentales, le gouvernement français, loin de perdre de vue sa colonie de la mer des Indes, avait fait pour elle tout ce qui était en son pouvoir. Toute espèce d'encouragements lui avaient été donnés, et la prévoyance avait été poussée au point d'y envoyer de jeunes orphelines pour y être mariées aux colons, auxquels elles apportaient une petite dot fournie par l'Etat.

Cette protection ne devait pas se démentir, et lorsque, quinze ans après l'arrivée des réfugiés de Madagascar, plusieurs Français formèrent des projets de grande exploitation, ils trouvèrent toutes les facilités qu'ils purent désirer; le gouvernement leur concéda de vastes terrains et leur accorda tous les privilèges qu'ils sollicitèrent.

C'est de ce moment que date réellement l'ère coloniale de Bourbon, car c'est seulement alors que l'exploitation du sol y fut entreprise sur des bases un peu larges.

Les noms de ces pacifiques mais glorieux fondateurs de la richesse coloniale de Bourbon méritent d'être cités, car c'est à eux qu'on peut en partie faire remonter, non seulement la mise en culture de l'île, mais l'origine de sa population actuelle. Ces noms, les voici : *Aubert*, *Panon*, *Hiben*, *Goneau*, *Ricquebourg*, *Molet* et *Roulaf*.

Dès ce moment Bourbon prit son rang parmi nos colonies ; elle devint une des échelles de l'Inde, et les navires allant à Madagascar eurent ordre d'y toucher. Néanmoins et malgré cet accroissement d'importance très réelle, la Compagnie des Indes, à laquelle la cession en avait été faite en 1671, semblait ne vouloir tirer nul parti de Bourbon et ne prendre aucun intérêt à son développement.

Cette espèce de dédain systématique prévalut jusqu'au moment où, de guerre lasse, la Compagnie dut renoncer à poursuivre plus longtemps ses projets sur Madagascar. Tournant alors ses vues sur le seul point qui put lui donner ce qu'elle avait en vain demandé à la Grande-Terre, elle substitua, au très petit nombre d'agents que jusque-là et uniquement pour la forme et afin de ne pas laisser périmer ses droits de possession, elle avait entretenus à Bourbon, une administration régulière et permanente (1711).

Cette administration organisée de façon à faire de l'île, jusque-là si négligée, une colonie indépendante et centrale, les directeurs de la Compagnie présentèrent au roi un de leurs agents qui reçut par lettres patentes spéciales le titre et les pouvoirs de gouverneur. Ce gouverneur eut pour l'assister un *conseil privé*, composé des principaux employés de la colonie, et un *conseil provincial*, seul tribunal existant dans l'île dont le territoire fut divisé en sept paroisses.

A l'époque de la prise de possession de l'île Bourbon par la France, la religion tenait une trop grande place dans nos préoccupations politiques, aussi bien que dans notre vie privée, pour que l'organisation d'une nouvelle chrétienté sur ce point éloigné du globe n'ait pas accompagné, pour ne pas dire précédé, les premiers essais de colonisation, et cela, bien que le caractère particulier de la Réunion, c'est-à-dire son titre d'île déserte, éloignât tout motif de mission proprement dite.

Il ne s'agissait ici, en effet, que des secours religieux à assurer aux colons européens, dont le petit nombre au début ne pouvait donner lieu à la création d'un évêché. Quelques prêtres séculiers, sans liens hiérarchiques bien déterminés entre eux, suffirent d'abord, mais bientôt le nombre des centres d'occupation s'étant augmenté, un préfet apostolique, tel que la Martinique, Saint-Domingue et la Guadeloupe en possédaient déjà, fut envoyé à Saint-Denis.

Jusqu'en 1848, cette organisation répondit amplement aux besoins religieux de notre colonie, mais à cette époque, le gouvernement de la métropole, mû par un sentiment généreux et songeant à l'éducation religieuse, au relèvement moral des milliers de nègres qui venaient d'être appelés, évidemment sans préparation suffisante, à la liberté, estima qu'un évêque titulaire devait être donné à chacune de nos colonies à esclaves.

Mgr Desprez, devenu depuis archevêque de Toulouse, reçut la mission de fonder ce nouveau centre épiscopal. Animé d'un zèle ardent, Mgr Desprez exerça la plus heureuse influence sur la moralisation des habitants et sur le développement de la foi chrétienne parmi eux. Ses adversaires lui ont plus tard reproché « un excès de zèle » qui, disent-ils, en multipliant les œuvres catholiques, aurait excité, à un trop haut degré, la propagande religieuse et amené par suite la réaction soi-disant libérale qui, en 1869, devait aboutir à une manifestation violente et regrettable contre le clergé. »

Pour qui est pénétré du véritable esprit chrétien, ce blâme tombe de lui-même. Que serait, en effet, un prêtre, s'il n'était d'abord et avant tout un apôtre, c'est-à-dire un soldat de Jésus-Christ que consume le désir d'étendre sur la terre le royaume de Dieu ?

Sous la puissante impulsion donnée par Mgr Desprez, grâce au concours que lui prêta un groupe de catholiques zélés, à la tête desquels nous devons citer M. Charles Desbassyns, président du Conseil général, le clergé, tant séculier que régulier, prit à la Réunion un développement considérable et inattendu. Des églises, des chapelles s'élevèrent comme par enchantement partout où le besoin s'en faisait sentir. Une somme considérable fut votée pour construire une cathédrale, digne par ses dimensions et son caractère architectural d'une chrétienté florissante. Un collège de Pères de la Compagnie de Jésus fut fondé pour l'enseignement des jeunes gens appartenant aux classes élevées de la société coloniale ; l'établissement de la Providence, dont nous avons eu déjà à parler, fut organisé par les soins et sous la direction des Pères du *Saint-Esprit et du Saint-Cœur de Marie*. Les religieuses de *Saint-Joseph de Cluny*, qui depuis longtemps déjà avaient fait leurs preuves comme institutrices dans nos colonies de la Martinique, de la Guadeloupe et de la Guyane française, ajoutèrent leur contingent d'expérience, de zèle et de travaux, à ce faisceau déjà si bien formé ; enfin, un peu plus tard, les Frères des Ecoles chrétiennes furent appelés à apporter la méthode et l'esprit de leur vénérable fondateur, sur ce sol si bien préparé déjà pour les recevoir et les faire fructifier.

Non moins zélé que son prédécesseur, mais plus calme et peut-être plus prudent, Mgr Maupoint, successeur de Mgr Desprez, continua l'œuvre de son prédécesseur et la fit progresser, bien qu'ayant à lutter, dans des occurrences délicates et difficiles, contre les haines et la violence de l'esprit de parti.

Cependant, et de même que dans toutes nos colonies, ce n'est pas seulement la religion et les œuvres généreuses de la France qui s'implantèrent pour ainsi dire dans le sol ; c'est surtout l'amour de la mère-patrie, la passion de sa prospérité et de sa gloire, ce sentiment, qu'un seul mot, *patriotisme*, suffit à résumer et à peindre, qui se maintint fort et vivace à la Réunion.

Nous en avons eu la preuve en 1870-1871 ; nos luttes, nos désastres, l'énergique réaction qui nous a procuré un relèvement, que non seulement l'étranger, mais que nous-mêmes nous n'espérions pas si rapide, et qui est d'autant plus admirable qu'il s'est produit en dépit des tiraillements de l'esprit de parti et de compétitions politiques et sociales, bien faits pour l'entraver, ont eu leur contre-coup à la Réunion et y ont soulevé les plus nobles et les plus sympathiques élans de dévouement. Toutes nos institutions y sont appréciées à leur juste valeur; notre supériorité industrielle surtout y est l'objet, ainsi qu'en témoignent les diverses expositions internationales qui se sont succédé depuis trente ans et dans lesquelles l'île Bourbon a constamment occupé une place d'honneur, d'une sollicitude toute particulière. Il n'est pas jusqu'à l'occupation, par l'Angleterre, de l'île de France, qui ne soit pour la Réunion un motif de se tenir plus intimement unie à la métropole, dont elle fait du reste, au point de vue gouvernemental et administratif, partie intégrale depuis que nos colonies ont été admises à envoyer au corps législatif des représentants, élus d'après les mêmes principes et dans les mêmes conditions que les députés de nos départements.

IV

Deux cultures principales se sont succédé à la Réunion, celle du café d'abord, celle de la canne à sucre ensuite.

La première y fut introduite dès 1617, époque à laquelle la colonie comptait déjà deux mille habitants, dont neuf cents blancs et onze cents esclaves nègres, provenant de Madagascar ou de la côte d'Afrique. Le succès de cette culture ne se fit pas attendre. Le café de Bourbon prit bientôt sur tous nos marchés une place estimée.

Pour qui connaît les conditions d'assolement et de climat que réclame pour prospérer la fève de moka, ce succès n'a rien d'étonnant. Jamais culture, en effet, ne fut mieux appropriée au pays où on l'introduisait, que celle du café à ce sol montueux, accidenté de vallons et de coteaux d'une déclivité rapide, recouvert d'une terre légère, sorte de détritus volcanique et naturellement ombragé, qui recouvre la majeure partie de l'île.

« L'esprit des colons se passionna pour ce produit exotique si heureusement naturalisé, qui bientôt se trouva lié à toutes les transactions de la vie et devint comme le pivot de l'existence coloniale de Bourbon. Serré en balles et mis dans des magasins publics, il constitua le capital d'une banque de dépôt, et le pays n'eut bientôt plus d'autres moyens d'échange que des bons de café.

Mais si l'abondance du produit était un élément de richesse, la création de cette sorte de papier-monnaie, à laquelle elle donna lieu, ne tarda pas à devenir un fléau désastreux pour la prospérité publique. Il favorisa l'agiotage et porta à la colonie elle-même un tort irrémédiable ; car, ne désignant que des quantités sans spécifier ni la qualité, ni la provenance, le propriétaire n'eut bientôt plus qu'un souci, augmenter le rendement de la récolte sans tenir compte de sa qualité. Il en résulta pour le café de Bourbon, une dépréciation notable sur les marchés de l'Europe. Par un contre-coup facile à comprendre, cette dépréciation réagit sur la valeur des bons. Un malaise général et la ruine de plusieurs des principaux producteurs s'en étant suivis, les colons apportèrent à dénigrer la culture du café et à l'abandonner, la même ardeur qu'ils avaient mise à l'accueillir.

Nos lecteurs nous sauront gré, nous l'espérons, de placer ici une courte monographie du café.

Le *caféier* est un arbre ou arbuste toujours vert ; il croît assez vite et atteint sept à huit mètres de hauteur. Son tronc, droit et lisse, a tout au plus huit à douze centimètres de diamètre.

Une écorce fine et luisante recouvre son bois tendre et pliant. Les feuilles, assez grandes et ondulées, sont d'un beau vert en dessus et pâles en-dessous ; elles se terminent en pointe et adhèrent à la branche par un pétiole très court.

Les fleurs, blanches et d'une odeur agréable, sont placées par groupes de quatre ou cinq au point de jonction de la feuille à la branche.

Le fruit, ou plutôt la baie, de forme plus ou moins ovale, qui les remplace bientôt, est d'abord blanche ; elle tire ensuite sur le jaune et devient successivement rouge-clair, rouge-cerise, et enfin, lorsqu'elle a acquis sa maturité complète, rouge-sombre.

Cette baie, qui ressemble beaucoup à une cerise, renferme deux graines ou fèves ovales, convexes d'un côté, aplaties de l'autre, traversées chacune, du côté plat, par un sillon et enveloppées d'une

Caféier.

membrane particulière, coriace et transparente comme du parchemin. Ce sont ces graines qui portent le nom de café.

Le caféier est en plein rapport de cinq à trente-cinq ans. Il est cultivé avec succès en Arabie, à l'île Bourbon, à l'île Maurice, dans les Antilles, dans les trois Guyanes (française, anglaise et hollandaise) et en général dans tous les pays situés entre les tropiques. Mais celui qui croît en Arabie est incontestablement sans rival. Il suffit, pour en donner la preuve, de rappeler que c'est en Arabie, dans l'Yemen, que se trouvent les cantons fameux d'Aden, de Bételfagny, de Sanaa, de la Mecque, etc., célèbres pour la qualité de leurs cafés, désignés tous par le nom de Moka; du nom de la ville arabe qui en a été longtemps l'entrepôt général.

Les meilleures sortes sont ensuite fournies par la Martinique et Bourbon.

Le premier plan de café qui parut en France fut donné en 1713, par Besson, lieutenant-général d'artillerie, au roi Louis XIV. Cultivé avec soin dans les serres du Jardin-du-roi, ce caféier fut le père de tous ceux qui ont été plantés depuis dans nos diverses colonies.

La sollicitude de Desclieux, qui en transporta le premier plan aux Antilles, est restée légendaire. Alors, en effet, que personne ne saurait dire ce qu'était personnellement Desclieux — marin, naturaliste, médecin, ou simplement voyageur et gourmet, — nul n'ignore que pendant la traversée il entoura la précieuse plante des précautions les plus constantes, on pourrait presque dire « les plus paternelles, » poussant la sollicitude jusqu'à se priver d'une notable partie de sa ration d'eau pour en arroser l'arbuste confié à ses soins.

Les vertus toniques et saines du café ont été, paraît-il, connues de temps immémorial dans la haute Ethiopie, d'où il aurait passé plus tard en Arabie, et de là, par les soins des Hollandais, à Batavia, puis à Amsterdam et enfin, de proche en proche, dans le monde entier.

La tradition varie, touchant la manière dont se fit la découverte des précieuses qualités du café.

Selon les uns, des pâtres, frappés de l'animation joyeuse qui s'emparait de leurs chèvres après qu'elles avaient brouté les basses branches du caféier, eurent l'idée d'essayer sur eux-mêmes l'effet de cette plante bienfaisante ; ils en firent tour à tour infuser les feuilles, les fleurs et les fèves et n'eurent pas de peine à reconnaître que la saveur de la plante était spécialement concentrée dans ces dernières.

Une autre version place l'origine du café dans les cloîtres de l'Orient, où la recherche d'un moyen de vaincre la somnolence invincible qui s'emparait des religieux aux offices de la nuit, amena, après l'essai de plusieurs plantes, celui du café.

Comment fut-on plus tard amené à faire torréfier celui-ci ? Par quelqu'un de ces hasards, sans doute, qui ont donné naissance à la plupart de nos procédés culinaires et industriels : un enfant ou un oisif eut l'idée de jeter au feu une poignée de grains de café qu'il retrouva ensuite intacts comme forme dans la cendre, et que, dans un moment de presse ou par curiosité, il substitua pour la bienfaisante infusion à des fèves vertes ; ou encore un bois de caféier atteint et ravagé par l'incendie et ne laissant à ceux qui avaient coutume d'y faire leur provision que des fruits desséchés et grillés qu'on ramassa faute d'autres, et dont on n'eut pas de peine à constater à l'essai la supériorité d'arome et de saveur....

Quoi qu'il en soit, le café a eu ses détracteurs et ses partisans enthousiastes ; parmi les premiers, on cite Louis XIV, Racine, Mme de Sévigné ; parmi les seconds, Louis XV, qui ne confiait à aucune main étrangère le soin de préparer la précieuse boisson qu'il faisait infuser lui-même ; Voltaire, qui apportait le même soin dans la préparation et la dégustation de « la divine infusion, » et enfin Delille, qui a consacré à la fève de moka, dans son beau poème des trois règnes de la nature, des vers qui sont justement célèbres.

La *fève de moka!* Cette dénomination du café qui, de la langue commerciale, a passé dans la langue vulgaire et est surtout chère aux gourmets, exprima-t-elle jamais en Europe une idée exacte de provenance ? Nous ne le croyons pas. Nous appuyons ce sentiment sur l'opinion d'un des plus habiles et compétents historiens du café, dont il était en même temps l'amateur gourmet et un des entrepositaires les plus connus à Paris (1).

« Une question curieuse à étudier, dit-il, serait celle de savoir si quelqu'un en France et même en Europe, peut se vanter d'avoir jamais bu de la liqueur de moka, j'entends du moka *vrai;* car pour des cafés venus d'autres contrées d'Arabie et donnés comme moka, non seulement je ne doute pas qu'il n'y en ait, mais je puis même dire que pour ma part j'ai acheté, torréfié, manipulé, broyé, vendu et dégusté des quantités de moka! J'ajoute que je me livrais à ce genre d'opérations avec toute la candeur et la bonne foi possibles.

» Du moment que le café décoré du nom de moka me semblait pourvu des caractères qui distinguent cette fève précieuse ; du moment qu'elle se trouvait comme enfouie dans des monceaux de poussière, de terre, de cailloux et soigneusement enfermée dans des balles d'écorce d'arbres, au tissu fin et serré, doublées de nattes de jonc large et verdâtre, le tout marqué de gros caractères noirs ou rouges ; celui qui m'eût dit que mon moka n'en avait que le nom, eût été fort mal reçu.... Mais lorsque je m'avisais de soumettre le café que je viens de décrire à l'épreuve de la critique de quelques courtiers expérimentés, et que j'entendis l'un me déclarer que mon prétendu moka n'était autre chose que du petit Java jaune, un autre que c'était du Malabar passé au crible, un autre encore que c'était un mélange de cafés teints en jaune — car on teint le café et on le frelate aussi bien dans son état naturel qu'après sa torréfaction ; — bref, lorsque j'eus pris l'avis de tous ceux qui, par état, doivent

---

(1) *Le Café,* le *Chocolat* et *le Thé.* — Guide de l'acheteur, du vendeur et de l'amateur.

connaître les cafés, j'en arrivai à formuler la question que j'ai posée plus haut : « Y a-t-il du moka en France ? »

» Je n'oserai la résoudre d'une façon absolue, je dirai seulement que s'il parvient chez nous quelques balles de véritable et bon *café d'Arabie,* car non seulement Moka et son territoire n'en produisent pas, mais la culture du caféier ne commence qu'à cent vingt kilomètres au moins de cette ville ; il y arrive dans des conditions qui ne permettent pas de le vendre même au plus haut cours où sont taxés les soi-disant moka du commerce. J'ajoute qu'il est avéré que le café de l'Yemen, désigné sous le nom de moka, suffit à peine à la consommation du pays qui le produit. Les chefs arabes en gardent la plus grande partie qu'ils conservent ou distribuent en présents ; ce qui en reste ne sort pas du pays. »

Quant au café des autres parties de l'Arabie, bien qu'inférieur à celui dont nous venons de parler, il tient cependant le premier rang dans tous les marchés du monde ; c'est à lui qu'on applique généralement le nom de moka ; encore est-il, ainsi que nous l'avons dit précédemment, beaucoup plus rare qu'on ne pense. En voici la description : « Très varié de grosseur et de forme, il a peu de gros grains, est généralement roulé et plat, long et oblong. Le grain est très sec, lourd et sonore à la main ; il est recouvert d'une pellicule dorée ; sa couleur est vert pâle ou jaune, la première est celle du meilleur moka ; son odeur est toute spéciale, même avant la torréfaction ; il est mêlé de parcelles de pellicules détachées du grain sous forme de poussière, et est chargé de petites pierres. Quelques sortes sont noirâtres et d'autres sont encore dans leur coque. A la torréfaction, il dégage une odeur fine et intense ; à l'infusion, il donne une liqueur au-dessus de toute comparaison. Nous avons déjà dit qu'il arrive dans des balles de jonc recouvertes d'écorces d'arbre, au tissu serré et fort. »

Le *café de la Martinique,* qui constitue la seconde sorte, a les grains beaucoup plus gros et allongés que ceux du moka ; la pellicule argentée est un peu adhérente à la fève, qui a ses deux extrémités légèrement arrondies. Sa couleur verte est d'une nuance plus ou moins tendre. On en compte trois variétés, le *fin vert*, le *fin jaune* et l'*ordinaire*. Le *café de la Guadeloupe*, qui a le grain oblong sans pellicule, d'un vert sombre, bien que notablement inférieur à celui de la Martinique, est cependant très digne encore des amateurs. Ces deux sortes arrivent en France dans des sacs de grosse toile ou dans des futailles qu'on nomme *boucauts, tierçons* et *quarts*.

Le *café de Bourbon*, qui doit surtout nous occuper et à propos duquel nous avons cru devoir donner tous les détails qui précèdent et ceux qui vont suivre sur ce précieux produit, vient immédiatement, comme qualité, après le moka et le martinique, ce qui rendait doublement regrettable le parti pris par les colons de renoncer à la culture du caféier.

Son grain, petit, de forme variée, mais généralement arrondi et couvert en partie de sa pellicule, ressemble un peu au moka et rappelle les affinités climatériques qui existent entre les îles de la mer des Indes et les brûlantes plaines de l'Arabie. Sa couleur est plutôt verte que jaune; son arome est très fin et très agréable; comme le martinique, il se divise en trois variétés distinctes, le *fin vert*, le *jaune* et l'*ordinaire*.

Les deux premières sont à peu près égales en qualité; la troisième a un arome moins intense et moins agréable; ses grains, sensiblement plus gros, sont jaunes ou verts sans que la différence de couleur exerce aucune influence sur la qualité.

Bourbon produit une quatrième sorte de café dit *bourbon pointu* dont l'infériorité est si bien établie qu'elle est classée parmi les cafés inférieurs. Le nom qu'elle porte provient de ce que sa fève, arrondie d'un côté, est terminée en pointe de l'autre. Ce seul caractère suffit à le faire reconnaître.

Le café bourbon est expédié dans de petites et moyennes balles en jonc.

Viennent ensuite, toujours comme cafés de choix, les *Malabar*, *Java*, *la Guayra*, *Ceylan*, *Havane*, *Sumatra*, *Jamaïque*, *Manille*.

Et en cafés de second ordre, les *Marie-Galande, Porto-Rico, Santiago, Costa-Rico, Porto-Cobello, Rio, Démérary, Cayenne, Surinam, Gonaïve, Haïti*. A ces différentes espèces, depuis longtemps connues et classées sur tous les marchés, on doit ajouter les *cafés* dits *d'Afrique*, assez récemment introduits dans la consommation et dont ceux de *Zanzibar* constituent le meilleur type.

Enfin, par la combinaison de diverses sortes, on obtient des *mélanges*, plus estimés généralement qu'aucune espèce employée seule. Le meilleur de ces mélanges, dit *mélange d'amateur*, se compose de 125 grammes de moka, 125 grammes de bourbon et 250 grammes de martinique. Chacune de ces sortes doit être torréfiée séparément, la différence de grosseur et de délicatesse des grains exigeant plus ou moins de temps au feu.

La torréfaction à la vapeur donne de meilleurs résultats que celle par le moulin à griller; mais elle ne peut être mise en pratique que sur une grande échelle.

Les cafés dits de *corcelet, des gourmets, des princes*, etc., sont le résultat de mélanges particuliers et de modes de torréfaction, conservant plus ou moins exactement l'arome de la précieuse fève.

Le déchet, en poids, du café à la torréfaction varie selon les espèces de 17 à 20 pour cent.

La récolte du café, aussi bien dans nos colonies qu'en Arabie, a généralement lieu trois fois par an; mais la principale est celle qui se fait en mai.

Rien de plus expéditif que la manière usitée en Arabie : après avoir étendu des pièces de toile sous le caféier, on secoue l'arbuste; les coques qui sont mûres à point se détachent d'elles-mêmes et tombent sur le linge; les autres restent pour la récolte suivante.

Le café ainsi recueilli est exposé sur des nattes à l'ardeur du soleil, et les coques, une fois sèches, sont passées sous un cylindre en bois ou en pierre qui les ouvre et en fait sortir la fève. Celles-ci se séparent alors d'elles-mêmes, et il ne reste qu'à achever leur dessiccation en les exposant de nouveau au soleil.

Cette méthode, suffisante dans la patrie même du café et en harmonie d'ailleurs avec les habitudes primitives conservées en agriculture par les Arabes, a été complètement modifiée dans les colonies européennes.

Ici, la récolte exige bien d'autres soins : l'homme ne se contente plus de ce que le caféier, laissé jusqu'au bout à lui-même, lui livrerait; il aide à la nature, non pour améliorer la qualité à

Café.

a. Tige. — b. Fleur ouverte. — c. Grain. — d. Coupe du grain.

laquelle son intervention, nous devons l'avouer, est plutôt nuisible qu'avantageuse, mais pour augmenter le volume, le poids et surtout l'aspect du produit.

Ainsi, au lieu de secouer l'arbuste pour en détacher la coque mûre, il cueille la coque à la main, une à une, et dépouille les arbustes avant la complète maturité du fruit; ce qui l'empêche de se resserrer, de se recoquiller et lui conserve une forme plus nette et même plus égale, mais qui, en retenant une surabondance de sève dans la coque, communique une certaine âcreté à la fève.

Sachant fort bien que l'essentiel pour la vente d'un objet quelconque est de soigner l'apparence de la marchandise, de lui donner *de l'œil*, comme on dit dans le commerce, le colon s'attache à ce que son café flatte la vue. Il n'épargne pour cela ni la main-d'œuvre, ni les soins nécessaires, et il en est généralement bien récompensé. Est-il, en effet, rien « de plus beau que le café connu sous le nom de *fin vert*.... Il est si fin, si régulier, si coquet sous les brillantes pellicules qui l'enveloppent comme d'un voile d'argent. Pour la plupart des acheteurs, c'est là le *nec plus ultra* des cafés, et on se le dispute.

» Et cependant le véritable connaisseur, s'il aperçoit à côté de ce produit tel autre café un peu terne, roussâtre, peu flatteur pour la vue, mais dur, sec et à saveur fraîche, n'hésitera pas à choisir celui-ci, et il n'aura pas à le regretter. Les deux sortes sont pourtant sœurs; elles sont nées dans les mêmes parages, mais la première a été traitée en enfant gâté, tandis que la seconde n'a reçu que les soins strictement nécessaires pour en faire un café présentable. Il en est de ces deux cafés comme de deux hommes de condition égale, mais dont l'éducation a été différente : l'un dissimule des défauts essentiels sous des dehors brillants qui lui attirent les suffrages de ceux pour qui l'éclat est tout; l'autre, au contraire, cache sous un extérieur modeste de véritables qualités qu'il doit à une éducation solide. Le véritable observateur ne s'y trompe pas.

» Lorsque la canne à sucre fut substituée au caféier, elle ne tarda pas à soulever le même enthousiasme, le même engouement que son prédécesseur. Tous les propriétaires se jetèrent avec fureur sur cette nouvelle culture que favorisaient d'ailleurs les lois protectrices de la métropole.

» Bientôt, sur soixante-deux mille hectares de terres cultivées, vingt-quatre mille furent livrés à la canne, et ce furent les terres de choix ; quatre mille seulement restèrent plantés en café ; vingt-cinq mille environ, le rebut du sol, furent consacrés aux produits alimentaires du pays; le reste appartient à la culture du girofle et autres denrées d'exportation. Sous cette influence l'île Bourbon put être considérée comme un vaste établissement d'industrie sucrière employant à la main-d'œuvre, c'est-à-dire à la culture et à l'exploitation, la majeure partie de sa population. La France, de son côté, trouvait dans cette production un chargement pour cent navires de cinq cents tonneaux, tant à l'aller qu'au retour. »

C'est ainsi que, grâce à Bourbon, notre pavillon continua à flotter sur la grande route de l'Inde. Cette terre où nous avons su créer de si grands intérêts nationaux ne mérite-t-elle pas les soins les plus attentifs et les plus sympathiques de la métropole?

De tous les végétaux connus, la canne à sucre est celui qui, par sa nature et la richesse de ses produits, mérite le plus de fixer l'attention.

Originaire des Indes orientales, cette précieuse graminée a été cultivée dès la plus haute antiquité par les Chinois pour lesquels le sucre qu'ils en tiraient était un objet considérable d'alimentation et de commerce.

On ne connaît ni l'époque précise où l'usage du sucre fut introduit en Occident, ni les circonstances qui amenèrent et accompagnèrent cette introduction à son origine. Mais on sait d'une manière générale que les Egyptiens furent les premiers peuples occidentaux qui se procurèrent les principales productions de l'Inde et en trafiquèrent.

Les Phéniciens, devenus maîtres de plusieurs ports de la mer Rouge, enlevèrent aux Egyptiens le monopole de ce commerce, et bientôt Tyr et Sidon devinrent les entrepôts d'une foule de denrées précieuses.

Alexandre le Grand, ayant fait la conquête de Tyr et soumis l'Egypte, enrichit ses peuples du commerce des Phéniciens et en particulier de celui de l'Inde, en leur frayant une route par la mer Rouge et le Nil. Il fonda à l'embouchure de ce fleuve une ville superbe qui fut depuis, par son commerce, aussi célèbre qu'elle l'était alors par le nom de son fondateur.

Après la conquête de l'Asie, Alexandre fit rompre les cataractes de l'Euphrate et du Tigre, et ouvrit ainsi aux marchandises de l'Orient une route que ces fleuves avaient jusqu'alors refusée.

Le goût des Romains pour les aromates et les épices donna au commerce de l'Inde un nouveau degré d'activité et d'étendue; les Grecs et les Egyptiens le continuèrent, le développèrent. Leurs flottes allaient s'approvisionner à Musiris, où les Indiens apportaient leurs marchandises.

La destruction de l'empire romain rendit Constantinople maîtresse de ce commerce qu'elle fit par l'Euphrate et le Tigre. Enfin les soudans d'Egypte le rétablirent par la mer Rouge, lorsqu'ils permirent aux Italiens de venir négocier à Alexandrie.

Parmi les denrées de l'Orient, le sucre paraît avoir été une des dernières connues. L'histoire des anciens Egyptiens, des Phéniciens et des Juifs n'en fait aucune mention. Les médecins grecs sont les premiers qui en aient parlé sous le nom de *sel indien*.

A la saveur douce et aux caractères que Dioscoride et Pline assignent à ce sel indien, il est impossible de ne pas reconnaître le sucre candi de notre commerce.

C'était de l'Inde et de l'Arabie que le sucre venait aux Grecs et aux Latins, mais ce n'était ni dans l'Inde, ni dans l'Arabie qu'on fabriquait le sucre.

La canne à sucre ne croissait encore qu'aux îles de l'archipel indien, dans les royaumes de Bengale, de Siam, etc., mais le sucre qu'on en retirait passait, avec les épices et autres marchandises orientales, par les contrées désignées sous le nom de Grandes-Indes, avant d'entrer dans le commerce avec l'Europe.

La canne n'a été introduite en Arabie qu'au xiii° siècle, époque à laquelle les Grandes-Indes ont commencé à être ouvertes au commerce des autres nations asiatiques.

Si la canne avait existé dans la partie de l'Asie située en deçà du

Gange jusqu'à la Méditerranée ; si elle avait existé en Arabie, en Afrique, il est évident que, croissant naturellement dans tous les pays chauds et s'y reproduisant sans culture, ce précieux végétal ne fût pas demeuré inconnu aux divers peuples qui ont habité ou parcouru ces contrées ; son suc est trop agréable au goût, trop facile à extraire, trop salubre pour n'avoir pas été découvert et recherché avec empressement par les hommes et les animaux. Or, les Perses, les Egyptiens, les Phéniciens, les Grecs qui ont parcouru une grande partie de l'Asie avec Alexandre; les Juifs, les Romains, les chrétiens, les mahométans ne font aucune mention de la canne avant l'époque où l'Inde fut enfin ouverte au commerce.

Ce n'est pas cependant que des recherches n'eussent été faites à cet égard. En apportant le sucre à Musiris, à Ormuz, etc., les Indiens, questionnés sur sa provenance, n'avaient pas caché qu'on le retirait d'une espèce particulière de roseau. Sur cette indication, les habitants de l'Asie (en deçà du Gange) se préoccupèrent de savoir s'ils n'avaient point, parmi leurs roseaux, celui qui donnait la matière sucrée.

Ils crurent l'avoir trouvé dans une espèce de bambou, qu'ils nomment *mambu*, dont les jeunes rejetons sont remplis d'un suc très doux et très agréable.

Les Arabes cherchèrent aussi le sucre dans les plantes de leur pays, et ils nommèrent *zucchar aihasser* le suc concret d'une espèce d'apocin connu parmi eux sous le nom d'*athupfar* ou *alhaffer*.

Avicenne a distingué trois sortes de sucres. Le *zucchar arrumdineum*, qui est le sel indien ou notre sucre candi ; le *zucchar mambu* ou *tabaxir* des Perses, et le *zuhhar alhaffer* des Arabes.

L'identité du sel indien et du sucre de canne a été vivement contestée aux XIVe et XVe siècles ; mais depuis que l'on a pu démontrer que l'art du sucrier, l'art du raffineur et celui du confiseur étaient, il y a cinq cents ans, portés à un haut degré de perfection dans les Indes, il est impossible de discuter sérieusement cette identité.

Les Indiens qui apportaient le sucre à Ormuz apprirent bien, ainsi que nous l'avons dit, aux marchands avec lesquels ils trafiquaient qu'on retirait cette denrée d'un roseau, mais leur assertion, dénuée de détails, soit sur le roseau, soit sur la manière d'en retirer le sucre, fit naître plusieurs opinions, et sur la plante qui donnait un produit si extraordinaire et sur le produit lui-même, que l'on jugea être une espèce de miel végétal; d'autres le considérèrent comme une rosée du ciel qui tombait sur les feuilles du roseau; ensuite on imagina que c'était le suc d'un roseau concret à la manière de la gomme.

La crainte d'aliéner une branche de leur commerce ne fut pas le seul motif qui empêcha les Indiens d'apporter à Ormuz le roseau dont on retirait le sucre.

La canne, comme canne, n'aurait été pour les marchands qu'un objet de pure curiosité; or, leurs canots formés d'un seul tronc d'arbre étant extrêmement petits, ils devaient, on le conçoit, non seulement en éloigner toutes les non-valeurs, mais encore ne les charger que de marchandises du plus haut prix, sous le plus petit poids et le plus petit volume. Le sucre n'avait pas cet avantage sur le plus grand nombre de leurs marchandises, et la canne beaucoup moins encore que le sucre.

C'est sans doute pour ce motif que le sucre fut une des denrées de l'Orient importées les dernières en Occident, où il ne fut d'ailleurs en usage, pendant les premiers temps, qu'en médecine.

Pendant la domination tartare en Perse, Bassora partagea avec Ormuz le privilège de servir d'entrepôt aux denrées de l'Orient. Aux xi°, xii° et xiii° siècles, ces denrées arrivèrent en Europe par diverses autres routes. Tantôt elles remontèrent le fleuve Indus, traversèrent la mer Caspienne et arrivèrent par terre à la mer Noire; tantôt elles remontèrent le golfe Persique et prirent la route de la mer Noire par l'Arménie; elles passèrent aussi par Bagdad pour aller à Damas, à Alep, à Antioche, à Acre, etc.

Enfin les soudans d'Egypte ayant permis, en 1339, aux Italiens de venir à Alexandrie, ces marchandises qui, au rapport de Sanatus et de l'archevêque de Tyr, consistaient en clous de girofle, muscades, soie, sucre et autres produits du même genre, reprirent la route qu'Alexandre leur avait autrefois ouverte.

Cependant, en 1250, Marco-Polo, noble vénitien, conduit en Tartarie par des spéculations de commerce, ayant voyagé dans la partie méridionale de l'empire de Chine et parcouru le premier la presqu'île du Gange, dit, en parlant du Bengale, que ce pays produisait des épices, du galanga, du gingembre et du sucre en abondance.

Enhardis par l'exemple de Marco-Polo, les marchands européens, qui, jusqu'alors, avaient attendu les Indiens à Ormuz, commencèrent à aller s'approvisionner chez eux. Ils y trouvèrent la canne; ils y virent le mûrier et les précieux vers qu'il nourrit, et ils ne tardèrent pas à importer de l'autre côté du Gange ces inestimables trésors.

L'Arabie Heureuse fut le premier berceau de ces deux importations qui, de là, devaient se répandre sur tant d'autres points du globe.

De l'Arabie Heureuse, la canne passa assez promptement en Nubie, en Egypte et en Ethiopie. A ce moment la fabrication du sucre prit une grande extension.

Vasco de Gama, qui doubla le cap de Bonne-Espérance en 1497, rapporte que, dans le royaume de Calicut, il se faisait un commerce considérable de sucre et de conserves sucrées.

Le célèbre Portugais Pedro-Alvarès Cabal alla, en 1500, à Cambaye; il y trouva la canne très abondante et le sucre l'objet d'un grand commerce.

Barthema rapporte qu'en 1506, Bathacela était une ville de l'Inde très célèbre, qui faisait un grand commerce de sucre, surtout de sucre candi; qu'elle était tributaire du royaume de Natsinga et que ce royaume produisait une grande abondance de cannes.

Odoardo Barbosa dit qu'en 1515, à Bangala, sur la côte de

Malabar, on faisait du sucre blanc et bon, mais que, ne sachant en faire des pains, on le mettait dans des sacs de toile, couverts de cuirs bien cousus ; enfin il ajoute qu'on y préparait des conserves de limon, de gingembre et d'autres fruits du pays qui étaient excellents confits au sucre.

Antoine Pigazetta rapporte qu'en 1519, étant à Zubut, île au sud de la Chine, à Caghicam et à Pulaoan, les habitants leur apportèrent en présents des vases peints, de l'arack et plusieurs faisceaux de cannes à sucre très douces ; que le roi, après les avoir comblés de présents, leur donna un repas où on leur servit de la cannelle préparée au sucre et des viandes confites avec une si grande quantité de sucre, qu'ils les coupaient et les mangeaient avec des cuillères faites comme les nôtres.

On peut juger, d'après ces témoignages, combien étaient anciens et répandus l'art du sucrier, l'art du raffineur et celui du confiseur dans les Grandes-Indes.

Bien qu'on ne puisse fixer exactement la date de l'importation de la canne en deçà du Gange, on peut établir que, dès la fin du XIVe siècle, la production et la fabrication du sucre étaient généralement répandues non seulement en Arabie et en Egypte, mais encore sur plusieurs points de l'Afrique.

En 1505, Barthema, que nous avons déjà cité, trouva à Danat et à Zibit, villes considérables de l'Arabie Heureuse, un commerce très actif de sucre.

En 1500, une des villes les plus considérables de la Nubie était, au dire de Giovani Lioni, un grand entrepôt de sucre produit par les provinces environnantes. Ce sucre, toutefois, était brut et noir, parce que ceux qui le fabriquaient ne savaient pas le cuire.

Ce même voyageur ajoute qu'il y avait à Dérotte, ville d'Egypte très célèbre, bâtie sur les bords du Nil par les Romains, une communauté qui payait, en 1500, aux soudans d'Egypte, 100.000 sarassis pour avoir la liberté de faire du sucre. La manufacture de cette communauté était si considérable que ses bâtiments avaient l'apparence d'un château. Elle renfermait des pressoirs et des chaudières pour l'expression et la cuisson du sucre ; enfin, le nombre des ouvriers employés à ce travail était tel, que leur salaire se montait à 200 sarassis par jour.

Cette même abondance de sucre existait à la même époque, à Thèbes.

Sur un autre point de l'Afrique, au nord du Maroc, Giovani Lioni signale encore une belle plaine baignée par le fleuve Sus, toute plantée de cannes dont le sucre était vendu aux marchands de Fez, de Maroc et des pays des nègres. Le centre de ce commerce était une ville très ancienne, bâtie au milieu de cette plaine et nommée Teijcus.

Enfin, Don François Alvarès trouve la canne très répandue en Éthiopie ; mais le sucre y est inconnu ; c'est la plante elle-même que les habitants mangent crue, faute de savoir en extraire et en préparer le suc.

A la fin du xiv° siècle, la culture de la canne fait un pas de plus vers l'Occident ; elle est apportée, presque simultanément, en Syrie, en Chypre et en Sicile, mais le sucre qu'on en tire est noir et gras comme celui d'Afrique.

Ce précieux produit ne devait pas tarder à passer les mers et à aller enrichir une de ces nouvelles colonies par lesquelles l'Europe préludait aux grandes découvertes qui allaient bientôt doubler le monde connu. Don Henri, régent de Portugal, transportait à Madère (1420), qu'il venait de découvrir, quelques-uns des plants déjà acclimatés en Sicile.

De Madère, la canne passait aux Canaries, où la production et la préparation du sucre acquirent bientôt une supériorité longtemps incontestée.

Pendant ce temps des essais étaient faits en Provence et en Espagne. Sur quelques points de ce dernier pays, la canne prospéra ; mais, en Provence, la rigueur relative de l'hiver s'opposa dès l'abord au développement de cette culture.

Un autre théâtre, théâtre nouveau et merveilleusement favorisé par le climat, allait s'ouvrir pour la production du sucre.

Christophe Colomb ayant découvert le nouveau monde, Pierre d'Etiença, un des premiers aventuriers qui allèrent demander la fortune à ces terres nouvelles, y apporta la canne.

Hispaniola (1) reçut la première plante indienne qui s'y acclimata si rapidement et si admirablement qu'on devait longuement discuter, dans la suite, si ce sol fertile n'avait pas été sa patrie primitive (2).

La canne ayant ainsi prospéré, un Catalan, nommé Michel Balestro, essaya d'en exprimer le jus, et Gonzalès de Velusa, lui venant en aide, eût le mérite de doter la colonie naissante de sa première sucrerie : il appela à ses frais des ouvriers de Palma (une des îles Canaries).

Cette industrie, la première établie aux Antilles, devait être longtemps la principale source de la richesse de ces contrées privilégiées de la nature. Dès 1518, on comptait vingt-huit sucreries à Saint-Domingue. La touffe de canne qui, en Espagne, ne produisait que cinq à six rejetons, en donnait ici vingt à trente, et les produits en sucre étaient si considérables qu'on assure que les magnifiques palais de Madrid et de Tolède, qui sont l'ouvrage de Charles-Quint, furent entièrement édifiés avec le seul produit des droits d'entrée perçus sur les sucres de la grande île espagnole.

Nous venons de voir la marche que la canne a suivie pour se répandre dans toutes les parties du monde, depuis l'époque où cette plante précieuse traversa le Gange et fut portée en Arabie.

Mais en s'appropriant la plante, les importateurs ne purent ni ne surent s'approprier l'art d'en extraire le sel essentiel, et les pro-

---

(1) Plus tard Saint-Domingue et aujourd'hui Haïti.
(2) Il suffit, pour prouver que la canne n'est pas indigène du Nouveau Monde, de faire remarquer qu'elle ne s'y trouve nulle part à l'état sauvage, et que, si elle y fleurit, les organes de la fructification étant, dans ses fleurs, privés de quelques-unes des conditions essentielles à la fécondation du germe, elle reste stérile ; elle ne peut se reproduire que par boutures. Il est vrai que cette reproduction s'opère avec une merveilleuse rapidité.

cédés que le hasard ou l'observation offrirent, en Arabie, aux premiers cultivateurs de la canne, furent entièrement différents de ceux employés dans les Indes.

Les détails que donne Rhumphius sur l'art de faire cristalliser le sucre chez les Chinois, indiquent que cet art était fondé sur les principes de la chimie la plus saine.

« Le suc exprimé est reçu, dit-il, dans de grandes chaudières, sous lesquelles on entretient un feu très fort ; à mesure que ce suc s'évapore, on en ajoute de nouveau jusqu'à ce qu'il devienne roux et épais ; alors on le met dans de grands et profonds plats de terre qu'on porte dans un lieu chaud.

» Le sucre forme à la surface des cristaux qui se réunissent en groupes blancs qu'on nomme *gâteaux de sucre*, tandis que la partie cristallisée au-dessous est appelée *moscouade*.

» Pour raffiner le sucre, on le clarifie dans de grandes chaudières au moyen de blancs d'œufs ; on ajoute en cuisant un peu de graisse de volaille, puis on met à cristalliser dans de grands plats de terre. Celui qu'on obtient des gâteaux de sucre est très blanc, très pur et semblable au cristal ; on le nomme *sucre mâle*; celui qu'on obtient de la moscouade dont les cristaux sont moins beaux, moins durs et plus doux, se nomme *sucre femelle*. »

Il est, ce nous semble, parfaitement établi, par tous ces témoignages, que l'art d'extraire le sucre et de le raffiner consistait, chez les Chinois, à l'obtenir dans la plus grande pureté possible et dans la forme de cristaux réguliers, tels que le présentent encore nos sucres candis.

Les mêmes témoignages, appuyés par le paragraphe de Rhumphius que nous allons reproduire, ne laisse non plus de doute sur ce fait que ce sont les Chinois qui, les premiers et dès la plus haute antiquité, ont inventé et pratiqué les différents arts dont l'exploitation de la canne et le travail du sucre réclament le concours.

« L'art de cuire le suc de la canne pour en obtenir le sucre, dit ce savant naturaliste, n'est pas très ancien chez les Indiens ; ou *ils l'ont appris des Chinois*, ou l'appât du gain leur a fait découvrir le secret que ceux-ci ne leur divulguaient pas ; quoi qu'il en soit, les *Chinois sont encore les seuls à Java qui sachent raffiner le sucre.* »

Bien que les moyens employés en Arabie et en Egypte pour fabriquer le sucre ne soient pas parvenus jusqu'à nous, nous pouvons cependant reconnaître, par les sucres gras et noirs que ces contrées mirent d'abord dans le commerce, que leurs procédés étaient tout autres que ceux employés en Chine et dans l'Inde.

Les importateurs de la canne en deçà du Gange, avaient négligé de prendre des instructions sur la manière de faire le sucre, ou n'avaient pu les obtenir.

Cette dernière hypothèse nous paraît la plus probable ; on sait, en effet, avec quel soin jaloux les peuples de l'Extrême-Orient conservent le secret de leurs procédés artistiques et industriels. Aujourd'hui même que les principales barrières qui isolaient chacun de ces peuples de tout contact étranger se sont abaissées ; aujourd'hui que des rapports diplomatiques et commerciaux nous ont ouvert leur pays ; aujourd'hui que des expositions internationales ont amené jusqu'au cœur de l'Europe civilisée leurs produits, ce n'est qu'à grand'peine et par la force matérielle des choses que nous parvenons à pénétrer dans leur vie sociale et industrielle, à connaître avec quelque précision leurs véritables usages.

En ce qui touche à l'extension de la culture de la canne et de la production du sucre, l'intelligence des Arabes dut suppléer à l'absence de toutes connaissances pratiques.

D'essais en essais, de tâtonnements en tâtonnements, ils arrivèrent à reconnaître les qualités merveilleuses de la chaux et des alcalis pour purifier le sucre, et à imaginer les cônes pour le faire cristalliser et purger.

C'était un pas énorme de fait, et il eût été probablement suivi de perfectionnements ultérieurs, si, dans leur enthousiasme à l'endroit des succès obtenus, les Arabes ne se fussent crus arrivés au dernier terme de la perfection.

Les Vénitiens, que l'état de leur marine et la courageuse hardiesse de leurs expéditions commerciales mettaient plus à même qu'aucun autre peuple de comparer les produits des différents pays, l'industrie des différents peuples, furent les premiers en Europe qui essayèrent de raffiner le sucre.

Ils prirent d'abord pour types les sucres chinois et parvinrent à obtenir leurs sucres candis en purifiant, en clarifiant et en cuisant à plusieurs reprises les sucres gras d'Egypte. Un peu plus tard, ils adoptèrent l'usage des cônes et fabriquèrent le sucre raffiné en pains.

La concurrence ne tarda pas à disputer à la puissante reine de l'Adriatique cette source assurée de richesse.

Des raffineries de sucre s'établirent dans presque toutes les villes commerçantes de l'Europe, et elles s'y sont multipliées, à mesure que, les colonies américaines et indiennes jetant une quantité toujours croissante de sucre sur nos marchés, la consommation de cette denrée est devenue d'un usage de plus en plus général.

Nous n'avons pas à nous occuper ici de la concurrence suscitée au sucre de nos colonies par la sucrerie indigène de la betterave qui, après avoir été découverte en Allemagne par les chimistes Margraff et Achard, est entrée dans la pratique en France vers 1810, c'est-à-dire juste au moment où, d'une part, nous perdions nos colonies et où, d'autre part, le système de blocus continental, appliqué par Napoléon, empêchait les produits d'outre-mer de nous arriver. Nous ferons seulement remarquer que, la consommation de ce produit ayant augmenté dans une immense proportion, cette concurrence a si peu nui aux intérêts coloniaux, que jamais la production du sucre n'avait été aussi développée aux Antilles et surtout à Bourbon, que dans la période correspondant à celle où la fabrication du sucre de betteraves a pris tout son essor chez nous, c'est-à-dire de 1850 à 1870.

Il ne nous appartient pas d'apprécier les questions économiques qui, en se produisant pendant ces dernières années, ont amené dans l'industrie sucrière, tant indigène qu'exotique, une crise qui, espérons-le, trouvera dans la loi récente intervenue en ces matières, une solution favorable aussi bien pour les producteurs français que pour ceux de nos colonies.

Pour nous résumer en ce qui touche à la canne à sucre, nous dirons qu'il n'est pas douteux que la zone torride soit sa patrie par excellence. La canne s'y plaît et y acquiert une puissance de production inouïe; toutefois elle peut s'étendre jusqu'au 40° de latitude et même au delà, dans des contrées abritées. Seulement, sa constitution étant plus ou moins robuste, non seulement selon le climat, mais selon l'exposition et la situation du sol auquel on la confie, il ne faut pas lui demander dans les zones tempérées un rendement égal à celui qu'elle donne dans ses terres natales.

Si, en effet, les influences du sol, du climat; si l'éducation modifient la constitution physique et morale des animaux; si la nature a assigné à chaque espèce les lieux qu'elle doit habiter et qu'elle ne peut quitter sans danger de languir et même de périr, les végétaux, qui tiennent bien plus immédiatement à la terre, doivent être et sont, en effet, beaucoup plus soumis encore à ces influences.

C'est aux conditions de sol, de climat et de culture que les plantes doivent leur constitution plus ou moins forte, leur vigueur et la faculté de remplir avec plus d'énergie les diverses fonctions qui leur sont propres.

Si les qualités de quelques-unes varient par la nature du sol, toutes s'accordent à rechercher l'action de l'air, de la lumière et du soleil, et s'il en est qui donnent la préférence à telle ou telle exposition, c'est pour recevoir cette action d'une manière plus particulière et plus propre à leur constitution individuelle.

Les plantes, qu'on change de sol, de climat, dépérissent, ou éprouvent une altération plus ou moins sensible, soit dans leur constitution, soit dans le produit de leurs fonctions.

Les végétaux que la nature a doués d'organes propres à élaborer un suc muqueux pour l'amener à l'état doux et sucré, semblent être les plus sensibles à ces diverses influences; ils préfèrent une terre légère et divisée aux terrains gras et marécageux ; ils demandent surtout une position favorable pour recevoir l'action de l'air, de la lumière et du soleil, agents qui jouent le plus grand rôle dans l'élaboration et la perfection des matières sucrées.

On sait qu'en Chypre, à Madère, en Espagne et dans nos provinces méridionales où la vigne est peut-être cultivée avec moins de soin qu'aux environs de Paris et au centre de la France, le suc du raisin est infiniment plus riche en matière sucrée, et que cette matière est beaucoup mieux élaborée ; le ciel étant presque toujours beau dans ces régions, l'action de la lumière et du soleil y est plus forte et plus constante qu'aux environs de Paris, où les pluies sont fréquentes, où le soleil est souvent plusieurs jours de suite sans paraître sur l'horizon.

Les changements que font éprouver aux végétaux les soins multipliés de la culture joints aux influences du sol et du climat sont quelquefois si considérables, surtout dans ceux qui produisent des fruits muqueux, qu'ils donnent lieu à des variétés infinies, qui paraissent les faire différer d'eux-mêmes, de manière à n'être presque point reconnaissables.

M. Duhamel a démontré qu'on doit rapporter, dans les arbres fruitiers, toutes les variétés d'une espèce à cette même espèce prise dans l'état sauvage.

Ainsi toutes les vignes connues sont sorties de vignes sauvages; il en est de même des poiriers, des pommiers, etc.

Quoique la canne semble, au premier abord, ne pas différer sensiblement d'elle-même, cependant l'étude approfondie de cette plante fait connaître d'une manière bien évidente les modifications qu'elle a reçues; les différences qu'elle présente, tant en elle-même que dans le produit de ses fonctions, sont marquées de la manière la plus tranchée, non seulement dans les diverses parties de nos colonies sucrières, mais même dans les divers quartiers de chaque partie.

Rhumphius, qui n'a considéré la canne que comme naturaliste, a rapporté à trois variétés, prises de la couleur, toutes les espèces qu'il a vues dans l'Inde.

Les différences que ces plantes présentent n'ont point échappé aux Chinois ; ils ont, suivant l'auteur que nous venons de nommer, distingué deux sortes de cannes.

Ils nomment *Tecfia* la première, à laquelle ils rapportent toutes celles dont l'écorce est mince, et *Gamfia*, la seconde, à laquelle ils rapportent toutes celles dont l'écorce est épaisse.

D'après les diverses observations qui ont été faites sur les changements et les modifications que la canne reçoit tant du climat, du sol, de la culture que de l'influence de l'eau, de la sécheresse, de l'air, de la lumière et du soleil, on peut rapporter toutes les variétés qu'offre cette plante à deux états principaux ; la canne de constitution forte et la canne de constitution faible.

Il est à remarquer, du reste, qu'assez peu sensible à la nature du sol, la canne semble trouver dans sa propre substance les éléments nécessaires à son développement et ne demander à la nature que certaines conditions atmosphériques. Ce qui nous paraît venir à l'appui de cette hypothèse, c'est que sa végétation constante varie d'une façon plus marquée que pour toute autre plante cultivée, non seulement suivant la saison, mais suivant la température de chaque saison.

Si l'on veut bien tenir compte de la situation de Bourbon, de l'île de France et de Madagascar par rapport à l'Inde, patrie primitive de la canne, on comprendra que la production sucrière y avait, dès l'abord de nos établissements, une place toute faite. Ce n'est pas cependant de ce côté, ainsi que nous l'avons dit, que se tournèrent, dans les deux premières de ces îles, les travaux et les essais des premiers colons : la proximité des fameuses îles à épices leur donnant à penser que ces précieux produits pourraient trouver une extension convenable jusqu'aux Mascareignes, ils y importèrent tout d'abord les précieux arbustes des Moluques, auxquels s'ajouta bientôt le caféier ; la canne ne vint qu'ensuite. Encore ne prit-elle l'extension que nous connaissons, que lorsque des ouragans successifs, et notamment celui de 1806, ayant détruit à la Réunion tous les arbres, les colons pensèrent qu'il était sage, en prévision des désastres à venir, de remplacer des végétaux longs à élever et de nature à être brisés par les premiers efforts du vent, par des plantes qui, réalisant dans toute sa vérité la fable du *Chêne et du Roseau*, savent braver la tempête en se pliant devant elle, au lieu de la forcer à les rompre en lui résistant et qui, de plus, en supposant leur dévastation, ne demandent que peu de temps pour être rétablis.

Quoi qu'il en soit, la culture presque exclusive de la canne à sucre eut encore un autre résultat qui, tout particulier qu'il soit à l'île de la Réunion, a, au point de vue général des intérêts français, une importance qu'on ne saurait méconnaître, nous voulons parler de l'accroissement de population qu'elle détermina. Cette population devint bientôt telle, que l'île ne put plus fournir de quoi nourrir ses habitants, dont le nombre tripla presque en moins d'un demi-siècle.

Alors, et « comme tous les grands centres manufacturiers où la population ouvrière est agglomérée, Bourbon fut obligé de tirer du dehors une partie de sa subsistance. Le voisinage de Madagascar contribua puissamment à ce résultat : Madagascar était comme la métairie de Bourbon ; on en tirait du riz et des bestiaux à très bas prix et en quantités considérables.

» En échange de ces objets, les tribus malgaches prenaient des bagatelles venues d'Europe, le rebut de nos fabriques, des fonds de magasin ; tout était profit pour nous dans ces relations. Aussi, quand la reine Ranavalo ferma ses ports aux étrangers et refusa soudain l'exportation des bestiaux et du riz, les habitants de Bourbon se sentirent-ils frappés dans leurs intérêts les plus chers et les plus pressants. Ils jetèrent un cri d'alarme comme si leur existence même eût été compromise. »

Et n'était-ce pas en effet une crise terrible et qui eût pu devenir mortelle pour l'avenir industriel de notre colonie ! Toutes les conditions économiques, qui avaient servi de base à l'organisation agricole et commerciale, se trouvaient subitement atteintes : « il fallait aller jusqu'au Bengale chercher du riz qu'on devait payer beaucoup plus cher et argent comptant, et tirer, soit du Cap de Bonne-Espérance, soit du canal de Mozambique, des bœufs dont le prix s'accroissait de 4 à 500 pour cent, par le fait seul d'une navigation lente et pénible.

» Est-il besoin d'insister davantage pour faire comprendre combien doit être vif à la Réunion le désir de voir renouer au plus tôt les relations de la France avec Madagascar ?.... »

Il n'est pas moins facile de se rendre compte de l'intérêt que nous avons, à part l'importance de nous procurer une bonne station navale dans la mer des Indes, et au seul point de vue de l'avenir et de la prospérité de notre colonie de la Réunion, à ne point abandonner nos droits sur la Grande-Terre.

Cette dernière préoccupation suffirait à justifier, non seulement les diverses expéditions faites jusqu'ici à Madagascar, mais tout le déploiement de forces, tous les sacrifices d'argent qui seront nécessaires pour forcer les Hovas à nous ouvrir leurs ports, à reconnaître nos droits sur les points de la côte qui nous ont été précédemment concédés, enfin de nous accorder, comme garantie de ces privilèges, un droit de protection sur l'île entière.

C'est, ainsi que nous l'avons dit dans la première partie de ce travail, ce que la France réclame depuis longtemps et ce qu'elle est en ce moment en voie de conquérir par les armes.

CONCLUSION

Si, pour compléter ce que nous venons de dire sur notre importante colonie de la Réunion, en traçant le tableau de sa situation actuelle, nous consultons les documents les plus récents, nous trouvons que sa population s'élève à 172,000 habitants et le nombre de ses immigrants à 64,000 individus.

La culture de la canne s'étend sur une superficie de 49,000 hectares. Le café, la vanille occupent 7,000 hectares; les cultures vivrières, 9,000 hectares. La production du sucre a été en 1881 de 32,000,000 de kilogrammes.

Le commerce général a été pendant le même exercice de 51,650,000 francs; dans ce chiffre, les exportations de la France pour la colonie sont comprises pour 7,947,000 francs; les importations de la colonie en France, pour 17,547,000 francs, et les exportations de l'étranger à la Réunion, pour 19,000,000 de francs, et les importations de la colonie à l'étranger, pour 5,710,000 francs. Le mouvement de l'île avec les autres colonies françaises complète ce tableau.

L'île de la Réunion, où heureusement on construit un port, est, ainsi que nous l'avons dit, assez peu fréquentée par les navires. Les entrées et les sorties ne donnent que 997 navires; 117 sont français, jaugeant 169,000 tonneaux ; 578 portent pavillon étranger.

Bien que ce soit une vérité pénible à reconnaître, on ne saurait contester que la Réunion s'est laissée devancer de beaucoup par la colonie anglaise, sa voisine.

Maurice, en effet, bien que d'une moindre superficie, compte 377,000 habitants et voit son commerce général s'élever à 151,950,000 francs (6,678,000 livres). « Il faut espérer, ajoute M. Louis Vignon, à qui nous empruntons ces détails, que le chemin de fer inauguré en 1883 à la Réunion, le port que l'on y construit et la ligne subventionnée de navigation sur l'Australie, récemment créée, développeront le commerce de cette colonie « dont l'attachement à la France et la part active prise par ses habitants à la lutte que nous soutenons en ce moment contre le gouvernement malgache, méritent toutes les sympathies de la métropole et son concours le plus dévoué.

La Réunion envoie à la Chambre des députés un représentant pour chacun de ses arrondissements.

Quant à son organisation industrielle et commerciale, « on sait que « le pacte colonial, » encore en vigueur pendant la première partie de notre siècle, a été définitivement aboli par le sénatus-consulte de 1866. Au régime de la protection à outrance, a succédé celui de la liberté absolue.

» Les conseils généraux de la Guadeloupe, de la Martinique, de la Réunion, maîtres de leurs tarifs, ont supprimé les *douanes* pour établir des *octrois de mer* devant lesquels les produits français sont égaux aux produits étrangers. Cet état de choses a porté un coup sérieux au commerce de la métropole avec ces trois colonies : les produits étrangers, soit qu'ils fussent plus près des colonies que n'en étaient les produits français, soit qu'ils fussent vendus à meilleur marché, les ont remplacés dans une assez forte proportion pour éveiller l'attention et provoquer la sollicitude de nos chambres de commerce qui sont actuellement en instances auprès du gouvernement pour obtenir l'abrogation, au moins partielle, du sénatus-consulte de 1866.

» Les chiffres relevés à cette occasion sont intéressants à connaitre. La France, qui en 1860 exportait à la Guadeloupe pour 18,800,000 francs, n'y exporte plus en 1881 que pour 11,839,000 francs ; pour la Martinique, les exportations ont fléchi de 20,500,000 francs à 12,812,000 francs ; pour la Réunion, elles sont tombées de 25,800,000 à 7,947,000 francs ! »

Cette dépréciation, commune, on le voit, à nos trois grandes colonies sucrières, est bien plus accentuée pour la Réunion que pour les deux autres. Ce fait s'explique par la proximité de l'Inde qui y écoule beaucoup de ses produits et par le grand courant commercial qui s'est établi, ainsi que nous l'avons précédemment expliqué, entre l'Amérique du Nord et les côtes ainsi que les îles de l'Afrique orientale.

Encore, et quelque effrayants que soient les chiffres que nous venons de citer, devons-nous faire observer qu'il y a, en réalité, lieu de les charger. Depuis 1860, en effet, « la richesse commerciale des Antilles et de la Réunion, et par suite le mouvement des exportations et des importations a dû augmenter dans une proportion sensible. A la baisse des importations des produits français doit s'ajouter l'accroissement que cette importation eût dû prendre, eu égard au développement de la consommation générale.

Or, s'il est vrai qu'un des principaux avantages qu'une nation doit se proposer dans la fondation et l'extension de ses colonies est d'ouvrir des débouchés à son commerce et de favoriser le développement de sa marine, il est de toute évidence que cette situation constitue un fait regrettable. Mais appartient-il à l'Etat d'y apporter le seul remède en son pouvoir, celui d'un régime protecteur des produits français ?

Il ne nous appartient pas de chercher à résoudre cette grave et délicate question. Elle n'est pas la seule du reste qui s'impose en ce moment aux préoccupations de la métropole et à celles des habitants de nos colonies de l'Océan Indien, tant à la Réunion qu'à Mayotte et à Nossi-Bé. Nous voulons parler de la grande question économique et vitale de l'immigration.

« Le gouvernement anglais, voulant, on peut le croire, ruiner la Réunion, a déclaré, il y a trois ans, qu'il n'autoriserait à l'avenir l'immigration de travailleurs indiens vers l'île française que sous certaines conditions. Celles-ci étaient inacceptables, et le conseil général de notre colonie les a repoussées. Les colons de la Réunion sont donc menacés en ce moment de n'avoir plus de travailleurs sur leurs plantations le jour où les engagements actuels seront expirés.

» En 1882, l'administration coloniale, voulant faire venir des travailleurs à Nossi-Bé et à Mayotte, passa un traité avec le gouvernement portugais, traité qui l'autorisait à recruter des immigrants dans la province de Mozambique. Des agents anglais réussirent l'année suivante à faire échouer une première tentative de recrutement.... La même question est donc posée dans les trois colonies qui viennent de nous occuper, la Réunion, Nossi-Bé et Mayotte. C'est la première à résoudre.... »

Il est à espérer que, d'une part, le succès prochain et définitif de nos armes à Madagascar, en établissant le protectorat français sur la Grande-Terre et, d'autre part, le développement croissant de notre influence sur la côte orientale de l'Afrique, aideront puissamment à cette solution.

Notre commerce à la côte orientale d'Afrique est représenté par des maisons marseillaises : Fabre, Borelli de Regis, Roux de Fraissinet, et une nouvelle maison — celle-ci de Paris — Louis Amouroux, qui vient exploiter de grandes salines dans la province de Mozambique. A côté des factoreries françaises sont celles d'une maison de Hambourg et d'une maison anglaise. Ces factoreries, disséminées sur plusieurs points de la côte, à Louraigo-Marquez, Inambave, dans le Zambèze inférieur, à Quillemave, à Mozambique, à Ibo, à Zanzibar, achètent aux caravanes de l'intérieur l'ivoire, le caoutchouc et la gomme.... Sur un autre point de l'Afrique orientale, mais beaucoup plus au nord, au fond du golfe d'Aden, de hardis négociants français cherchent en ce moment à créer un courant commercial que la prise effective de possession d'Obock, dont la France possède nominativement le territoire depuis 1862, ne tardera pas à développer. C'est sur l'accroissement d'influence et d'action qui ne peut manquer de se produire de ces divers côtés que nous devons compter, non seulement pour assurer la prépondérance de notre pavillon dans cette partie de l'Afrique, mais pour nous faciliter des moyens de procurer des travailleurs à nos colonies de la mer des Indes.

II

ILE DE FRANCE ou ILE MAURICE

I

A cent milles marins environ de la Réunion, s'élève l'*île de France*, à laquelle les créoles se plaisent à conserver ce nom, qui d'ailleurs n'est ni une illusion, ni un simple souvenir du passé, grâce au soin pieux avec lequel les anciens habitants qui, aujourd'hui comme antérieurement, forment l'élite de la population, conservent la langue, la religion et l'amour de la patrie française.

Ce sentiment de fidélité chevaleresque et chrétienne à son point d'origine ne se trouve, croyons-nous, du moins au même degré, qu'à Maurice et au Canada.

Dans toutes les autres colonies européennes que les vicissitudes politiques ou la fortune des armes ont fait changer de mains, et ici nous ne parlons pas seulement de celles qui ont appartenu à la France, mais encore et surtout de celles fondées par les nations maritimes, qui ont tour à tour tenu le sceptre de l'empire des mers — Espagne, Portugal, Hollande, républiques italiennes, — toutes, en changeant de domination, ont changé de mœurs et d'usages, et en grande partie d'idiome, en même temps que d'institutions politiques et d'intérêts commerciaux.

C'est un honneur pour la France, ainsi qu'une preuve qu'il importe de revendiquer en faveur de son caractère national et de sa puissance d'organisation, que d'avoir laissé sur l'immense territoire de « la Nouvelle France, » ce peuple canadien si profondément attaché à son ancienne métropole, qu'on peut le considérer comme une branche forte et vivace de la grande famille française.

Ce n'est pas un honneur moindre, bien qu'il ne s'attache qu'à un espace très limité et à quelques centaines de familles créoles, de savoir qu'à Maurice battent des cœurs non moins fidèles à la France.

Ce que nous avons dit de l'origine de notre colonie de la Réunion s'applique en grande partie à Maurice; les deux îles furent occupées à peu près à la même époque et traversèrent, à de légères différences près, les mêmes phases.

La supériorité de Bourbon consistait dans la fertilité de son territoire et dans la puissance de sa végétation; celle de l'île de France, dans la configuration de ses côtes, où la nature a ménagé d'excellents mouillages et des rades sûres.

Cette différence décida les Anglais, qui visent bien plus à de bonnes stations navales qu'à des exploitations agricoles, à nous rendre Bourbon et à conserver Maurice, à la fin de la guerre pendant laquelle ils s'étaient emparés des Mascareignes.

La politique coloniale de l'Angleterre diffère, en effet, de celle des autres peuples de l'Europe, ou du moins en différait; car les autres nations maritimes semblent vouloir, dans une certaine mesure, se rallier à leur système.

D'après les écrivains contemporains les plus autorisés à traiter ce sujet, « l'histoire de la politique coloniale de la Grande-Bretagne se décompose en trois périodes bien distinctes.

» Dans la première, les colonies se gouvernaient elles-mêmes; la métropole ne s'en occupait que pour régler les relations de commerce avec les autres nations ; car c'était l'époque où le trafic d'outre-mer était monopolisé au profit de la mère-patrie. Les premiers Anglais qui émigrèrent en Amérique emportèrent avec eux l'amour des libertés, et le souci de remplir les devoirs sociaux, dont ils avaient l'habitude sur la terre natale.

» Il en advint que les Etats de la Nouvelle Angleterre étaient en réalité, bien avant l'émancipation, des démocraties parfaitement autonomes, mais des démocraties, car le caractère aristocratique de la société dont ils étaient sortis n'avait pas subsisté en Amérique, faute d'éléments. C'étaient des républiques gérant avec succès leurs propres affaires, pourvoyant à leurs dépenses avec les ressources qu'elles se créaient, et se défendant elles-mêmes contre les ennemis dont elles étaient entourées. Elles se révoltèrent et se déclarèrent indépendantes aussitôt que l'Angleterre voulut leur imposer des taxes pour payer des dépenses d'un intérêt commun.

» L'empire exotique de la Grande-Bretagne se trouva alors presque entièrement anéanti ; ce fut une éclipse de courte durée, car il se reconstitua à nos dépens pendant les guerres contre Napoléon.

» De cette époque date aussi la seconde période du régime colonial. Les Anglais, se croyant instruits par l'expérience, imaginèrent de ne plus accorder à leurs possessions lointaines une constitution indépendante, et, par une compensation naturelle, de prendre à la charge du budget métropolitain, en même temps qu'ils s'attribuaient la gestion des affaires, les frais de dépenses et d'administration.

» Ce régime avait un double inconvénient ; il enrayait l'activité des colons et surchargeait outre mesure le peuple anglais. A vrai dire, la Grande-Bretagne se constituait par là tributaire de ses dépendances. Il serait difficile de décider qui souffrait le plus de cet état de choses, de la métropole ou des colonies. Ce ne fut pas de longue durée : les provinces coloniales, où l'esprit de la race anglaise dominait, acquirent de jour en jour plus d'indépendance administrative.

» Enfin, depuis une trentaine d'années, on a proclamé une troisième doctrine qui s'affirme à la fois en fait et en principe : c'est que les colonies doivent vivre en liberté et se suffire à elles-mêmes, sans être rattachées à la mère-patrie par d'autres liens que le souvenir d'une origine commune et le respect pour un souverain commun. »

Disons en passant que nulle part la transition de l'un à l'autre de ces régimes ne fut plus sensible qu'au Canada, et ne vint plus juste à point pour prévenir une séparation violente et définitive.

Cette belle colonie, en effet, affirmait chaque année davantage son droit à l'autonomie en prouvant qu'elle pouvait payer ses dépenses avec ses ressources propres. De bonnes lignes de chemin de fer étaient créées avec les ressources locales; enfin, la milice et les différents corps de volontaires étaient suffisamment nombreux et exercés pour défendre la colonie contre ses ennemis extérieurs (1). Que fallait-il de plus pour prétendre au droit d'un gouvernement colonial indépendant?

Il est probable cependant qu'en dépit de tous ces droits avérés, le Canada eût eu grand'peine à obtenir cette indépendance gouvernementale et administrative, si l'Angleterre n'eût pas eu lieu de craindre qu'il ne se passât de la permission et ne suivît, en ce cas, l'exemple des Etats-Unis.

L'extrême répugnance du parlement anglais à relâcher les liens qui unissaient le Canada à la métropole, s'explique par la rigueur avec laquelle ces mêmes liens ont été conservés à l'île de France. Les mêmes causes auraient évidemment produit les mêmes effets, s'il y avait eu parité de situation pour les deux colonies.

Tandis, en effet, que les Anglais avaient la main forcée au

---

(1) Vers 1862, on comptait déjà au Canada trente-cinq mille volontaires exercés, habillés et armés presque en entier aux frais du budget. On organisait une école d'officiers de milice dans chacune des garnisons qu'occupaient les régiments de la reine. Québec était protégé par des forts dont la métropole avait fait les frais; les parlements provinciaux offraient de fortifier Montréal et d'autres localités, à la seule condition que la Grande-Bretagne fournirait l'armement et garantirait l'emprunt nécessaire pour l'exécution de ces travaux de défense.

Canada, à Maurice où ils pouvaient agir à leur gré, le fait que l'île Maurice était restée française dans sa population et dans ses mœurs, a semblé suffisant au gouvernement anglais pour refuser à la colonie des institutions parlementaires dont il se montre si libéral sur tant d'autres points.

« Cependant, sur les 320,000 habitants, 80,000 sont Européens ; 206,000 sont des coolies venus de l'Inde avec un engagement temporaire pour travailler aux plantations de cannes à sucre et qui s'en retourneront, pour la plupart, dans leur pays natal à l'expiration de leur engagement; le reste se compose de Chinois, d'Arabes et de Laascars. Il y aurait là, sans aucun doute, les éléments d'un gouvernement libre ; mais *parce que les colons sont français*, les ministres leur refusent des institutions parlementaires. L'organisation municipale même y est encore en enfance; tous les pouvoirs y appartiennent au gouverneur général, à côté duquel siège une assemblée législative, composée de huit fonctionnaires et de onze autres membres choisis parmi les propriétaires et les négociants notables. Quant à la manière dont est rendue la justice, il n'est pas sans intérêt pour nous de savoir que le code civil est resté en vigueur sur cette terre lointaine (1). »

(1) M. H. Blerzy : *Colonies de l'Empire britannique.* — *Revue des Deux Mondes*, 1ᵉʳ janvier 1872.

II

La Réunion et Maurice, les *deux îles sœurs*, comme chacune des colonies se plaît à nommer l'autre, n'ont rien à s'envier mutuellement. « Nulle jalousie, nulle intrigue ne les a jamais divisées. » L'une d'elles, l'île anglaise — restée française de cœur, — est munie, comme nous l'avons dit, à l'est et à l'ouest, de deux bons ports et d'excellents mouillages ; elle n'a dans son intérieur aucune chaîne de montagnes inaccessibles et offre une étendue considérable de terres à défricher ; l'autre, l'île de la Réunion, sans ports et presque sans mouillages, présente à la culture une moins grande superficie que sa voisine, bien qu'elle soit un peu plus étendue en surface ; mais le pays est des plus pittoresques, les terres y sont d'une remarquable fertilité.

La plus grande largeur de l'île Maurice ne dépasse guère cinquante kilomètres, et sa plus grande longueur soixante-douze kilomètres. Sa projection, comme celle de beaucoup d'îles, affecte sensiblement la forme triangulaire, et son périmètre est d'environ cent quatre-vingts kilomètres. « Sur cette étendue, moins grande que celle d'un de nos arrondissements, se développe une de ces végétations luxuriantes que l'on ne rencontre que sous les tropiques. A la fertilité du sol se joint le charme du paysage, et l'on peut affirmer sans crainte que les sites de cette terre privilégiée ne sont surpassés que par ceux de l'île de la Réunion, île fortunée s'il en fut et peut-être le plus séduisant pays du monde! »

Prenons passage sur le bateau à vapeur qui relie la capitale de la Réunion à celle de Maurice. « En quittant Saint-Denis le soir, nous laissons à droite, derrière nous, le phare blanchi de Sainte-Suzanne, les prés dentelés des Trois-Salazes et les plaines verdoyantes du champ Borne, dernier adieu que la Réunion envoie à ceux qui la quittent, douce bienvenue qu'elle donne à ceux qui viennent la visiter. Ce magnifique spectacle, que les rayons d'un soleil tropical à son coucher ont si bien gravé dans l'esprit du touriste, s'efface peu à peu devant le nouveau paysage qui s'offre le lendemain à ses yeux.

» C'est d'abord le *Morne* se détachant sur la mer comme une sentinelle avancée qui garde la pointe sud-ouest de Maurice, puis le *piton de la rivière noire*, point culminant de l'île, qui élève à plus de 960 mètres sa cime arrondie. En même temps, apparaissent, presque tous à la fois, le *piton du milieu* qui occupe le centre de Maurice, la *Montagne de la terre rouge* ainsi nommée à cause de sa couleur, et les *Trois-Mamelles* qui se présentent de profil. Ces noms naïfs nous reportent aux premiers temps de la colonie.

» Jusqu'ici, Maurice ne nous a montré que ses pics de basalte; mais voilà qu'au delà de la baie du *Tamarin*, se déroulent les plaines verdoyantes de *Saint-Pierre* avec leurs champs de cannes, dont la brise matinale balance les aigrettes colorées par les rayons du soleil levant.

» En doublant la *Pointe aux sables*, devant laquelle se dresse la montagne du *Corps-de-garde*, les champs de verdure disparaissent, la baie de la *Grande-Rivière* découpe un moment le rivage; puis le voyageur étonné entre dans la magnifique rade de *Saint-Louis*. Mais la ville qu'il cherche du regard ne se montre point, elle reste coquettement cachée au milieu des arbres de ses jardins, et, comme pour la défendre, se dressent derrière elle de nouveaux pitons aux formes caractéristiques, le *Pouce*, le *Pitter-Botte*, la *Montagne longue*, et, à droite, la *Montagne des Signaux*, butte élevée d'où l'on annonce les navires.

» Si, au lieu de jeter l'ancre devant Port-Louis, nous continuons notre périple autour de l'île, nous passerons devant le *Mât-de-Pavillon*, jalon fiché en mer, auprès duquel s'arrête le vapeur qui porte le courrier d'Europe, venant par la voie de Suez; puis la baie du *Tombeau* s'ouvrira devant nous et, au delà, au pied du piton de la *Découverte*, le quartier des *Pamplemousses*, célèbre par son jardin botanique, mais plus connu encore par les tombeaux apocryphes de Paul et de Virginie. La *Grande-Baie*, le cap *Malheureux*, les îlots du *Coin-de-Mire*, de l'île *Plate* et de l'île *Ronde*, par où les navires venant d'Europe ou de l'Inde viennent reconnaître Maurice, forment la pointe septentrionale de l'île.

» Sur la côte orientale, nous trouvons l'île d'*Ambre*, et, à côté, la passe de *Saint-Géran* où naufragea le navire de ce nom qui portait l'héroïne de Bernardin de Saint-Pierre. Passant devant la *Montagne blanche* et celle des *Créoles*, nous arrivons enfin au *Grand-Port*, où des ruines de forts et de magasins indiquent un ancien établissement de la Compagnie française des Indes. En face est le port de *Mahebourg*, la seconde ville de la colonie, dans une position des plus pittoresques. C'est dans la rade située entre Mahebourg et le Grand-Port, qu'eut lieu, en 1810, le combat naval où le capitaine de vaisseau Duperré força la flotte anglaise d'amener son pavillon.

» Nos annales maritimes offrent peu d'exemples d'une victoire aussi longtemps disputée et aussi sanglante. Duperré, blessé à la tête d'un éclat de mitraille, dut résigner le commandement entre les mains du brave capitaine Bouvet. De son côté, le commodore anglais, un bras emporté par un biscaïen, un œil détaché de l'orbite, fut trouvé à la fin de la mêlée au pied de son banc de quart et chantant, dans son délire, le *Rule-Britannia*. Malheureusement, les troupes coloniales n'étaient pas en forces suffisantes pour profiter de cette victoire, et les soldats du général Decaen furent vaincus sur terre par l'armée ennemie qui était parvenue à débarquer avant le combat naval. La capitulation fut signée le 3 décembre 1810 et l'île remise aux Anglais dans des conditions aussi honorables pour les troupes vaincues que pour les habitants.

» Le quartier du *Grand-Port* est l'un des plus fertiles de l'île. Les vastes plantations de cannes, les grandes sucreries s'y succèdent à chaque pas.

» Viennent ensuite les quartiers de la *Savane* où se montrent des terres en parfait état de culture, la pointe du *Souffleur* où la mer siffle en s'engouffrant dans une grotte; la petite rade de *Souillac* où se fait un cabotage suivi avec Port-Louis; enfin la baie de *Jacotc* où les Anglais opérèrent, en 1810, deux débarquements audacieux. De la mer, on n'aperçoit que de vastes savanes, sortes de landes, non encore défrichées, couvertes de bois, et l'on arrive ainsi jusqu'à la pointe sud-ouest où se dresse le *Morne*, la première terre que nous avons reconnue en mettant le cap sur l'île Maurice. »

Après ce périple que nous avons fait sur les pas de M. L. Simonin (1), nous engageons nos lecteurs, toujours conduits par le même voyageur qui nous sert à la fois de guide et de cicérone, à visiter l'intérieur des terres où les souvenirs et l'intérêt ne sont pas moins puissants.

Comme sur les côtes, tout, en effet, continue ici à parler de la France, dont l'empreinte indélébile est restée sur cette terre. En lui ôtant le nom dont nous l'avions dotée pour lui restituer celui de Maurice que les premiers Européens, qui l'avaient visitée, lui avaient donné, on n'a pu lui enlever le caractère essentiellement national que nous y avions laissé.

Nous avons débarqué à Port-Louis, et notre premier soin est de

(1) *Revue des Deux Mondes*, novembre 1861. — L'Ile Maurice.

visiter et d'admirer la ville et ses environs. « Le grand nombre de navires ancrés dans la rade, la jetée si facilement accessible aux plus minces esquifs des bateliers qui débarquent le voyageur, font tout d'abord songer à la rade inhospitalière de Saint-Denis. Aussi le mouvement est-il bien plus considérable que dans la capitale de la Réunion.... Voyez ces magasins que Paris et Londres ne répudieraient pas, parcourez ces promenades que les arbres du tropique couvrent d'une ombre bienfaisante; admirez ces édifices où l'architecture coloniale et indienne se marie à l'art européen; suivez la foule dans les rues, sur les places, et, à la bizarrerie des vêtements, à la différence et à la singularité des types physiques, reconnaissez une ville de commerce ouverte à toutes les nations.

» Le Chinois, travailleur et ami du gain, exerce ici sans entraves une profession pour laquelle il semble avoir un penchant décidé, celle d'épicier. L'Indien s'est réservé le bazar, vaste marché couvert où la ville vient chaque matin faire ses provisions. Les Malabars y apportent leurs produits de jardinage et de basse-cour. C'est là que l'Indienne se montre dans tout le charme de son type et de son costume. Drapée dans un pagne très ample, elle supplée à la simplicité de ce vêtement par une profusion de bijoux dont il est difficile de se faire une juste idée : le tour des bras et celui de la cheville, toujours laissés à découvert, sont chargés de bracelets; les doigts des mains et des pieds portent de nombreux anneaux; mais ce luxe d'ornements ne suffit pas à la coquetterie indienne : le nez, les oreilles, le cou, sont littéralement chargés d'or et d'argent. A côté de l'Indienne, retenu près d'elle par une jalousie passée en proverbe, se tient son mari, coiffé d'un turban et la physionomie pleine d'expression. Le teint est bronzé, la lèvre rougie par le bétel, l'œil noir, la chevelure abondante et couleur d'ébène. »

L'importance de Port-Louis est d'autant plus considérable et le mouvement qui l'anime d'autant plus incessant, qu'étant non seulement la capitale, mais presque la seule ville de l'île, c'est sur ce point que viennent converger tous les intérêts commerciaux, industriels et administratifs de la colonie.

Il est vrai cependant que, depuis une vingtaine d'années, le gou-

Types chinois.

vernement anglais, désireux de faire rayonner sur d'autres points ce mouvement et cette activité, a fait agrandir le port de Mahebourg et a employé toute son influence à en faire un second centre commercial.

On ne peut toutefois ajouter que, jusqu'à présent, ces soins aient créé à Port-Louis une sérieuse concurrence. Mahebourg n'en mérite pas moins cependant d'être visité. En quittant Port-Louis pour s'y rendre, « on traverse la Grande-Rivière sur un pont suspendu, et l'on entre dans le quartier dit des *plaines Wilhems*. A droite on aperçoit la montagne du *Corps-de-garde*, à gauche le piton du *Milieu* autour duquel s'étend le pittoresque quartier de *Moka*.... *Beau-Séjour, Trianon, Vaucluse, Mondésir, Belle-Terre*, sont les noms français de quelques propriétés que l'on aperçoit de chaque côté du chemin. »

Bientôt on arrive au point culminant de la route, où il est d'usage de relayer et où le voyageur trouve un très élégant hôtel, ayant, ce qui semble de surérogation sous les tropiques, de bonnes cheminées, où on fait souvent flamber et pétiller joyeusement, quand vient le soir, quelques paquets de cannes séchées. Du reste cette utilité — pour ne pas dire nécessité — de se chauffer est indiquée, selon le dire des gens du pays, par le nom de *cure pipe* donné à cette petite localité, nom bizarre qu'eut sans contredit envié Rabelais et dont l'étymologie, telle qu'elle, a été ainsi indiquée à M. Simonin :

« Il paraît, dit-il, que ce fut un rendez-vous de chasse aux beaux temps de la colonie. C'était là que se rassemblaient les coureurs de cerfs. *Le lieu était froid comme aujourd'hui;* on allumait du feu, on causait en rond, on *curait sa pipe* avant de la bourrer, car tout bon chasseur est fumeur. De là le nom de *cure pipe* laissé au rendez-vous.

» De ce point, continue M. Simonin, la route commence à descendre. Les plantations de cannes s'étendent bientôt à perte de vue; les sucreries se rapprochent et se touchent. *Gros-Bois, Riche-Bois, Beaufonds, Montrésor* désignent autant d'habitations et d'usines différentes. C'est à peine si un nom anglais comme *New-Grove* vient témoigner que l'île n'est plus au pouvoir de la France. »

Et ce n'est pas seulement les noms, ce sont les mœurs, les

traditions de la France dans ce qu'elles ont de plus noble, de plus généreux, de plus hospitalier et gracieux qui ont survécu dans l'île de l'Océan Indien à notre gouvernement. « On peut frapper sans crainte à l'une de ces demeures; on est sûr d'y rencontrer un bon accueil et d'y être reçu avec cette aisance, cette amabilité mêlées de sans façon, dont les créoles des colonies françaises ont partout gardé le secret, » secret que les habitants de la mère-patrie, dans leur passion d'imiter le formalisme anglais, sont bien près de perdre entièrement.

» Le village des *plaines Magnien*, que l'on rencontre avant d'arriver à Mahebourg, est comme un faubourg de ce port, car bientôt on arrive dans la ville dont on traverse la rue principale toujours très animée. La route même a un beau pont en charpente jeté sur la rivière de la *Chaux*, dont les eaux calmes et limpides viennent terminer à la mer un cours qu'elles ne semblent pas avoir la force de terminer.

» Du haut du pont le spectacle est magnifique. A l'aval, des bateaux amarrés au quai ou prêts à prendre la mer rappellent un port de commerce, tandis qu'à l'amont la nappe élargie du fleuve, où se baignent des arbres touffus, ferait croire à un lac paisible.

» Les montagnes qui de ce côté bornent la vue complètent le charme du paysage. Mahebourg est destiné à un avenir brillant; son port, complètement creusé, abritera, non pas seulement, comme celui de Saint-Denis, de gros bâtiments de commerce, mais la division navale du cap de Bonne-Espérance. Une partie des troupes de la colonie y est casernée.

» Des bords du rivage on jouit d'un beau coup d'œil sur la rade, et pour peu qu'on ait un cicérone instruit, on assiste, comme autrefois les Mauriciens spectateurs de la mêlée, aux diverses péripéties du combat naval du Grand-Port. Un des vaisseaux anglais, coulé par la division française, gît encore échoué sous l'eau, et les pêcheurs prétendent que par un temps calme on le distingue facilement. A gauche du pont où l'on est placé, on peut apercevoir les ruines du vieux Grand-Port ; au loin, se montrent les champs de cannes qui viennent mourir au rivage et, au pied de la montagne du *Camizard*, le beau domaine de Fercy. »

L'excursion de Mahebourg n'est pas la seule intéressante que nous pourrions faire en compagnie de l'auteur de la plus intéressante et complète monographie que nous possédions de l'île de France ; nous ne le suivrons néanmoins pas plus longtemps, nous contentant de renvoyer au numéro de la *Revue des Deux Mondes*, que nous avons indiqué plus haut, ceux de nos lecteurs qui éprouveraient le juste désir de compléter les détails que nous venons de reproduire.

Toutefois, avant de quitter notre guide, nous lui demanderons la permission de l'accompagner au village des Pamplemousses dont on aperçoit à peine l'église cachée au milieu des arbres. « Notre voiture, dit M. Simonin, s'arrêta devant une sorte d'allée débouchant sur la route, et le conducteur nous indiqua du doigt le chemin à suivre pour nous rendre aux tombeaux de Paul et de Virginie. Une notice écrite à la fois en français et en anglais nous enjoignait de ne pas aller plus loin sans en demander la permission aux maîtres de céans ; mais l'habitation était déserte, et nous marchions au hasard, lorsqu'un jeune Indien, devinant le but qui nous amenait, nous fit signe de le suivre. Il nous montra du doigt, de chaque côté d'une petite mare d'eau, entourée de fleurs et de gazon, deux dés en briques rouges, de la forme de ceux que soutiennent les colonnes et paraissant dater d'une soixantaine d'années. Ces dés sont tapissés d'inscriptions portant les noms des visiteurs et la date de leur passage. Un bouquet touffu de bambous incline sa tête sur chacune de ces constructions étranges, que les créoles se plaisent à regarder comme les tombeaux authentiques de Paul et de Virginie. Il y a mieux : la famille supposée de Mme de La Tour, à laquelle appartenait Virginie, s'est retrouvée un jour à Maurice, et elle revendique hautement l'héroïne de Bernardin de Saint-Pierre.

» Nous visitâmes ensuite le magnifique jardin des Pamplemousses.

Appelé aussi par les créoles de son ancien nom de Jardin du Roi, il date du milieu du xviii° siècle. Il doit sa fondation au célèbre naturaliste Poivre, le même qui a importé à l'île de France les girofliers et les muscadiers. Au milieu de l'allée principale se dresse une colonne de marbre, autour de laquelle on a gravé les noms des principaux bienfaiteurs de la colonie, avec ces belles paroles de Bernardin de Saint-Pierre : « Le don d'une plante utile me paraît
» plus précieux que la découverte d'une mine d'or, et un monu-
» ment plus durable qu'une pyramide. »

III

Ce que nous avons dit du sol et des productions de la Réunion peut s'appliquer à Maurice. Des essais et des efforts similaires y ont été faits en même temps par les divers gouverneurs de ces deux îles qui ainsi, et sous tous les rapports, justifient leur titre d'îles sœurs.

Toutes deux, elles ont dû leur première mise en rapport sérieuse à l'esprit d'observation et d'initiative, au zèle et à la persévérance d'un de ces modestes et infatigables bienfaiteurs de l'humanité dont le nom mérite, à un titre au moins égal à ceux des grands conquérants ou des habiles et heureux politiques, de passer à la postérité.

Ce nom, que tous les habitants de nos colonies des régions tropicales vénèrent et bénissent à juste titre, n'est pas, croyons-nous, suffisamment connu en France.

Né à Lyon, en 1719, Pierre Poivre, fils d'un des négociants estimés de cette riche et manufacturière cité, fut mis, pour y faire ses études, au collège que dirigeaient avec succès les missionnaires de Saint-Joseph. Les aptitudes intellectuelles, les dispositions morales que ses maîtres découvrirent en lui attirèrent leur attention et leur donnèrent à penser que, dans ce jeune cœur qui s'ignorait encore lui-même, avaient été déposés les germes des qualités les plus propres à l'apostolat des missions lointaines.

Cette vocation ne tarda pas, en effet, à se manifester et à se développer dans des conditions si évidentes, que la famille du jeune homme ne songea point à y mettre obstacle.

Après avoir achevé sa théologie, il fut envoyé à Paris, au séminaire des Missions étrangères, où il employa quatre ans à étudier les sciences naturelles, les procédés des arts et manufactures, le dessin, la peinture, etc., études estimées alors essentielles à la profession à laquelle il se destinait, car, on le sait, c'est en portant les connaissances et les arts de l'Europe dans les pays où ils étaient envoyés, que nos missionnaires obtenaient la permission de s'y établir et d'y prêcher plus ou moins ouvertement l'Evangile.

A vingt ans, c'est-à-dire bien avant d'avoir atteint l'âge où l'on peut s'engager définitivement dans les ordres sacrés, Poivre partit pour la Chine, étranges contrées qu'un jeune explorateur, enlevé prématurément aux sciences géographiques et aux lettres qu'il cultivait avec un amour et un succès égaux (1), a si justement appelées « les antipodes intellectuels du monde chrétien. »

Il ne fallut pas longtemps au jeune missionnaire pour juger à sa valeur cette civilisation si diversement appréciée. « La pétrification de toute une race qui n'a pas changé dans le cours de la plus longue histoire connue, lui paraissait un phénomène moral inexplicable, » et, comme M. Louis de Carné devait si justement l'exprimer de nos jours, il reconnaissait que « les Chinois ne sont pas seulement vieux, mais qu'ils sont décrépits. » Ce qui le frappait surtout, « c'est que ce peuple de vieillards n'a jamais eu de jeunesse. Si loin, en effet, que l'on remonte dans ses annales, il parle et agit comme aujourd'hui. L'idiome, le système d'écriture, les lois et les rites, combinés pour éteindre toute initiative humaine, ont

---

(1) M. Louis de Carné, mort, à l'âge de vingt-sept ans, des suites d'une maladie contractée pendant son exploration du Mékong.

paralysé, dès son berceau, cette race fossile qui a vieilli sans grandir. On s'étonne quelquefois du peu de progrès fait par les missionnaires en Chine; on ne comprend pas que des doctrines aussi élevées n'exercent pas d'action sur ces nombreux mandarins qui passent leur vie à étudier; mais comment ne voit-on pas que plus les Chinois sont lettrés, plus, dans ces machines perfectionnées, la mémoire gagne aux dépens de l'intelligence! Le christianisme, qui aspire à développer la personnalité humaine, lutte vainement dans ce triste pays contre la doctrine qui est parvenue à l'étouffer : c'est la vie s'efforçant de galvaniser la mort! »

Poivre, pénétré de ces vérités bien avant qu'elles eussent été énoncées dans les termes que nous venons de reproduire, fut amené, comme l'avaient été ses devanciers, et notamment les Pères de la Compagnie de Jésus, à chercher par quels moyens matériels on pourrait plus aisément parvenir à frapper ces natures avides de profits, bien que fatalement courbées sous le joug du préjugé et de la routine; il commença par apprendre la langue du pays et appliqua ensuite toute son intelligence à en étudier les produits, les mœurs, les besoins. Cette marche le conduisit non seulement à une foule d'observations précieuses, mais, résultat plus utile encore, elle le fit entrer dans cette voie d'essais et d'applications diverses qui devait devenir si avantageuse à nos colonies.

De la Chine, Poivre passa en Cochinchine et au Tonkin, où il suivit la même méthode d'investigation et où il rencontra un caractère et des tendances moins rebelles à l'enseignement chrétien et à la civilisation européenne. Ses observations à cet égard furent si favorables — on pourrait presque dire si décisives — que, dès lors, dans sa pensée et dans ses écrits, il signale ces régions, et notamment le delta formé par le Fleuve-Rouge, comme devant fixer l'attention de la politique coloniale de la France.

Ayant ainsi réuni une foule d'observations de tout genre, Poivre se rembarqua pour revenir terminer ses études ecclésiastiques. Le bâtiment qui le ramenait, ayant été attaqué au détroit de Banka par un navire anglais, se défendit bravement, et notre jeune missionnaire, faisant preuve à la fois d'un zèle ardent et d'un vaillant courage, reçut plusieurs blessures soit en encourageant, en consolant sous le feu de l'ennemi les matelots mourants, soit en secourant, en enlevant les blessés. Une de ces blessures était particulièrement grave, et quand, après l'issue du combat, le jeune missionnaire fut conduit prisonnier à Batavia, ce fut un mutilé qui y débarqua : son bras droit, brisé par un éclat de biscaïen, avait dû être amputé.

Désormais, la carrière ecclésiastique lui était fermée. A la paix, on l'envoya à Pondichéry où il se trouvait encore lors de la brillante expédition de Madras. Témoin des funestes querelles de Dupleix et de la Bourdonnaie et également apprécié des deux rivaux, il quitta l'Inde en même temps que le second et alla avec lui à l'île de France qu'il quitta bientôt dans l'espoir de regagner enfin la patrie. Mais son intéressante odyssée n'était point encore achevée. Repris par les Anglais en face des côtes de France et conduit à Guernesey, il dut attendre une seconde fois que la paix lui rendît la liberté.

Rentré enfin en France en 1742, Poivre ne pensa pas que son infirmité, en lui interdisant le saint ministère, dut le détourner de sa vocation. Il ne pouvait plus être missionnaire dans le sens littéral du mot, mais il n'en avait pas moins le devoir, estimait-il, d'utiliser les études, les fatigues, les observations achetées à un si haut prix, au profit de la religion et de la France.

Tous ceux qui eurent occasion de le connaître à cette époque où il venait d'échapper à de si cruelles et longues épreuves, furent profondément frappés de la pieuse et angélique résignation qui s'alliait en lui à une énergie et à un dévouement patriotiques admirables.

Bientôt devait se manifester un côté non moins important de cette riche organisation : des aptitudes commerciales, industrielles et surtout administratives, telles que nos gouvernants n'en avaient point encore rencontrées pour l'organisation de nos colonies.

Ces aptitudes se manifestèrent tout d'abord par deux projets présentés à la Compagnie des Indes et aux commissaires du roi près de cette Compagnie.

Par le premier, Poivre proposait d'ouvrir un commerce direct entre la France et la Cochinchine, et il en indiquait très clairement les moyens et les avantages.

Par le second, il proposait de transplanter et d'acclimater aux îles de France et de Bourbon, les plantes à épiceries des Moluques.

La grandeur et la justesse de ces vues ne pouvaient laisser indifférents ni les administrateurs de la Compagnie, ni les ministres ; le roi personnellement s'intéressa au rapport de Poivre et voulut voir son auteur, qu'il félicita, encouragea et désigna pour l'exécution de plans si judicieusement tracés.

Poivre se défendit d'abord d'accepter une charge que sa modestie lui faisait craindre de ne pouvoir convenablement remplir ; mais les instances tinrent bon, et il dut accepter.

Son second voyage s'accomplit dans des conditions très différentes du premier. En débarquant en Cochinchine avec le caractère officiel d'envoyé du roi de France — caractère jusque-là inconnu dans l'Annam, — il demanda à entrer à ce titre en communication directe avec le souverain et obtint cette faveur inespérée.

En dépit des mille intrigues fomentées autour de lui et contre lui, il sut, par sa douceur, sa fermeté et surtout par la rare expérience qu'il avait déjà acquise du cœur humain en général et du caractère asiatique en particulier, se maintenir en faveur auprès du monarque et amener celui-ci à traiter avec la France et à autoriser la création d'un comptoir français à Faï-Fo.

Son premier succès stimule son ardeur ; il touche à la Chine, visite les Moluques, les Philippines, séjourne à Manille, y obtient du gouverneur espagnol la liberté du roi d'Ioto, dont l'amitié et le dévouement devaient lui être si utiles dans l'exécution de ses desseins. Il parvient enfin — et, si l'on tient compte du soin jaloux avec lequel les habitants des Moluques, Européens aussi bien qu'indigènes, veillaient à l'exclusive conservation des précieux produits de leurs îles, c'est certes là le point capital de son entreprise, — il parvient à se procurer quelques pieds de plantes à épices, qu'il apporte avec des soins et des peines inouïes à l'île de France.

Ce fut là le début de ces cultures fameuses qui, après avoir fait la renommée première des îles sœurs, devaient se développer, se continuer, sinon avec plus de succès, du moins sur une plus grande échelle et avec plus de durée, à la Guyane française, où Poivre lui-même n'allait pas tarder à les introduire.

Ce premier pas qui marquait un double et définitif succès, franchi avec tant de bonheur, Poivre devait s'attendre à recevoir de la Compagnie des Indes et du gouvernement français, la consécration de ses actes en même temps que l'extension de pouvoir nécessaire à la complète réalisation de ses projets.

Malheureusement la Compagnie était en proie aux désordres qui devaient aboutir à sa ruine, et de son côté le gouvernement avait trop à faire en Europe pour songer au développement de ses colonies. Poivre, qui n'a rien tant en horreur que l'inaction, reprend et continue, en attendant qu'on veuille bien penser à lui et à son œuvre, le cours de ses explorations ; il va hiverner à Madagascar et étudie cette île « si mal connue et ses habitants si mal jugés. »

Il revient ensuite en Europe et est pris, pour la troisième fois, par les Anglais, qui le débarquent en Irlande, où il se fait des admirateurs et des amis.

A son retour en France, en 1757, il est reçu avec une inexplicable froideur. Tout en donnant des éloges à la manière dont il avait rempli sa mission, on le laissait sans récompense et sans emploi. Trop modeste et trop désintéressé pour se plaindre, Poivre se retire à Lyon dans sa famille, où il passa une dizaine d'années, s'occupant de sciences, de botanique, et suivant avec une attention passionnée la marche du progrès que faisaient à cette époque les connaissances géographiques.

Pendant cette époque, la renommée de Poivre comme voyageur et savant s'étendait ; il entrait en relations suivies avec une foule d'hommes distingués et notamment avec le ministre Bertin.

Cependant la Compagnie des Indes ayant achevé de se dissoudre, nos colonies étaient en quelque sorte abandonnées à elles-mêmes. A l'île de France et à Bourbon en particulier, tout était confusion et désordre. Ce fut dans ce cas extrême que les regards se tournèrent enfin vers le doux et pieux solitaire lyonnais. Une lettre de la cour l'arrache à sa chère retraite, et les ordres du duc de Praslin le contraignent d'accepter les fonctions d'intendant général de ces deux colonies (1767).

Objet de la faveur royale, il reçut avant de partir des lettres de noblesse, ainsi que le cordon de Saint-Michel.

Les pouvoirs les plus étendus lui sont accordés, et le ministre s'engage d'avance à ratifier tous les actes qu'il jugera opportuns de faire, et dont les cas, ne pouvant être prévus, ne sont pas mentionnés dans ces pouvoirs.

Poivre part plein d'ardeur et de confiance ; il se met à l'œuvre, et telle est la sagesse de ses vues, tels sont la confiance qu'il inspire et l'ascendant qu'il sait prendre sur son entourage que l'ordre et la prospérité renaissent comme par enchantement.

Mais par malheur, un associé militaire lui est donné, et cette volonté, trop souvent contradictoire, qui s'élève à côté de la sienne, arrête bientôt son élan et entrave son action.

Néanmoins, à force d'énergie et de patience, il parvient, pendant les six années que dure son administration, à reconstituer presque à nouveau les îles sœurs dont on pourrait presque dire qu'il a été le véritable créateur, non cependant que la Bourdonnaie n'eût entrepris ce grand ouvrage, mais on sait combien d'obstacles avaient arrêté, et bientôt anéanti, le fruit des sages opérations de cet administrateur.

Ce qui, dans tous les cas, ne saurait être contesté, c'est que Poivre fut, de l'avis de tous ses contemporains, un véritable modèle de l'administrateur.

« En lui, dit M. de Gérando dans la notice qu'il lui a consacrée dans la *Biographie universelle*, les vertus privées les plus admirables et les plus constantes étaient la source des vertus publiques ; au plus parfait désintéressement, il joignait une équité scrupuleuse, une sollicitude active et empressée pour ses administrés, une fermeté calme, une persévérance à toute épreuve, une égalité d'âme et d'humeur inaltérable ; les travaux publics, les établissements de charité, d'agriculture, les finances, les expéditions maritimes, l'administration de la justice, tout fut organisé par ses soins, conduit, perfectionné par son zèle. »

L'introduction des précieuses cultures de l'Inde à l'île de France ne fut pas un des moindres bienfaits dont cette colonie lui fut redevable. Aujourd'hui qu'elle est séparée de son ancienne métropole, les détails des opérations qu'il exécuta ont perdu pour beaucoup d'entre nous une partie de leur intérêt ; mais la France en recueille encore les fruits dans l'île de la Réunion et la Guyane, où les muscadiers, les girofliers, et autres semences furent introduits par Poivre (1).

(1) Notre colonie de la Guyane n'a jamais été comptée parmi nos possessions d'outre-mer les plus importantes. Elle a, en outre, beaucoup plus souffert qu'aucune autre de l'abolition de l'esclavage.

« Les statistiques officielles permettent de constater le dépérissement continu de cette immense contrée (72,000 kilomètres de superficie, environ le quart de la France), qui pourrait à la fois fournir en abondance le sucre, les bois et le bétail.

» La population était, en 1867, de 27,000 âmes ; elle n'est plus, en 1881, que de 19,000 âmes, y compris les indigènes, mais sans compter les transportés et les hommes de la garnison. On ne compte pas 5,000 immigrants. Les cultures sont de plus en plus abandonnées.

» En 1881, la canne couvre 120 hectares, le café 400, le roucou 860, le cacao 250. Tous les efforts se portent vers l'exploitation des mines d'or.

» Le commerce général était, en 1867, de 12,854,000 francs ; il n'est plus, en 1881, que de 10,000,000 de francs. Dans ce chiffre, les exportations de la France pour la colonie s'élèvent à 6,470,000 francs. La Guyane reçoit de l'étranger pour 2,591,000 francs de marchandises, et lui en envoie pour 75,000 francs. Si les exportations de la France pour la colonie atteignent la somme relativement élevée de 6,470,000 francs, c'est que le ministère de la marine envoie de France les vêtements, les

A un autre point de vue, et bien que l'esclavage ait été depuis supprimé dans nos colonies, l'humanité doit lui être reconnaissante des soins qu'il prit pour adoucir le sort des esclaves, des efforts qu'il fit pour arrêter le cours des odieuses entreprises qui accompagnaient la traite des noirs sur la côte d'Afrique.

Et sous tous les rapports divers, le mérite de Poivre, le droit que possède son nom de vivre, non seulement dans la mémoire de tous nos colons de la mer des Indes, mais dans celle de tous les Français, sont d'autant plus réels et incontestables, que les diverses missions qu'il eut à remplir furent également délicates et difficiles.

Partout et toujours, en effet, il se trouva placé dans les circonstances les plus difficiles. Pour ne parler que de son administration, « il vit l'approvisionnement des colonies en subsistances constamment compromis par les événements de guerre ; il fut contrarié au dedans, négligé par le ministère, et néanmoins il pourvut à tout par ses propres ressources ; l'affection et l'estime qu'il avait obtenues dans l'Inde et parmi les peuplades sauvages lui procurèrent des secours que les moyens ordinaires n'auraient pu fournir. »

Le jardin des plantes de Paris lui doit une foule de richesses précieuses, sans compter le grand nombre de plantes qu'à sa demande et sur ses conseils y ont ajoutées MM. Commerson et de Céré, ses amis. De plus, les expéditions de MM. de Trémigon, d'Etchévery, Provost, Cordé, faites d'après ses directions, les observations géo-

vivres et généralement toutes les choses nécessaires à la transportation et aux troupes, les ressources de la colonie étant nulles.

» Il convient toutefois d'ajouter que l'exploitation des mines a relevé le chiffre des exportations de la colonie. En 1881, la Guyane a envoyé en France pour 5,565,000 francs d'or.

» On peut donc dire que les exportations de la Guyane s'élèvent à 6,386,000 francs, et son commerce général à 15,447,000 francs.

» Le mouvement de la navigation donne un total de 340 navires, dont 135 français 39,000 tonneaux) et 205 étrangers.

» Ni la Guyane anglaise, ni la Guyane hollandaise ne sont des colonies très prospères ; notre colonie cependant est bien en arrière de ses voisines ; deux choses lui font défaut : les capitaux et surtout les bras. » (M. L. VIGNON : *les Colonies françaises*. — *Revue Britannique*, livraison de Janvier 1884.

graphiques et astronomiques de l'abbé Rochon, entreprises d'après son invitation, ont rendu de nombreux services à la science.

Mais au point de vue où nous nous trouvons ici placé, c'est-à-dire en ce qui touche l'action directe exercée par Poivre sur nos colonies de la mer des Indes, la création du célèbre jardin d'acclimatation, dit *Jardin de Monplaisir*, à l'île de France, doit fixer tout spécialement notre attention. Toutes les richesses végétales de l'Afrique et de l'Inde s'y mêlent à celles que l'Europe méridionale peut fournir au climat de la Réunion et de Maurice.

Et de cette pépinière que des soins judicieux rendent inépuisable, sortent pour se répandre au loin, telle foule de produits plus estimés que l'or, dont, à une époque relativement peu éloignée, une nation jalouse accumulait le monopole.

Les biographes de Pierre Poivre ne disent pas si, pris de la nostalgie de la patrie et estimant d'ailleurs son œuvre suffisamment avancée pour pouvoir être utilement continuée par d'autres, il demanda à rentrer en France ou s'il y fut rappelé.

Ce qui est certain, c'est qu'après avoir apporté et concentré d'immenses richesses de toutes sortes, tant en Guyane que dans les îles de France et de Bourbon, quand, en 1783, il rentra en France, il n'était pas plus riche que lorsqu'il l'avait quittée.

On sembla oublier et, dans sa modestie, il oublia lui-même qu'il avait des droits, sinon à une rémunération, du moins à des remerciements. Il ne fit que passer à Paris et se retira une fois encore à Lyon, où il s'arrangea de façon à vivre avec le petit patrimoine qu'il tenait de son père.

Le bailli de Suffren eut le mérite de se rappeler le premier que le bienfaiteur de colonies telles que les îles sœurs, avait droit à la reconnaissance de la métropole. Il lui rendit publiquement hommage et demanda qu'on lui fît justice.

Turgot, entrant dans cette voie, l'appela à Paris et le présenta au roi qui voulut entendre de sa propre bouche le récit de ses voyages, de son administration, de ses *conquêtes pacifiques* et qui, après l'avoir assuré de toute son admiration, de toutes ses sympathies personnelles, lui accorda une pension de douze mille livres.

Poivre, pénétré de gratitude pour le bienfait royal qui n'était après tout qu'un acte de justice tardive, revint à Lyon, où il consacra ses dernières années à l'étude.

Il mourut le 6 janvier 1786, presque jeune encore, si l'on compte les années, mais ayant, comme on l'a dit de plusieurs savants, ses contemporains, ayant vécu double si l'on tient compte de son activité, de ses travaux, en un mot, des exemples donnés et des œuvres accomplies.

Son souvenir est resté cher aux colons de l'île de France et à ceux de Bourbon, bien que les cultures qu'il avait introduites à la même époque dans l'une et dans l'autre de ces colonies, y aient été presque abandonnées en même temps par suite de causes indépendantes de ses prévisions, pour faire place presque exclusivement à l'exploitation de la canne à sucre.

IV

« On sait que la canne met ordinairement dix-huit mois à pousser et qu'elle se reproduit par boutures. Elle parvient à son entière maturité au mois de juillet. Certaines variétés se couvrent alors d'une aigrette violette, ce qui donne aux champs de la colonie un aspect tout particulier. Comme la vigne, la canne a sa maladie particulière qui, depuis un certain nombre d'années et quelle que soit la variété adoptée par le planteur, fait à Maurice de terribles ravages. Ce mal est causé par un ver appelé *borer* qui s'introduit dans le tissu cellulaire de la plante et suce la matière sucrée. La canne qui en est atteinte dépérit promptement. Pendant longtemps on n'a connu d'autre remède que de rechercher les vers qu'on enlève et qu'on donne à la volaille qui en est très friande. Mais certains planteurs ayant pensé, avec raison, que l'excès de production demandé au sol à force de guano, sans faire alterner les cultures, pouvait être une des causes de l'apparition du fléau, ont essayé de laisser reposer leurs terres après une ou deux coupes. Ce moyen paraît devoir réussir, sinon à couper court promptement et radicalement au fléau, du moins à le combattre de façon à l'affaiblir dès à présent et, espère-t-on, à le faire peu à peu disparaître.

» Le meilleur des assolements est l'*ambrevage*, sorte de pois arborescent dont le fruit se mange ou se donne aux animaux, et dont la feuille et la tige sont laissées ensuite sur le terrain comme engrais. »

La méthode maintenant employée à Maurice et à la Réunion pour la fabrication du sucre, « se rapproche tellement dans ses principales opérations des procédés en usage dans les raffineries d'Europe, que les sucreries coloniales n'ont qu'un léger effort à faire pour fabriquer des produits raffinés. A la Réunion surtout, on voit des sucres d'une teneur de 96 à 98 pour cent, auxquels il ne manque plus que la forme de pains. Encore doit-on faire observer qu'ils seraient loin de gagner à recevoir cette forme, car le sucre en pain est confusément cristallisé, tandis que les produits dont nous parlons ou cristaux nets, bien accusés, joignent à cet avantage une translucidité qui se rapproche de celle du cristal. A Maurice, on ne pousse pas si loin le progrès de la fabrication, parce que les sucres doivent présenter une couleur voulue pour être admis en Angleterre comme sucres bruts. »

Les déchets de la sucrerie sont dans les îles sœurs, comme dans les colonies américaines, l'objet d'une distillation ; mais l'*arack* qui en résulte est loin de valoir le rhum des Antilles. Les distilleries où se fabrique l'arack, appelées *guildives*, constituent une des principales ressources du budget colonial, aussi bien à la Réunion qu'à Maurice. On n'a pas idée de la quantité qui s'en consomme dans les deux îles, sans compter ce qui s'en expédie à Madagascar et sur la côte orientale de l'Afrique.

En ce qui touche la consommation dans le pays, les travailleurs qui ne boivent pas de vin y trouvent non seulement une boisson fortifiante, ce qui serait un bien, mais trop souvent une occasion d'ivrognerie, ce qui est un des plus terribles fléaux des populations de ces régions. Indiens et nègres ont, en effet, pour l'arack « ce faible si marqué, » ou plutôt cette passion si violente qui a si puissamment contribué à la rapide destruction des tribus des prairies américaines, et *le coup de sec* leur paraîtrait dénué de toute saveur, s'il n'était abondamment répété.

Le sucre fait à peu près à lui tout seul face au commerce d'exportation de Maurice. Pour donner une idée de l'importance de cette industrie, à la fois agricole et manufacturière, M. Simonin rapporte que « la valeur des sacs de *vacoa* (sacs à contenir les

Roussette sur un bananier.

sucres, que tout le monde a vus au moins dans nos ports de mer) atteint environ cinq millions de francs chaque année (1). » Faisons

(1) A la Réunion, la valeur de ces sacs atteignait, à l'époque où M. Simonin donnait ces détails (1861), deux millions de francs, « et des quartiers encore peu fertiles, tels que ceux de Saint-Joseph et de Saint-Philippe, vivaient de cette fabrication, à laquelle s'emploient les femmes et les enfants. »

cependant observer que Maurice n'utilise pas tous ces sacs pour le transport de ses sucres, elle en exporte un certain nombre dans la colonie anglaise du Cap et dans celle de Natal.

Le règne animal n'est représenté à Maurice non plus qu'à la Réunion par aucune espèce qu'on puisse dire réellement indigène. Les insectes venimeux, scorpions et scalapandres y sont nombreux et leur morsure dangereuse ; les cancrelas font la désolation des habitants dont ils rongent impitoyablement les livres, les vêtements et même les provisions ; les moustiques y sont d'une grosseur énorme et d'une insatiable voracité. A ces hôtes incommodes il faut ajouter des essaims de guêpes jaunes à la piqûre fort douloureuse et des « mouches maçonnes qui n'aiment pas à être dérangées. »

De beaux oiseaux peuplent les bois et les bosquets, et des poissons aux vives couleurs et à la chair délicate et savoureuse habitent les rivières et se massent en grand nombre dans les petites criques de la côte, dont les rochers sont couverts d'huîtres renommées. Les tortues de mer, autrefois très nombreuses, ont disparu dans les deux colonies ; en revanche, des requins énormes en fréquentent les rivages.

Ce que nous avons dit du climat de la Réunion s'applique également à Maurice ; la fin de l'hivernage y est souvent signalée par les mêmes terribles ouragans.

Parmi les ouragans qui ont fait époque à Maurice, nous citerons celui de mars 1861 qui détruisit une grande partie des récoltes. « Le vent souffla à Port-Louis avec une si impétueuse violence que non seulement nombre de toitures furent enlevées, mais que des maisons furent renversées ; partout des arbres déracinés couvraient le sol de leurs débris ; mais telle est la vigueur de la végétation tropicale qu'au bout de quelques jours tout avait repoussé. L'arbre resté debout se présentait plus vert, plus feuillu qu'auparavant, et l'on eut dit que l'effet de l'ouragan avait été de donner à la vie végétale une nouvelle activité. »

Du reste, et quels qu'aient été les désastres causés par l'ouragan dont nous venons de parler, ils ne sauraient être comparés à des bouleversements du même genre dont la tradition des îles sœurs garde le souvenir.

Par exemple, cet ouragan terrible qui, en 1793, à Maurice, « déracina tous les arbres et enleva en quelques heures toutes les récoltes sur pied. Port-Louis fut obstrué par les décombres de plus de trois cents maisons, et trente-deux navires, chassant sur leurs ancres et perdant leurs amarres, vinrent échouer sur le rivage. » Un grand nombre de victimes furent englouties dans cet effroyable cataclysme.

A la Réunion, l'ouragan de 1806 est resté légendaire : « tous les grands arbres de la colonie furent détruits : les muscadiers et les girofliers, depuis lors, y ont presque disparu. »

La crainte de semblables malheurs n'a point été étrangère à la faveur accordée à la culture de la canne à sucre, ces précieuses graminées offrant l'avantage de plier sans se rompre sous la violence du vent.

Les ouragans ne sont pas les seuls phénomènes météorologiques qui viennent trop souvent désoler les côtes de Maurice et de la Réunion; elles ont encore à subir ce mouvement prompt, violent et subit des masses de l'Océan qui poussent vers la terre avec une telle force que rien ne peut leur résister et que l'on nomme *ras-de-marée*. Embarcations ou navires, tout ce que le ras-de-marée rencontre dans son irrésistible violence a le même sort : le flot jette à la côte, et la côte inhospitalière, qui a reçu des vaisseaux entiers et des hommes pleins de vie, renvoie au flot des débris et des cadavres que, dans son infatigable colère, celui-ci rejette encore jusqu'à ce que, réduits à l'infini dans ce va-et-vient furieux, il ne lui reste plus pour jouet que des parcelles informes et méconnaissables.

Eu égard à sa situation géographique, l'île Maurice jouit, ainsi que nous l'avons dit pour la Réunion, d'une température peu élevée. Le thermomètre pendant l'été s'y maintient, aux heures les plus chaudes de la journée, entre 32° et 35° centigrades. Pendant l'hiver, la température baisse de dix degrés au moins. C'est alors l'époque des vents généraux qui soufflent dans la direction du sud-est et amènent des pluies fréquentes mais de peu de durée, dont un des avantages est de répandre dans l'atmosphère une agréable fraîcheur.

La population de Maurice se compose des mêmes éléments que celle de Bourbon, sauf peut-être l'élément chinois qui est beaucoup plus accusé dans la première que dans la seconde de ces deux îles.

Les mœurs générales n'y présenteraient aucune différence si les membres de l'administration anglaise ne créaient à Maurice, au point de vue des habitudes, des usages, de la langue et de la religion, un groupe qui n'existe pas dans la colonie française et qui exerce une influence marquée sur la partie exotique de la population et communique aux affaires commerciales cet essor, cette activité propres au génie britannique. Sous cette impulsion Port-Louis est devenu une place d'une importance peu commune, « surtout pour la quantité innombrable de marchandises qui s'y débarquent et s'y consomment. Sur ce dernier point les habitants du pays eux-mêmes restent émerveillés et se demandent comment leur île peut autant consommer ! »

Le commerce de Port-Louis se fait premièrement avec l'Angleterre et secondement avec la France. En échange de ses sucres, elle reçoit de sa métropole actuelle du charbon, de la bière, des produits manufacturés, et de sa première mère-patrie des vins qui gagnent singulièrement en qualité pendant le voyage, des liqueurs, des eaux-de-vie, de l'huile, des articles dits de Paris, etc.... Les Indes anglaises et néerlandaises lui fournissent du riz, du tabac, des grains, des cafés, des toiles, des étoffes, des petits chevaux venant de Batavia, des cordages et des cigares fabriqués à Manille.... La glace, dont les négociants de Boston alimentent l'univers entier, lui arrive par les navires américains qui lui apportent en même temps des viandes salées, des farines, divers produits manufacturés et, concurremment avec les Suédois, des bois de construction. L'Amérique du Sud lui envoie le précieux guano des îles *Chincha* (Pérou) et les célèbres mules des *Pampas* de Montevideo et de Buenos-Ayres. Le Cap lui fournit des vins de Constance, des pois, des graines, des chevaux; Natal envoie des moutons et du beurre; l'Australie du blé, des salaisons, des farines; Madagascar du riz très recherché, de beaux *lambas*, des *pagnes* tissés avec le fil du cocotier, des bœufs à bosses et quantité de volailles; les îles Séchelles de l'huile de coco pour l'éclairage, des sacs de vacoa, des tortues de mer, des oranges, des citrons, des noix de coco, de l'écaille et enfin des objets de fantaisie gracieuse que les habitants de *Mahé* fabriquent avec les jeunes feuilles du cocotier de mer.

Le monde entier se réunit ainsi pour contribuer à la prospérité et au bien-être d'une île si peu importante par son étendue, mais dont la situation, la fertilité, la configuration et, avouons-le, le génie du peuple anglais pour la colonisation, ont fait un des points les plus importants de la mer des Indes.

FIN

TABLE

Introduction. v

MADAGASCAR

PREMIÈRE PARTIE

MADAGASCAR ET LES MALGACHES

Description géographique. — Population. — Mœurs. — Usages. — Coutumes. — Industrie. — Commerce. — Productions diverses. 17
Les Madécasses et leurs mœurs. 49

DEUXIÈME PARTIE

HISTOIRE. — GOUVERNEMENT. — TENTATIVES DE COLONISATION

Premiers établissements français. — Les Hovas et les Sakalaves. — Radama Ier. — Ranavalo. — Les Sakalaves se placent sous la protection de la France. — Expédition de 1840-1841. — Sainte-Marie. — Mayotte. — Nossi-Bé. — MM. Laborde et Lambert. — Radama II. — Traités de 1863 et 1868. — Evénements de 1878. — Envoi d'une ambassade malgache à Paris. — L'expédition actuelle. . . 91

LES ILES MASCAREIGNES

I. — Ile de la Réunion. 185
II. — Ile de France ou Ile Maurice. 257

J. LEFORT, Imprimeur-Éditeur à LILLE.

VIENT DE PARAITRE :

LES ILLUSTRATIONS DE L'ARMÉE FRANÇAISE
DE 1790 A 1880

NOTICE HISTORIQUE ET BIOGRAPHIQUE
SUR LES
PRINCIPAUX MARÉCHAUX ET GÉNÉRAUX
ACCOMPAGNÉE DE LEUR PORTRAIT

Par M. L. LE SAINT, Officier de l'Instruction publique.

Le maréchal Bugeaud.

Broché : 3 fr. — Percaline, or et noir, tranche dorée : 8 fr.
Beau papier
Broché : 6 fr. — Percaline, or et noir, tranche dorée : 9 fr.

Dans ce volume, l'auteur n'a pas eu d'autre but que de faire mieux connaître les officiers généraux qui, de 1790 à 1880, ont fait le plus d'honneur à la France, et lui ont rendu les services les plus signalés.

Toute appréciation au point de vue politique a été écartée.

Si quelques-uns, qui ont joué un rôle important, ne figurent pas dans cette galerie, c'est qu'il n'a pas paru possible encore de les juger avec une complète impartialité.

L'auteur (1) recevra d'ailleurs avec reconnaissance toutes les communications, tous les renseignements susceptibles de rendre cette publication plus parfaite.

(1) Monsieur L. LE SAINT, Officier d'académie, à BEAUVAIS (Oise).

TABLE ALPHABÉTIQUE

DES NOTICES BIOGRAPHIQUES

CONTENUES DANS CET OUVRAGE

	Date de la naissance.		Date de la naissance.
ABBATUCCI.	1771	BEURET.	1803
ANSELME (d').	1740	BOSQUET.	1810
AUGEREAU.	1757	BOUDET.	1769
AUMALE (duc d').	1822	BOUILLÉ.	1739
BARAGUEY D'HILLIERS (de).	1795	BOURBAKI.	1816
BEAUFORT D'HAUTPOUL (de).	1804	BOURMONT (de).	1773
BEAUHARNAIS (de).	1781	BRÉA.	1790
BEDEAU.	1804	BRUNE.	1763
BERNADOTTE.	1764	BUGEAUD.	1784
BERTHEZÈNE (de).	1775	CAFFARELLI.	1756
BERTHIER.	1753	CAMBRONNE (de).	1770
BERTRAND.	1773	CANROBERT.	1809
BESSIÈRES.	1768	CARNOT.	1753

	Date de la naissance.		Date de la naissance.
CASTELLANE (de)	1788	GOUVION-SAINT-CYR.	1764
CAULAINCOURT.	1777	GRENIER.	1768
CAVAIGNAC.	1802	GRESLEY.	1819
CHAMPIONNET.	1762	GROUCHY (de).	1768
CHANGARNIER.	1793	HOCHE.	1768
CHANZY.	....	HUGO.	1774
CLAUSEL.	1772	JACQUEMINOT	1787
CLERMONT-TONNERRE (de).	1780	JAMIN.	1772
COLSON.	1821	JOUBERT.	1769
COUSIN-MONTAUBAN.	1796	JOURDAN.	1762
CUSTINE (de).	1710	JUNOT.	1771
DAMPIERRE (de).	1756	KELLERMANN.	1735
DANRÉMONT (de).	1783	KLÉBER.	1753
DAUMESNIL.	1777	LABÉDOYÈRE (de)	1786
DAVOUST.	1770	LA FAYETTE (de)	1757
DESAIX DE VEYGOUX.	1768	LAMARQUE.	1770
DESMICHELS.	1779	LAMORICIÈRE (de).	1806
DESSAIX.	1764	LANNES.	1769
DESSOLLES.	1767	LA RIBOISIÈRE (de).	1788
DOUAY.	1815	LA TOUR D'AUVERGNE (de).	1743
DROUET.	1765	LATOUR-MAUBOURG (de).	1766
DROUOT.	1774	LAURISTON (de).	1768
DUGOMMIER.	1736	LAWŒSTINE (de)	1786
DUMAS.	1762	LECLERC.	1772
DUMOURIEZ.	1739	LEFEBVRE.	1755
DUPONT.	1765	LEFEBVRE-DESNOUETTES.	1773
DUROC.	1772	LE FLO.	1801
DUVIVIER.	1794	LOBAU (de).	1770
ESPINASSE.	1815	LORENCEZ (de).	vers 1810
FAIDHERBE.	1818	LUCKNER (de).	1722
FAILLY (de)	1808	MACDONALD.	1765
FOREY.	1804	MAC-MAHON (de).	1808
FOY.	1775	MAGNAN.	1791
FROSSARD.	1807	MAISON.	1770
GÉRARD.	1773	MARCEAU.	1769

	Date de la naissance		Date de la naissance
MARMONT (de).	1774	RAMEL.	1768
MASSÉNA.	1758	RAMPON.	1759
MELLINET.	1798	RANDON.	1795
MICHAUD.	1751	RAPP.	1773
MOLITOR.	1770	REGNAULT DE SAINT-JEAN D'ANGELY.	1794
MONCEY (de).	1754	REILLE.	1775
MONTESQUIOU-FÉZENSAC (de).	1739	RICHEPANSE.	1770
MORAND.	1771	ROCHAMBEAU (de).	1750
MOREAU.	1763	ROGUET.	1770
MORTEMART (de).	1787	SAINT-ARNAUD (de).	1798
MORTIER.	1768	SAINT-HILAIRE (de).	1766
MURAT.	1771	SAVARY.	1774
NANSOUTY (de).	1768	SCHÉRER.	1747
NAPOLÉON Ier.	1769	SCHRAMM.	1789
NAPOLÉON III.	1808	SÉBASTIANI.	1772
NEY.	1769	SÉRURIER.	1742
NIEL.	1802	SOULT.	1769
ORLÉANS (duc d').	1810	SUCHET.	1770
ORNANO (d').	1784	TRÉZEL.	1780
OUDINOT.	1767	TROCHU.	1815
PAJOL (Pierre).	1772	ULRICH.	vers 1810
PAJOL (Charles).	1812	VAILLANT.	1790
PÉLISSIER.	1794	VALÉE.	1773
PELLETIER.	1772	VALHUBERT.	1764
PETIT.	1772	VICTOR.	1766
PICHEGRU.	1761	WIMPFFEN (de).	vers 1807
PONIATOWSKI	1762	YUSUF.	1803

www.ingramcontent.com/pod-product-compliance
Lightning Source LLC
Chambersburg PA
CBHW070537160426
43199CB00014B/2283